KB076796

MARVEL STUD10S

THE FIRST TEN YEARS

붉은 머리를 감추기
위해 염색했다.

위도우즈 바이트 장갑

전투복

전기 충격 진압봉

권총집

실용적인 부츠

블랙 위도우

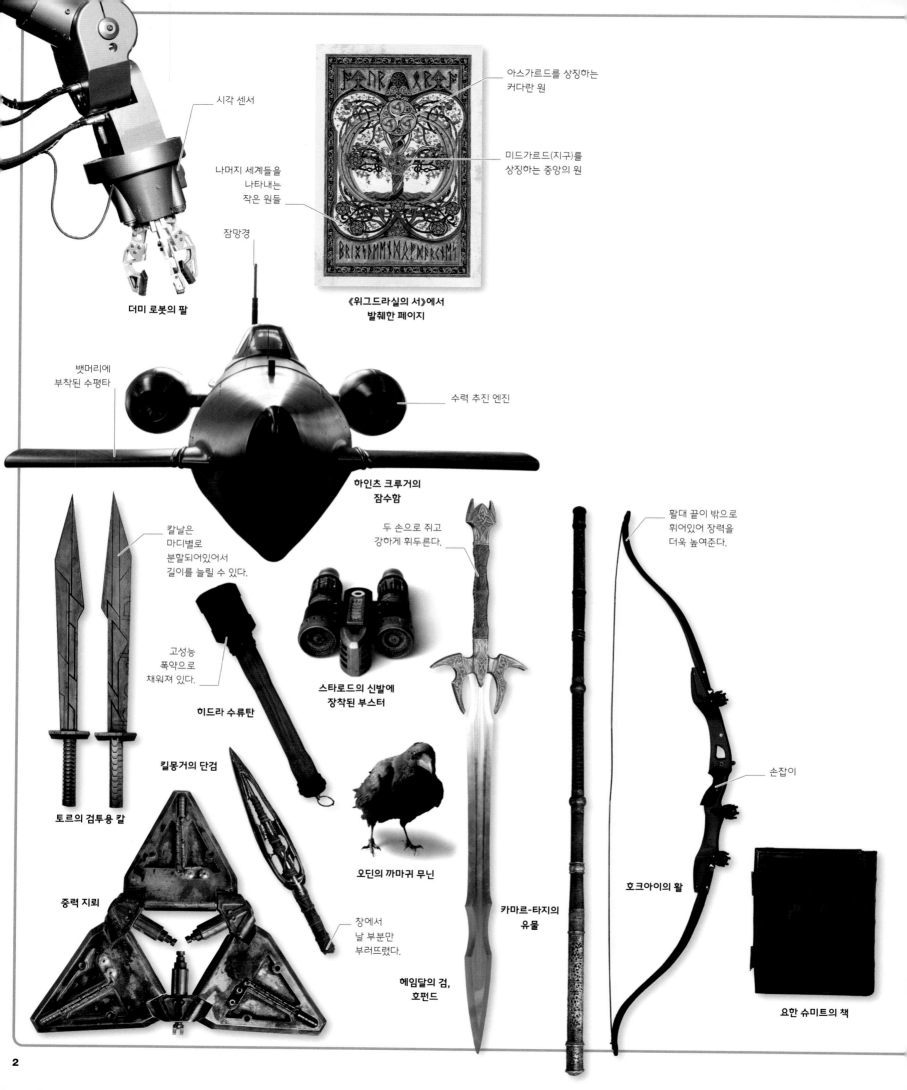

시각 센서

나머지 세계들을
나타내는
작은 원들

잠망경

아스가르드를 상징하는
커다란 원

미드가르드(지구)를
상징하는 중앙의 원

더미 로봇의 팔

**《위그드라실의 서》에서
발췌한 페이지**

뱃머리에
부착된 수평타

수력 추진 엔진

**하인츠 크루거의
잠수함**

칼날은
마디별로
분할되어있어서
길이를 늘릴 수 있다.

두 손으로 쥐고
강하게 휘두른다.

활대 끝이 밖으로
휘어있어 장력을
더욱 높여준다.

고성능
폭약으로
채워져 있다.

**스타로드의 신발에
장착된 부스터**

히드라 수류탄

킬몽거의 단검

손잡이

토르의 검투용 칼

중력 지뢰

오딘의 까마귀 무닌

창에서
날 부분만
부러뜨렸다.

**카마르-타지의
유물**

호크아이의 활

**헤임달의 검,
호펀드**

요한 슈미트의 책

MARVEL STUD1OS
THE FIRST TEN YEARS

아담 브레이 지음

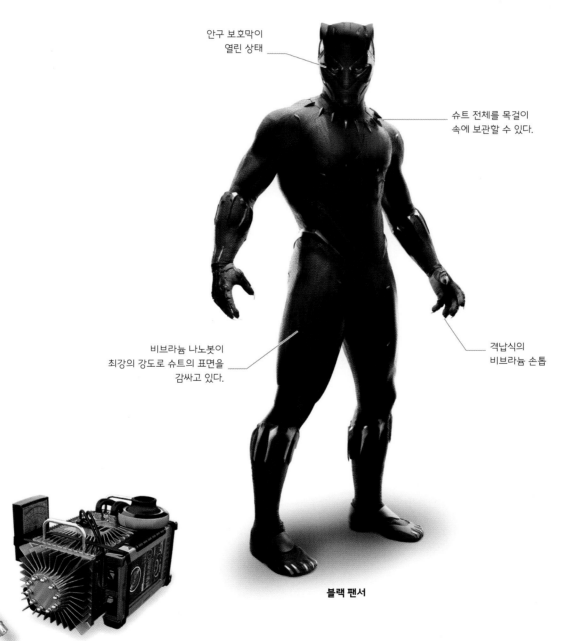

안구 보호막이
열린 상태

슈트 전체를 목걸이
속에 보관할 수 있다.

비브라늄 나노봇이
최강의 강도로 슈트의 표면을
감싸고 있다.

격납식의
비브라늄 손톱

블랙 팬서

스타로드의
만능열쇠

에릭 셀빅의 페이즈 미터

CONTENTS 차례

FOREWORD 서문

나는 도전이 좋다. 슈퍼 히어로 영화를 왜 만드냐는 질문을 받을 때마다 나는 언제나 이렇게 대답한다. "우리의 내면에는 영웅이 있습니다. 누구나 마음속을 깊이 들여다본다면 그 능력을 찾을 수 있을 거에요." 그래서 마블 스튜디오에서 영화를 만드는 게 좋다. 캐릭터들은 스스로의 내면(혹은 팀의 내면)에 있는 능력을 끌어내어 자신에게 주어진 과업을 수행한다. 세계 곳곳에서 영화를 만들고 있는 배우들과 제작진들도 마찬가지다.

나는 시련을 극복하기 위한 도전이 좋다. 더욱 효율적으로 일할 수 있게 해주는 기술들을 활용하는 것이 좋다. 지금껏 불가능했던 창의적 방법으로 스토리텔링을 한다는 것, 그것이야말로 시각 효과와 음향 효과로 전달하는 스토리텔링의 미학이다.

아이언맨 프로젝트에 합류하기 전까지 나는 약 8년 동안 세계 각지를 돌며 영화 작업을 했었다. 너무나 오랫동안 객지에 나가있었기 때문에 로스앤젤레스의 집으로 돌아가고 싶었다. 그때 친구인 루이스 데스포지토와 함께 찍던 영화가 창작과 관련된 문제 때문에 진행이 지지부진해졌다(제작사는 결국 이 영화의 제작을 더 진행하지 않기로 결정했다). 루이스는 또 다른 영화를 준비하면서 내게 함께 제작할 것을 권했다. "무슨 영화인지 궁금하지는 않아?" 루이스는 내게 물었다. 나는 상관 없다고 대답했다. 무슨 영화든 로스앤젤레스에서 촬영하기만 한다면 좋다고 말했다. 그 영화가 바로 〈아이언맨〉이었다.

우리가 〈아이언맨〉을 끝내기 전에 케빈 파이기는 나와 루이스에게 마블 시네마틱 유니버스의 보금자리를 함께 만들어보는 것이 어떻겠느냐고 제안해왔다. 케빈은 우리 셋이 마블 스튜디오가 될 토대에서 계속 영화를 만들기를 바랐다. 그래서 나는 시각 효과와 후반 작업 전권을 맡겨준다면 기꺼이 합류하겠다고 대답했다. 그러면 편집과 시각 효과 간에 생길 수 있는 잠재적인 마찰이 사라지고, 영화 제작 작업도 효율적으로 진행될 수 있다. 또한 최고의 스토리텔링을 만들어낼 수 있다. 우리는 함께 한 목소리를 내면서, 최고의 영화를 만들어내기 위한 과정을 끊임없이 지켜나가야 한다. 단 한 사람의 개인적인 독단을 따라서는 안 된다.

서문이 그 제안에 대한 답이라고 할 수도 있겠다. 다행히도 10년이 넘는 세월 동안 우리는 끊임없이 확장해나가면서, 서로 유기적으로 연결되어있는 슈퍼 히어로들의 세계관을 전 세계에 소개할 수 있었다. 이 책을 참고한다면 그 작업이 얼마나 복잡했는지 그리고 그 성공에는 얼마나 큰 행운이 작용했는지 제대로 이해할 수 있을 것이다. 그렇다. 《마블 스튜디오 10주년 비주얼 딕셔너리》에 수록된 이미지는 영화의 개봉에 제때 맞춰 제작하기 위해 내렸던 창의적인 결정 하나하나를 모두 보여준다. 하지만 더욱 중요한 점으로는 이 모든 것이 최고의 캐릭터를 만들기 위해 내린 결정이란 점이다.

"당신이 누구를 위해 일한다고 생각하십니까?"

우리와 함께 일하기를 원하는 사람들과의 면접에서 항상 묻는 질문 중 하나다. 물론 이런 질문을 받은 사람들은 우물쭈물하다가 대개는 이렇게 대답한다.

"어…, 알론소 씨요?" 아니다.

"마블 스튜디오요?" 이것도 아니다.

나는 이 대답까지 들은 후 확고한 목소리로 정답을 말해준다. "당신은 아이언맨을 위해서 일합니다. 당신은 캡틴 마블을 위해서 일합니다. 당신은 가디언즈 오브 갤럭시를 위해 일합니다. 당신은 블랙 팬서, 토르, 캡틴 아메리카, 닥터 스트레인지를 위해 일합니다. 그들이 바로 당신의 보스입니다. 우리의 보스는 바로 프랜차이즈입니다."

우리는 몇 세대에 걸쳐 사람들이 마블 캐릭터들로부터 영감을 받는 모습을 지켜보았다. 이런 사람들이야말로 바로 우리가 만들 때 활용했던 마블의 유산이다. 그리고 그 유산은 결코 우리를 실망시키지 않았다. 나는 이 모두가 바로 인간의 정신력 덕분이라고 생각한다. 오직 정신력 덕분에 우리는 여기까지 올 수 있었다.

아이들이 우리의 영화 속에서 스스로의 모습을 발견할 수 있기를 바란다. 자신의 외모가 어떻든, 국적이 무엇이든, 어떤 언어를 말하든, 어떤 종교를 믿든 상관없다. 모두가 자신이 슈퍼 히어로로 될 수 있는 능력을 가지고 있다고, 세상을 구할 수 있는 능력을 가지고 있다고 믿을 수 있어야 한다. 우리가 아이들이 가진 그 꿈을 틔워줄 수 있기를 바란다. 어떤 꿈이든 말이다.

어쨌든 이제 슬슬 가봐야겠다. 내 '보스'가 부르고 있으니까.

빅토리아 알론소,
마블 스튜디오 제작 부사장

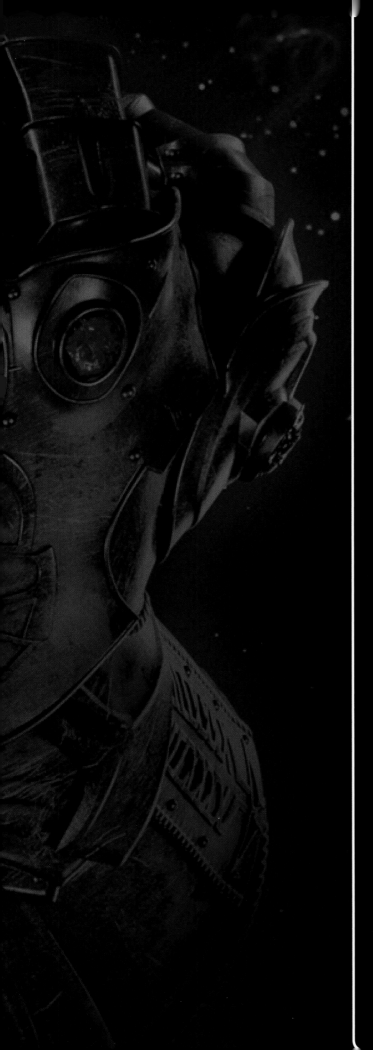

INTRODUCTION 소개

마블 시네마틱 유니버스(MCU)는 특별한 슈퍼 히어로들의
모험을 기록한 전설적인 영화 시리즈입니다.
이 슈퍼 히어로들은 힘을 합쳐 어벤져스를 결성하여
외계인의 침공이나 국제 테러리스트 그리고 사악한
안드로이드 군대 같은 엄청난 위협에 맞서 싸웁니다.
또한 특별한 능력을 가진 조력자들이 출현하여,
관객들에게 시공을 초월하는 재미를 선사합니다.

이 책에서 선보이는 MCU 영화들의 첫 10년에서는
인피니티 스톤에 얽힌 이야기와 이 엄청나게 강력한 유물을
두고 벌어지는 파멸적인 갈등에 대해 다룹니다. 이 장엄한
서사시는 매드 타이탄 타노스와 어벤져스가 우주의
운명을 두고 전쟁을 벌이면서 절정에 달합니다.

《마블 스튜디오 10주년 비주얼 딕셔너리》는 MCU 전체에서
발견할 수 있는 인물, 물체, 장소 등 영화 속 요소들에 대해
이미지를 곁들여 설명하는 독특한 가이드북입니다. 여러분은
앞으로 이어지는 내용을 통해 MCU의 환상적인 스토리
요소들과 이 요소들이 마블 시네마틱 유니버스의 풍성한
시각적 구성과 어떻게 맞아 들어갔는지 알 수 있을 것입니다.

CAPTAIN AMERICA 캡틴 아메리카

캡틴 아메리카는 슈퍼 히어로이자 시대의 상징이고, 전쟁 영웅이며,
어벤져스의 지도자다. 그는 최초의 슈퍼 솔져로서 제2차 세계대전
당시 악당 레드 스컬과 그의 히드라 병사들에 맞서 싸웠다. 이후
캡틴 아메리카는 거의 70년 동안 동면해있다가, 기술적으로는
더 진보했지만 여전히 혼란스러운 21세기에 다시 나타났다. 현대에서
캡틴 아메리카는 어벤져스를 통해 새 친구들과 조력자들을 찾았다.
하지만 새로운 적들도 대면하게 되었고, 자신 같은 슈퍼 솔져조차도
대비하지 못했던 고통스러운 도덕적 딜레마에 마주하게 되었다.

"누구도 죽이고 싶지 않아요.
그냥 다른 사람을 괴롭히는 사람이 싫은 겁니다.
그들이 어디 출신이든 상관 없어요."

스티브 로저스

STEVE ROGERS 스티브 로저스

뉴욕시 브루클린 출신의 왜소하고 허약한 청년 스티브 로저스는 자신을 지킬 힘을
가지지 못한 사람들에 대한 동정심을 가지고 있었다. 1941년 진주만 폭격 이후
스티브는 군에 입대하기로 결정하고, 자신의 친구 버키 반즈에게 신체 검사에
통과할 수 있도록 도와달라고 부탁한다. 버키는 신체 검사에 통과했지만, 스티브는
건강 문제로 입대할 수 없게 되자 크게 좌절한다. 하지만 스티브는 어떠한
상황에서라도 쉽게 포기를 하는 성격이 아니었다. 스티브는 체포될 위험을
무릅쓰고 자신의 징병 서류를 조작하는 위법 행위까지 저질러가면서 입대하기
위해 계속 도전한다.

스티브와 버키
스티브 로저스와 버키 반즈는 절친한 친구 사이다. 체구가 큰 버키는
어렸을 때부터 스티브가 불량배들과 시비가 붙을 때마다 그를
도와주었다. 스티브의 어머니가 세상을 떠나자 버키는 스티브에게 같이
살자는 제안을 했다. 두 사람은 제2차 세계대전이 발발하기 전까지만
해도 절대 떼어놓을 수 없는 사이였다.

동네 영화관에서는 전선에서 온 소식을
알리며 청년들의 입대를 독려한다. 또
애국적인 시민들에게 전쟁에 기여하도록
독려하는 선전 영화를 상영한다. 스티브는
이런 전쟁 영화에 야유를 퍼붓는 사람들을
정말 싫어했다.

'내일의 세상' 엑스포에서는
멋진 미래 기술들을
선보이지만, 스티브는
자신도 모르게 모병소로
다시 발길을 향하게 된다.
그는 버키에게 작별인사를
한 다음, 다시 한번 군대에
입대하기 위해 도전한다.

이 얼굴은 플래그
자신을 본뜬 것이다.

엉클 샘
유명한 '국가가 그대를 원한다'
포스터는 예술가 제임스
몽고메리 플래그가 제1차
세계대전 당시 미 정부가
전쟁 홍보를 위해 제작한
46종의 선전 포스터 중 하나다.
이 상징적인 이미지는 제2차
세계대전 당시 모병소에서
다시 한번 활용된다.

투철한 복무 의지

스티브 로저스는 주위에 있던 모든 청년이
목숨을 걸고 전쟁에 나가는 것을
지켜보았다. 자신의 절친도 전쟁터로
나가려 하고 있었다. 스티브는 이들보다
자신이 한 걸음 물러나 있을 권리는
없다고 생각했다. 그저 집에서 고철이나
모아서 전쟁 물자를 제공하는 것으로는
만족할 수 없었다. 하지만 스티브에게 큰
걸림돌은 건강이었다. 스티브는 천식과
성홍열, 류머티스열, 축농증, 만성 감기,
고혈압, 심계항진, 만성피로 등의 질환을
앓고 있었으며, 체구도 매우 작았다.

훈련을 받다

1943년 6월 14일, 아브라함 어스킨 박사와 만난 스티브 로저스는 마침내 미군에 입대한다. 스티브는 뉴저지에 위치한 캠프 리하이에서 전략과학부(S.S.R.)의 슈퍼 솔져 프로그램에 대비한 훈련을 받는다. 스티브는 같은 프로그램 동료들로부터 조롱과 훼방을 받게 되며, 심지어 프로그램의 군 지휘관인 체스터 필립스 대령마저도 스티브의 평균 이하의 신체 능력을 보고 회의적인 태도를 가진다. 하지만 어스킨 박사는 스티브의 선한 내면, 즉 명예, 자기희생 그리고 인내심이야말로 그를 최고의 슈퍼 솔져 후보로 만든다고 주장한다.

미군이 1941년 처음 도입한 M1 방탄모

스티브 로저스는 유럽에서 엄청난 사상자가 발생한다는 사실에도, 그리고 계속해서 신체검사에서 탈락한다는 사실에도 굴하지 않고 5개 도시에서 5번이나 위조 서류를 제출해 입대를 자원한다. 하지만 매번 4-F, 즉 입대 부적격 판정을 받는다.

미군 육군 모직 야전 셔츠

미군의 제식 병기였던 M1 개런드 소총

DATA FILE

> 스티브의 부모는 다른 사람을 돕다가 사망했다. 아버지는 제1차 세계대전에서 복무하다 전사했으며, 간호사였던 어머니는 결핵 환자를 간병하다 사망했다.

> 스티브는 입대 서류를 작성하면서 자신의 주소를 코네티컷, 펜실베이니아, 메사추세츠, 뉴욕 그리고 뉴저지 등으로 위조했다.

어스킨 박사는 슈퍼 솔져 프로그램(일명 프로젝트 리버스)을 총 지휘하는 과학자이다. 어스킨 박사는 스티브가 허약한 신체 조건에도 불구하고, 반드시 복무하겠다는 불굴의 의지를 보고 그를 슈퍼 솔져 후보로 점찍는다. 어스킨 박사는 입대 검사를 하는 의사들의 결정을 묵살할 수 있는 권한이 있었다. 그로 인해 스티브 로저스는 입대는 물론이고 프로젝트 리버스에 합류하게 된다.

실험 대상

어스킨 박사는 자신이 슈퍼 솔져 혈청을 완벽하게 완성했기를 바랐다. 이 혈청은 스티브 로저스의 힘뿐만 아니라 내면의 성격까지 강화하여, 스티브처럼 선한 사람을 정의의 화신으로 만들 수 있을 것이다.

PROJECT REBIRTH 프로젝트 리버스

제2차 세계대전이 진행되는 동안 미군의 전략과학부(S.S.R.)는 절박한 심정으로 프로젝트 리버스, 즉 슈퍼 솔져 부대를 양산하여 나치를 무찌르기 위한 프로그램을 추진한다. 이 슈퍼 솔져들은 강력한 신체 능력과 올곧은 심성을 가진 전사로 태어날 것이다. 이 프로젝트는 체스터 필립스 대령과 페기 카터 요원 그리고 다정한 성격의 과학자 아브라함 어스킨 박사가 지휘했다. 독일 출신의 어스킨 박사는 슈퍼 솔져 혈청을 발명한 장본인이자, 그 제조법을 알고 있는 유일한 사람이다. 어스킨 박사는 스티브 로저스를 슈퍼 솔져 프로그램에 합류시켰고, 스티브는 어스킨 박사만이 알고 있는 슈퍼 솔져 제작 과정을 견뎌낸다. 그 결과 나약한 청년에서 인간으로서 최고의 신체 능력을 가진 초인으로 거듭나게 된다.

천재 발명가 하워드 스타크가 리버스 포드를 컨트롤하는 비타레이 단계를 점검한다. 비타 레이 단계가 70%에 이르자 스티브는 비명을 지르지만 그래도 작업을 계속 진행하라면서 용감하게 버텨낸다.

전략과학부가 프로젝트 리버스를 진행한 비밀 실험실은 뉴욕 브루클린의 한 골동품 가게 지하에 위치해 있다. 하워드 스타크의 기업이 실험실 장비 모두를 제작했다. 필립스 대령, 프레드 클렘슨(사실은 나치 과학 부서 히드라 요원인 하인츠 크루거가 변장한 것이었다), 그리고 브랜트 상원의원이 실험의 진행을 참관했다.

작동 중에는 손대지 말 것

비타 레이 계기판

어스킨 박사

슈퍼 솔져를 만들어내려는 어스킨 박사의 연구는 히드라의 수장 요한 슈미트의 관심을 끌었고, 어스킨 박사는 감금당하는 신세가 된다. 이후 어스킨 박사는 미군에 의해 구출되어 슈퍼 솔져 혈청을 개발한다.

비밀 공식이 저온 보관되어있다.

포드캡슐 내부에 장착된 강철 팔은 스티브를 고정하는 동시에 생명 신호를 관찰한다.

앞쪽으로 여닫히는 문

슈퍼 솔져 혈청 주입기

포드의 외피는 납으로 둘러 비타 레이의 누출을 방지한다.

포드 내부에 장착된 비타 레이 방사기

슈퍼 솔져 혈청이 든 약병

슈퍼 솔져가 되다

스티브 로저스는 리버스 캡슐에 누워 페니실린 주사를 맞는다. 그다음으로는 주요 근육 부위에 미량의 슈퍼 솔져 혈청 주사를 동시에 일곱 번이나 주입받는다. 이후 즉시 세포 변화가 시작된다(그리고 상당한 고통도 뒤따른다). 그런 다음 포드는 똑바로 세워진 채 문이 닫히고, 스티브는 성장을 촉진시키는 효과를 지닌 비타 레이(아주 희귀하고 특이한 형태의 방사능)로 포화상태가 된다. 이 마지막 단계는 엄청나게 고통스럽지만, 다행히 1분밖에 걸리지 않았다.

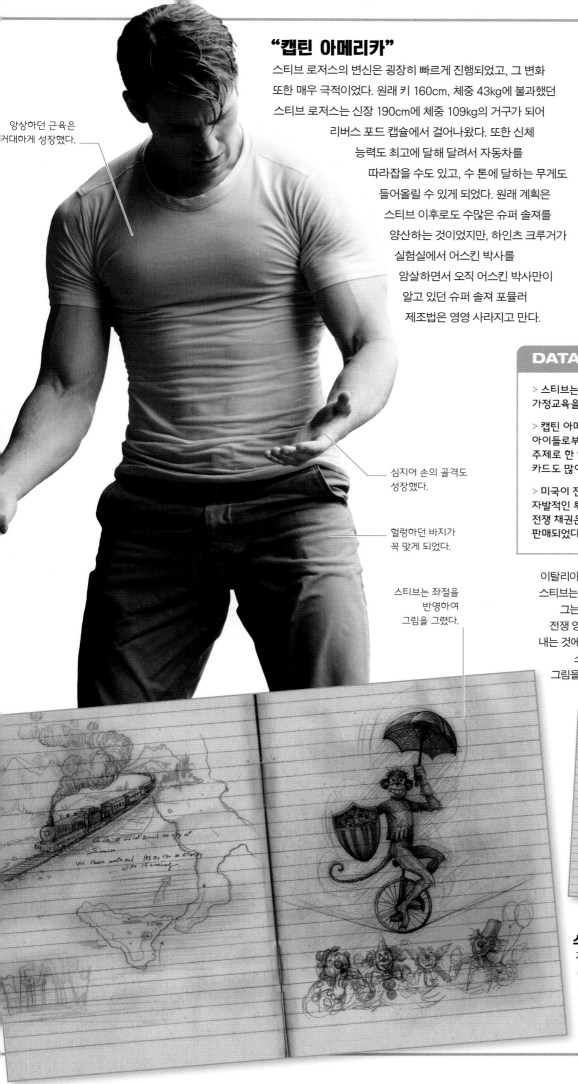

"캡틴 아메리카"

스티브 로저스의 변신은 굉장히 빠르게 진행되었고, 그 변화 또한 매우 극적이었다. 원래 키 160cm, 체중 43kg에 불과했던 스티브 로저스는 신장 190cm에 체중 109kg의 거구가 되어 리버스 포드 캡슐에서 걸어나왔다. 또한 신체 능력도 최고에 달해 달려서 자동차를 따라잡을 수도 있고, 수 톤에 달하는 무게도 들어올릴 수 있게 되었다. 원래 계획은 스티브 이후로도 수많은 슈퍼 솔져를 양산하는 것이었지만, 하인츠 크루거가 실험실에서 어스킨 박사를 암살하면서 오직 어스킨 박사만이 알고 있던 슈퍼 솔져 포뮬러 제조법은 영영 사라지고 만다.

앙상하던 근육은 거대하게 성장했다.

심지어 손의 골격도 성장했다.

헐렁하던 바지가 꼭 맞게 되었다.

스티브는 좌절을 반영하여 그림을 그렸다.

스티브는 브랜트 상원의원의 제안에 망설이기는 했지만, 결국 그 뜻을 받아들여 미국을 돌아다니면서 전쟁 채권 판매 공연에 참여한다. '전쟁을 이길 계획이 있는 애국자'는 처음에 무대 위에 서는 것이 떨렸지만, 금세 자신감을 되찾는다.

DATA FILE

> 스티브는 1918년 7월 4일에 태어났으며, 가정교육을 통해 애국심을 함양한다.

> 캡틴 아메리카는 전쟁 기간 동안 아이들로부터 큰 인기를 얻는다. 그를 주제로 한 영화와 만화책 그리고 수집용 카드도 많이 나왔다.

> 미국이 전쟁 비용을 세금 외에 시민들의 자발적인 투자로 충당하기 위해 발행한 전쟁 채권은 총 1,850억 달러어치가 판매되었다.

이탈리아 전선으로 위문 공연을 간 스티브는 불쾌한 경험을 하게 된다. 그는 자신이 하는 일이 진정한 전쟁 영웅들 앞에서 군인 흉내를 내는 것에 불과하다고 느끼게 된다. 스티브는 공연 중간중간에 그림을 그리면서 위안을 받는다.

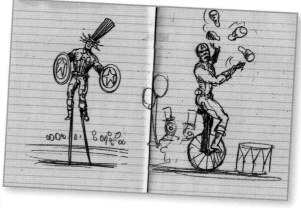

스티브의 스케치북

재능 있는 아마추어 화가인 스티브 로저스는 프로젝트 리버스에 자원하기 전에는 미술수업을 듣기도 했다. 스티브는 위문 공연을 다니는 동안, 자신이 전쟁 채권 팔이용 마스코트로 전락했다는 고민을 그림 그리기로 해소했다. 원래는 전장에서 싸우고 싶었지만, 현실 속 자신은 그저 어릿광대에 불과했다.

CAPTAIN AMERICA 캡틴 아메리카

캡틴 아메리카는 초인적인 근력과 속도, 민첩성 그리고 전략적인 지성을 가지고 있다. 그는 불굴의 용기를 지녔으며, 동료들의 능력을 최고로 끌어낼 수 있는 타고난 지도자다. 캡틴은 제2차 세계대전에서 무적의 존재인 것처럼 싸웠지만, 사실 진정한 무적과는 거리가 있었다. 캡틴 아메리카 역시 사망할 수 있는 인간이지만, 자신의 용기와 굳은 신념으로 죽음에 대한 공포를 극복한다. 그는 자유를 위해서는 기꺼이 목숨을 바칠 만한 가치가 있다고 믿는다.

방탄모

방탄모
캡틴의 전투용 방탄모에 그려진 날개는 원래 캡틴이 입었던 행사용 복장임을 의미한다. 머리를 감싸는 디자인 덕분에, 근접전에서도 방탄모가 벗겨질 걱정을 하지 않아도 된다.

탄소 고분자 재질의 방염 재킷

캡틴이 처음으로 사용한 방패는 행사에서 사용하던 소품이었다. 강철로 만들어진 덕분에 방탄 효과는 있었지만, 전투용은 아니었다.

강철 방패

하워드 스타크가 제공한 비브라늄 방패

첫 번째 슈퍼 솔저
원래 캡틴이 전쟁에서 맡았던 임무는 영웅으로 포장된 마스코트가 되어, 전선을 순회하면서 아군의 사기를 북돋는 것이었다. 하지만 캡틴은 자신의 능력을 증명할 수 있는 기회가 오자, 자신의 부대인 하울링 코만도를 이끌고 악당 나치 과학 부서인 히드라에 맞서 싸운다. 캡틴은 애국심과 의무감 그리고 억압받는 자들을 구하겠다는 사명감을 통해 싸울 힘을 얻었다. 캡틴은 언제나 맨 앞에 서서 지휘했으며, 부하들의 생명을 구하기 위해서라면 언제든지 스스로를 희생할 각오가 되어있었다. 그런 용기는 히드라 병사들에게도 악명이 높아서, 캡틴 아메리카의 적색, 백색 그리고 청색으로 도색된 방패만 보면 공포에 떨었다.

미 공군 AN-6530 고글

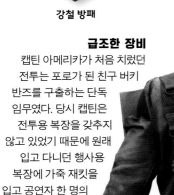

급조한 장비
캡틴 아메리카가 처음 치렀던 전투는 포로가 된 친구 버키 반즈를 구출하는 단독 임무였다. 당시 캡틴은 전투용 복장을 갖추지 않고 있었기 때문에 원래 입고 다니던 행사용 복장에 가죽 재킷을 입고 공연자 한 명의 방탄모를 훔쳐서 썼다.

도색되지 않은 비브라늄 방패

캡틴의 방패
발명가 하워드 스타크는 캡틴이 시험해볼 수 있는 다양한 방패들의 표본을 준비해두었다. 그중에는 전기 충격 장치처럼 특수한 기능을 가진 방패들도 있었다. 하지만 캡틴은 희귀 금속인 비브라늄을 여러 겹으로 겹쳐 만든 단순한 원형 방패에 마음이 끌리게 된다. 이 방패는 단순히 투사체를 튕겨낼 뿐만 아니라, 엄청난 고열을 견뎌낼 수 있다.

히드라 병사들은 엄청난 에너지를 방출하는 무기와 대형 화염 방사기로 무장하고 있기 때문에, 캡틴의 방패는 이런 무기들에 대한 방어력도 갖추고 있어야만 했다.

맞춤 재단한 미 공수부대 청색 바지

공수부대 강하용 전투화

캡틴은 히드라 무기 시설에서 버키와 162명의 다른 포로들을 성공적으로 구출해낸다. 불타는 공장을 탈출하던 도중, 캡틴과 버키는 히드라의 수장 요한 슈미트(레드 스컬)와 마주친다. 두 숙적의 첫 만남은 앞으로 벌어질 격렬한 갈등을 예고한다.

DATA FILE

> 캡틴은 슈퍼 솔져로서 신진대사 능력이 매우 강력해, 술에 취하지 않는다.

> 캡틴의 임무는 주로 적의 전선 너머에서 이루어졌기 때문에, 낙하산을 통해 적 점령지로 침투했다.

방패를 던질 때 악력을 더 강화하기 위해 장갑의 마찰력을 높였다.

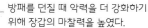
탄입대

유틸리티 벨트

콜트 M1911A1 권총을 보관한다.

권총집

캡틴의 장비

캡틴 아메리카의 장비는 런던에 위치한 하워드 스타크의 전략과학부 실험실에서 맞춤 제작한 것이다. 이 장비 대부분은 제2차 세계대전의 제식 장비를 스티브 로저스의 큰 체구에 맞춰서 치수를 조정하고 내구도를 향상시킨 것이다. 캡틴의 벨트에 들어있는 도구들 중 일부는 첨단기술로 만들어진 것이다. 예를 들면 캡틴이 탈출을 요청할 수 있도록 위치 추적 장치나 소형 폭탄 또는 폭발 탄환 등이 있다.

전투용 장갑

후방으로 발사되는 화염 방사기

인계철선/견인용 케이블 발사기

캡틴의 방패 거치대

미사일 발사기

맞춤형 오토바이

캡틴 아메리카가 타는 오토바이는 1942년형 할리 데이비슨 WLA '리버레이터' 모델을 하워드 스타크가 개조한 것이다. 운전을 하면서 히드라와 전투를 벌일 수 있도록 설계되었으며, 간단하게 자폭할 수 있는 기능도 포함되어있다.

소총 및 산탄총 거치대

보강된 발 받침대

캡틴과 하울링 코만도는 적의 기지들을 하나하나 초토화시키면서 큰 성공을 거둔다. 캡틴은 국가의 상징이 되어, 다른 미군들은 물론 고국에 있는 가족들에게도 희망을 주었다.

캡틴은 전쟁에서 맡은 마지막 임무에서 대량 살상 무기를 싣고 미 본토로 향하는 히드라 폭격기의 조종대를 잡는다. 그는 폭격기가 미국 시민들의 생명을 위협하게 두느니, 차라리 북극의 얼음 속으로 추락시키겠다는 용감한 결정을 내린다. 그렇게 캡틴과 비행기의 잔해는 얼음 속에서 그 누구의 손길도 닿지 않은 채 70년 동안 잠들게 된다.

BUCKY BARNES 버키 반즈

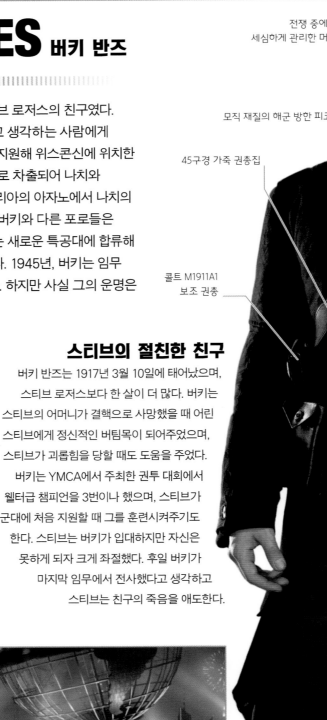

전쟁 중에도 세심하게 관리한 머리

모직 재질의 해군 방한 피코트

45구경 가죽 권총집

콜트 M1911A1 보조 권총

제임스 뷰캐넌 '버키' 반즈 병장은 어린 시절부터 스티브 로저스의 친구였다. 버키는 매력적이고, 애국심이 넘치며, 자신이 친구라고 생각하는 사람에게 진심으로 헌신한다. 버키는 진주만 공습 이후 군대에 지원해 위스콘신에 위치한 캠프 맥코이에서 훈련을 받고, 1943년에 유럽 전선으로 차출되어 나치와 싸운다. 하지만 얼마 지나지 않아 버키의 부대는 이탈리아의 아자노에서 나치의 연구부서 히드라의 공격을 받고 포로로 잡힌다. 이후 버키와 다른 포로들은 캡틴 아메리카에 의해 구출되고, 버키는 캡틴이 이끄는 새로운 특공대에 합류해 유럽 전역에 있는 히드라 시설에 대한 공격에 참여한다. 1945년, 버키는 임무 도중 히드라 기차에서 추락하여 전사했다고 기록된다. 하지만 사실 그의 운명은 훨씬 더 끔찍했다.

스티브의 절친한 친구

버키 반즈는 1917년 3월 10일에 태어났으며, 스티브 로저스보다 한 살이 더 많다. 버키는 스티브의 어머니가 결핵으로 사망했을 때 어린 스티브에게 정신적인 버팀목이 되어주었으며, 스티브가 괴롭힘을 당할 때도 도움을 주었다. 버키는 YMCA에서 주최한 권투 대회에서 웰터급 챔피언을 3번이나 했으며, 스티브가 군대에 처음 지원할 때 그를 훈련시켜주기도 한다. 스티브는 버키가 입대하지만 자신은 못하게 되자 크게 좌절했다. 후일 버키가 마지막 임무에서 전사했다고 생각하고 스티브는 친구의 죽음을 애도한다.

버키는 서글서글한 성격과 유머 감각으로 여자들에게 인기 있는 남자였다. 버키는 전선으로 떠나기 전날 밤, 데이트 상대에게 강한 인상을 주기 위해 'A급' 제복을 입는다.

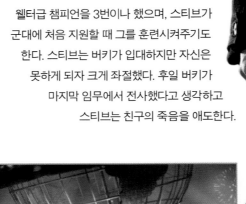

버키가 소속된 제107 보병 사단이 영국으로 떠나기 전날 밤, 버키와 스티브는 데이트 상대인 코니, 보니와 함께 뉴욕시에서 열린 '내일의 세상' 엑스포를 보러 간다. 하지만 스티브는 일행을 두고 다시 한번 입대에 도전하고, 이후 오스트리아에서 버키를 만나게 된다.

캡틴 아메리카로 알려진 슈퍼 솔저가 된 스티브 로저스는 오스트리아 알프스의 클라겐푸르트와 키츠뷔엘 사이에 위치한 히드라 무기 공장에서 버키와 다른 연합군 포로들을 구출한다. 버키는 이곳에 잡혀있는 동안, 아르님 졸라 박사에 의해 정체 불명의 인체 실험을 받았다.

헐렁한 미 공수부대 바지

미 공수부대 강하용 가죽 전투화와 M1938 도보용 각반

반동 보정기
가늠자
개머리판
버키의 톰슨 기관단총
전방 손잡이
30발 용량 탄창
안전장치
멜빵끈

하울링 코만도

스티브 로저스는 버키와 포로들을 구출해 체스터 필립스 대령이 지휘하는 이탈리아 주둔지로 인솔한다. 그리고 히드라에 맞서기 위한 부대인 '하울링 코만도'를 편성한다. 버키는 스티브가 겪은 변화를 보고 상당히 놀랐지만, 캡틴 아메리카의 명성에 큰 영향을 받지는 않았다. 버키 역시 하울링 코만도에 합류했는데, 어디까지나 '싸움에서 도망칠 줄도 모르는 브루클린 출신 풋내기'를 기억하기 때문이었다. 이후 버키는 하울링 코만도의 유일한 전사자로 기록된다.

포로로 잡혀있다 탈출하던 과정에서 버키와 캡틴은 히드라의 기지 위치를 표시해둔 지도를 보게 된다. 유능한 전략가였던 버키는 캡틴이 히드라에 맞서 싸우기 위한 작전을 구상하는 데 도움을 주었다. 이 작전 회의는 미국의 선전 영화로 만들어져 상영되기도 한다.

버키와 하울링 코만도는 히드라의 통신을 도청하여, 졸라 박사를 생포하기 위한 임무를 준비한다. 하지만 버키는 스티브의 초인적인 능력을 과신한 나머지, 캡틴 아메리카보다도 덜 긴장한 채 전투에 임하게 된다. 결국 이 임무 이후 두 친구는 거의 70년 동안이나 서로를 보지 못하게 된다.

조준경에는 비반사 처리가 되어있다.

사격의 명수

버키는 훌륭한 명사수로, 하울링 코만도에서 주로 저격수로 활약했다. 캡틴이 근접전으로 히드라 병사들을 상대하는 동안, 버키는 멀리서 포복을 한 채 저격용 조준경을 단 개조형 반자동 M1941 존슨 소총으로 적을 상대했다. 버키의 저격 실력 덕분에, 히드라 병사들 사이에서는 캡틴 아메리카가 다가가기만 해도 상대가 픽픽 쓰러진다는 소문이 돌게 되었다.

DATA FILE

> 버키 뷰캐넌 반즈의 이름은 15대 미국 대통령 제임스 뷰캐넌(재임 기간 1857~1861년)으로부터 따온 것이다.

> 버키는 다양한 종류의 화기를 다룰 수 있도록 훈련받았다. 그는 히드라에게 생포당하기 직전, M1903A1 스프링필드 저격 소총으로 무장하고 있었다.

> 버키는 포로로 잡혀있는 동안 아르님 졸라 박사가 자행했던 슈퍼 솔져 실험 덕분에, 기차에서 추락한 후에도 살아남을 수 있었다.

PEGGY CARTER 페기 카터

페기 카터는 예리하고 원칙적이며 어떤 역경에도 굴하지 않는 성격의 전략과학부 요원으로, 제2차 세계대전 당시 스티브 로저스의 헌신적인 동료였다. 페기는 영국 런던에서 태어나 영국 공군과 공군 특수부대에서 복무하다가, 1940년에 전략과학부에 합류한다. 매우 높은 평가를 받는 요원인 페기는 현명한 리더십과 전술 능력 그리고 전략가적인 면모로 이름을 높이게 된다. 페기는 연합군 정보망의 핵심 인물로 활동했으며, 일찍이 스티브가 캡틴 아메리카가 될 수 있도록 그 능력을 지지해준 사람이다.

비밀 요원

영국 비밀 정보부에서 '요원 13'으로 활동하던 페기는 카우프만 성에 있는 히드라 기지에 침투해, 히드라의 비밀 무기 수송과 관련된 사진을 입수한다. 이 정보는 미 정보부 및 전략과학부와 공유되었으며, 두 조직은 페기를 도와 히드라에게 억류되어있던 유명한 독일 과학자 어스킨 박사를 구출한다. 이후 페기와 어스킨 박사는 전략과학부에 합류하여 프로젝트 리버스에 참여한다. 페기는 필립스 대령과 함께 전략과학부의 슈퍼 솔져 훈련 프로그램을 감독했고, 나중에는 히드라를 상대로 한 특공대 작전을 지휘한다.

스티브 로저스와 친해진 페기는 스티브의 신체 조건이 열악하지만 프로젝트 리버스에 가장 적합한 후보라고 생각한다. 스티브의 이타심과 자기희생 정신은 슈퍼 솔져라는 역할을 맡기에 가장 중요한 특성이었다.

신문에서 스크랩해둔 페기의 사진

스티브 로저스의 나침반

전략과학부 배지

맵시 있게 재단한 정장 치마를 당당하게 입고 있다.

금 단추는 항상 반짝이게 광을 낸다.

페기 카터 요원은 캠프 리하이에서 프로젝트 리버스 후보자들의 훈련을 감독했다. 요원으로 활동하는 동안 페기는 부하와 상사들로부터 성차별적인 대우는 물론, 영국 태생이라는 이유로 야유까지 받아야 했다.

DATA FILE

> 페기 요원은 발터 PPK 권총을 휴대하고 다니며, 이 총으로 히드라 암살자 하인츠 크루거의 동료를 처치하기도 했다. 이 권총은 페기가 쉴드에서 활동하는 동안 그녀를 상징하는 무기가 되었다.

> 페기는 근접전에 능숙하며, 다양한 격투기 기술을 익혀왔다.

> 페기의 배우자는 스티브 로저스가 제2차 세계대전 동안 구출했던 수천 명 중 한 명이었다.

머리를 곱슬곱슬
말아서 핀으로
고정시킨 헤어스타일

페기 카터 요원은 뛰어난 명사수이며, 임무를 수행할
때는 결코 물러서지 않는다. 페기는 톰슨 기관단총으로
무장하고, 하울링 코만도를 이끌어 알프스에 위치한
히드라 본부를 공격했다. 그녀는 쉴드에서 근무할
때도 이런 위험한 임무들을 지휘해왔다.

페기는 스티브 로저스에게 강렬한 감정을
가지고 있었지만, 두 사람이 맡은 임무는
낭만적인 관계를 만드는 데 장애물로
작용했다. 다시는 스티브를 보지 못할
것임을 안 페기는 그에게 키스할 수
있는 마지막 기회를 놓치지 않았고,
이후 거의 70년 동안 스티브를
보지 못한다.

지향 사격으로도
상당한 명중률을
자랑한다.

쉴드 창설

제2차 세계대전이 종전된 후, 페기 카터 요원은 뉴욕시
브루클린에 위치한 전략과학부 본부에서 근무하게 된다.
존 플린 요원은 그녀를 암호 해독 및 분석 임무에
배치했다. 하지만 페기가 계속 요원으로 남은 이유는 단순히
캡틴 아메리카가 사망했기 때문에 동정표를 산 덕분이라
생각해서 그녀를 실전 임무에 배치하지 않은 것이다.
하지만 어느 날 저녁, 페기는 조디악이라는 화학무기를
훔쳐내는 임무를 맡는다. 페기가 임무를 성공시킨
후, 플린은 하워드 스타크로부터 페기가 앞으로
새로 창설될 정보기관인 쉴드의 지휘를 돕게 될
것이라는 전화를 받게 된다.

단순하지만 우아하고
전문적으로 보이는 복장

페기 카터는 쉴드가 히드라에 의해 서서히
잠식당해가는 중에도 조직에 남아 명예로운
임무를 이어간다. 그녀는 행크 핌이 앤트맨으로
현장에서 수행하는 작전을 지휘했으며, 자신의
동료인 하워드 스타크와 미첼 카슨이 행크 뒤에서
음모를 꾸미고 있다는 사실을 알고는 매우
언짢아한다.

페기는 말년에 알츠하이머로 투병하다 향년
98세로 사망한다. 그녀의 장례식은 생전에 가장
좋아했던 런던의 성당에서 거행되었으며, 옛
쉴드 요원들과 수많은 저명 인사, 종손녀 샤론
카터와 스티브 로저스가 참석했다.

RED SKULL 레드 스컬

눈 주변이 변색된 것을 보 가면 아래에 있는 붉은 얼굴을 짐작할 수 있다.

야망으로 가득 찬 독일 과학자 요한 슈미트는 북구 신화와 신비로운 힘에 집착하는 나치 장교다. 슈미트는 촉망받는 유년 시절을 보냈으며, 나치 역시 그의 잠재력을 알아보고는 나치친위대 슈츠슈타펠(SS)의 대장이 직접 그를 제자로 키운다. 나치에서 승승장구하던 슈미트는 특수 무기 부서장 에른스트 카우프만을 살해하고, 자신이 새로 설립한 과학 부서 히드라에서 카우프만이 남긴 자원들을 전용한다. 어스킨 박사의 슈퍼 솔져 연구에 대해 알게 된 슈미트는 그를 납치해 스스로 포뮬러를 주입한다. 슈퍼 솔져 혈청은 슈미트에게 신체적 능력과 날카로운 지성을 선사해주었지만, 대신 흉측한 흔적을 남기게 된다.

나치 슈츠슈타펠의 과학 장교 제복

1942년 3월, 슈미트는 강력한 아스가르드 유물 테서랙트를 찾기 위해 노르웨이 튄스베르그에 위치한 오래된 교회를 뒤진다. 하지만 그 유물이 모조품임을 알아보았고, 결국 진품 테서랙트를 찾아낸다. 나치는 원래 신비로운 힘을 가진 유물들을 찾아내는 데 혈안이 되어있었지만, 히틀러가 찾아낸 유물들은 슈미트가 찾아낸 이 테서랙트에 비하면 '잡동사니'에 불과했다.

재킷의 붉은색 끝단 장식

테서랙트의 힘을 보여주는 삽화

고대의 책

지구에 남아있는 《위그드라실의 서》 복사본(원본과 달리 마법적 기능이 전혀 없다)에는 아스가르드의 아홉 세계와 오딘의 가족사에 대한 이야기가 담겨있다. 지금껏 이 책을 소유했던 자들은 이 이야기를 단순한 신화로만 생각했으나, 슈미트는 책의 삽화와 본문을 참고하여 테서랙트에 대해 알아낸다.

손잡이 내부에 탄창이 들어간다.

슈미트의 권총

슈미트는 나치 장교들이 갖고 다니는 유명한 독일제 루거 P08 반자동 권총으로 무장했다. 이후 히드라의 수석 과학자 아르님 졸라 박사는 테서랙트의 에너지를 발사할 수 있는 새로운 무기를 루거 권총의 형태로 만들어준다.

히드라의 수장

슈퍼 솔져 혈청으로 인한 사고를 겪은 후, 슈미트는 흉측해진 얼굴을 가리기 위해 가면을 쓰고 다닌다. 그는 자신을 무시하는 히틀러와 나치에 분개하며, 그들을 편협하고 미개한 자들이라고 깔본다. 그들이 마법이라 부르는 것은 슈미트에게 과학이었으며, 이를 힘으로 삼아 세계를 정복하고 자신이 원하는 세계로 다시 만들고자 한다. 슈미트는 히틀러가 군대에 제대로 보급도 지원하지 못하고 있지만, 자신은 부하들에게 엄청난 보상을 하겠다고 약속하며 사기를 북돋았다. 슈미트는 작은 연구 부서에 불과했던 히드라가 나치에 맞먹을 정도로 거대한 군사 조직이 되도록 빠르게 확장시킨다.

번쩍이는 가죽

미완성 슈퍼 솔져 혈청으로 인해 흉측해진 얼굴

테서랙트 무기
테서랙트를 얻은 슈미트는 아르님 졸라 박사에게 테서랙트 에너지를 응용한 발명품을 만들게 한다. 그중에는 기존의 무기를 개조한 것도 있지만, 새롭게 설계한 것도 있다. 나치 수뇌부에서 무기의 시연을 요구하자, 슈미트는 기꺼이 나서서 자신의 신형 기관포로 나치 수뇌부를 날려버린다.

냉열 에너지 기관포

포구에서 청색의 테서랙트 에너지를 발사한다.

DATA FILE

> 레드 스컬은 연합군뿐만 아니라 자신의 부하들에게도 공포스러운 모습을 드러낸다. 자신의 명령을 제대로 수행하지 못한 장교들을 즉결 처형하는 것으로 유명하다.

> 레드 스컬은 테서랙트를 맨손으로 쥐었다가 지구에서 사라지게 된다. 이후 그는 보르미르 행성에서 수십 년 동안 유폐된 채 소울 스톤의 수호자라는 역할을 떠맡게 된다.

정체를 드러낸 레드 스컬
1943년, 요한 슈미트는 무기 공장을 시찰하던 도중 캡틴 아메리카와 버키 반즈를 만난다. 슈미트는 두 사람에게 공포감을 심어주기 위해 레드 스컬의 진정한 얼굴을 드러낸다. 이제 가면을 벗은 레드 스컬은 새롭게 얻은 힘으로 대담하게 히드라를 지휘한다. 그러나 캡틴 아메리카와 하울링 코만도가 계속해서 전쟁에서 승리하자, 레드 스컬의 목표는 유럽 정복이 아니라 미국에 엄청난 공격을 가하는 것으로 바뀌게 된다.

히드라의 상징이 새겨진 귀중한 은제 버클

차량에는 지붕이 없어서 주변 상황을 더 정확하게 파악할 수 있다.

슈미트의 쿠페
슈미트의 전용 차량은 매우 웅장하다. 차량은 퍼레이드에서는 멋진 디자인을 보여주고, 공장을 시찰할 때는 깊은 인상을 심어주어 동료들로부터 질투를 사기도 한다. 또한 강력한 엔진과 튼튼한 차체 덕분에 전장을 누비기에도 용이하다.

앞에서 본 모습

히드라의 제복인 가죽 트렌치 코트

테서랙트 동력 엔진용 추가 계기판

HYDRA 히드라

히드라는 나치 슈츠슈타펠의 과학 심화 연구 부서로 시작하여 나치 독일에서 가장 강력한 조직으로 성장했다. 히드라는 조직 내에 있는 감시 및 보안전담기구와 테러 활동으로 악명이 높다. 히드라는 슈츠슈타펠 수뇌부의 지원을 받은 요한 슈미트(이후 레드 스컬로 알려진다)에 의해 설립되었다. 슈미트의 지휘 아래 히드라는 히틀러의 군대에 버금가는 무력을 기르고, 세계 정복이라는 목표를 이루기 위해 나치체제에서 벗어나려 한다. 슈미트의 야망은 나치조차도 두려움에 떨게 했다. 나치 독일의 세력이 줄어들수록 그 자리는 점점 히드라가 채워갔다.

졸라 박사는 자신의 연구실에서 쉬지 않고 일하면서, 테서랙트의 무한한 에너지를 응용하여 최첨단 발명품들을 만들어낸다. 졸라 박사는 이런 신기술을 만들어낼 수 있다는 기회 자체를 즐겼으며, 자신이 만든 피조물들이 얼마나 끔찍한 용도로 사용되든 상관하지 않았다.

촉수는 급속하게 뻗어나가는 히드라의 세력을 상징한다.

졸라네이터 2000X 돌격 소총

전방 손잡이(권총형)

탄창

히드라 심볼

챙이 넓은 중절모

히드라 부대

히드라 병사들은 광신적인 충성심을 가졌다. 그들은 레드 스컬을 마치 교주처럼 숭배하며, 레드 스컬과 히드라에 완전한 충성을 맹세한다. 이들 중 대부분은 나치 병사였지만, 영광스러운 기술력으로 세계를 지배하겠다는 레드 스컬의 목표에 감화되어 그를 따르게 되었다.

에너지 무기의 밝은 빛으로부터 눈을 보호해주는 고글

아르님 졸라 박사

아르님 졸라 박사는 히드라의 천재 과학자이자, 조직 내에서 요한 슈미트 다음가는 이인자다. 졸라 박사가 초자연적인 유물 테서랙트를 가지고 이루어낸 혁신적인 연구 덕분에 히드라의 기술력은 연합군보다 수십 년 앞서게 된다. 캡틴 아메리카와 하울링 코만도가 히드라의 무기 공장을 파괴하자, 졸라 박사는 살아남기 위해 슈미트를 배신한다. 이후 자신만의 방식으로 히드라를 부활시킨다.

히드라 배지

전지형 탄창을 보관하기 위한 주머니

아르님힐레이션 99L 돌격 무기

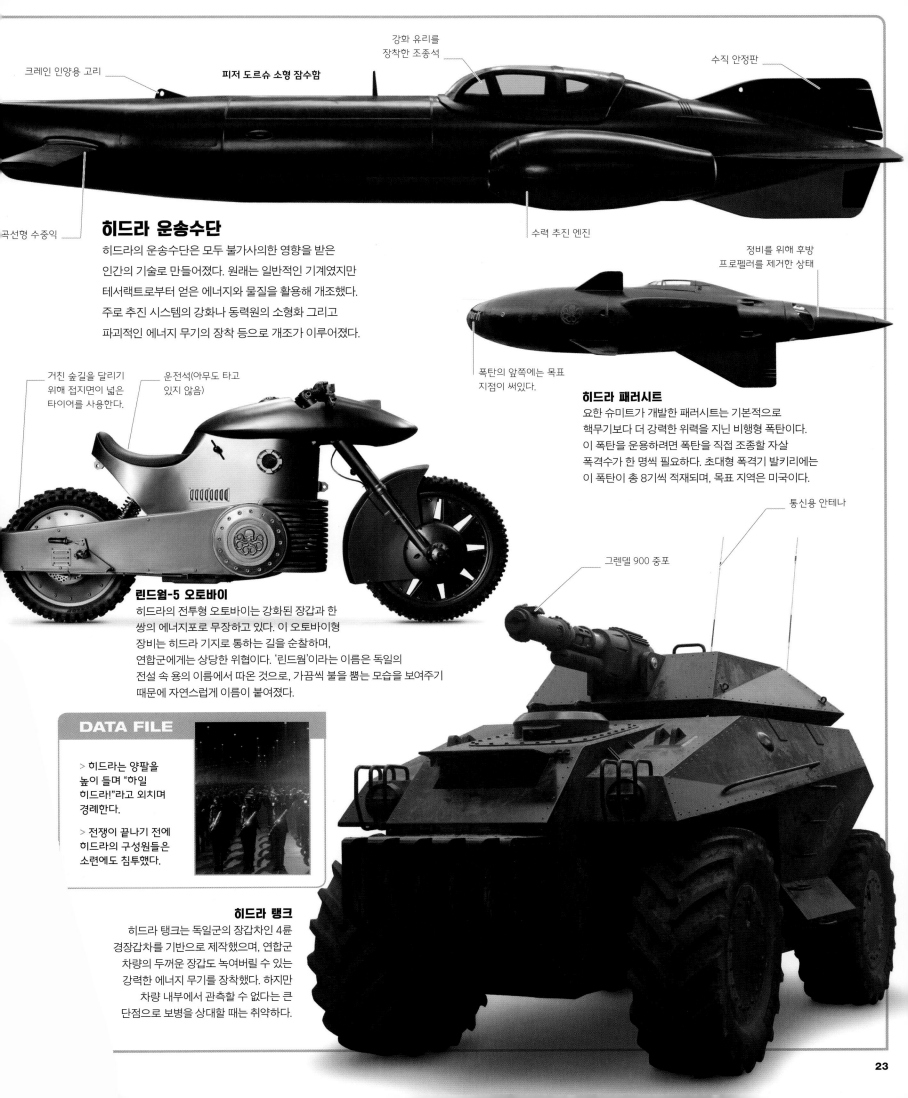

크레인 인양용 고리

강화 유리를 장착한 조종석

수직 안정판

피저 도르슈 소형 잠수함

곡선형 수중익

수력 추진 엔진

히드라 운송수단

히드라의 운송수단은 모두 불가사의한 영향을 받은
인간의 기술로 만들어졌다. 원래는 일반적인 기계였지만
테서랙트로부터 얻은 에너지와 물질을 활용해 개조했다.
주로 추진 시스템의 강화나 동력원의 소형화 그리고
파괴적인 에너지 무기의 장착 등으로 개조가 이루어졌다.

정비를 위해 후방
프로펠러를 제거한 상태

폭탄의 앞쪽에는 목표
지점이 써있다.

히드라 패러시트

요한 슈미트가 개발한 패러시트는 기본적으로
핵무기보다 더 강력한 위력을 지닌 비행형 폭탄이다.
이 폭탄을 운용하려면 폭탄을 직접 조종할 자살
폭격수가 한 명씩 필요하다. 초대형 폭격기 발키리에는
이 폭탄이 총 8기씩 적재되며, 목표 지역은 미국이다.

거친 숲길을 달리기
위해 접지면이 넓은
타이어를 사용한다.

운전석(아무도 타고
있지 않음)

통신용 안테나

그렌델 900 중포

린드웜-5 오토바이

히드라의 전투형 오토바이는 강화된 장갑과 한
쌍의 에너지포로 무장하고 있다. 이 오토바이형
장비는 히드라 기지로 통하는 길을 순찰하며,
연합군에게는 상당한 위협이다. '린드웜'이라는 이름은 독일의
전설 속 용의 이름에서 따온 것으로, 가끔씩 불을 뿜는 모습을 보여주기
때문에 자연스럽게 이름이 붙여졌다.

DATA FILE

> 히드라는 양팔을
높이 들며 "하일
히드라!"라고 외치며
경례한다.

> 전쟁이 끝나기 전에
히드라의 구성원들은
소련에도 침투했다.

히드라 탱크

히드라 탱크는 독일군의 장갑차인 4륜
경장갑차를 기반으로 제작했으며, 연합군
차량의 두꺼운 장갑도 녹여버릴 수 있는
강력한 에너지 무기를 장착했다. 하지만
차량 내부에서 관측할 수 없다는 큰
단점으로 보병을 상대할 때는 취약하다.

HOWLING COMMANDOS 하울링 코만도

캡틴 아메리카는 제2차 세계대전 동안 하울링 코만도라는 직속 부대를 직접 지휘했다. 캡틴은 히드라 무기 시설에 갇혔있던 포로들을 구하면서, 절친한 친구 버키 반즈 외에도 자신이 지휘하게 될 용감한 병사들을 만나게 된다. 이후 얼마 지나지 않아 캡틴은 자신의 부대를 편성했으며, 유럽 전역에 있는 히드라 세력에 대한 비밀 공격 작전을 수행한다. 캡틴의 부대는 강력한 기술력을 가진 히드라를 상대로 전쟁을 성공적으로 수행한다. 그러나 전쟁의 결말은 버키와 캡틴을 모두 잃으면서 달곰씁쓸한 승리로 마무리된다.

하울링 코만도의 작전은 런던의 킹 찰스 거리에 위치한 전략과학부의 유럽 본부에서 구상되었다. 필립스 대령과 페기 카터 요원 둘 다 이 본부에 사무실을 두고 있었으며, 하워드 스타크의 실험실도 여기에 있었다.

후일 하울링 코만도의 부대원이 될 포로들은 히드라 무기 시설에서 구출된 후 런던으로 돌아와 치료를 받는다. 캡틴 아메리카는 윕 앤드 피들 술집에서 이들에게 자신의 부대에 들어올 것을 제안한다. 제일 먼저 팰스워스가 재미있어 보인다며 제안을 수락한다. 제일 마지막으로 제안을 수락한 것은 덤 덤이었는데, 술을 원 없이 사줘야 한다는 조건을 달았다.

덤 덤의 중산모

이 모자챙도 예전에는 멋졌었다.

히드라의 악몽

캡틴은 히드라 기지에 침투하여 모든 히드라 시설이 표시된 지도를 발견한다. 그는 하울링 코만도와 함께 유럽 전역에 있는 모든 히드라 기지를 차례로 공격한다. 이들은 히드라의 기지를 하나씩 파괴해나갔고, 결국 히드라의 수장 요한 슈미트의 오른팔인 아르님 졸라 박사까지 생포하는 업적을 올린다. 하지만 납치 작전 중에 버키를 잃고 만다. 졸라 박사가 슈미트의 비밀 기지가 위치한 곳을 알려준 덕분에, 하울링 코만도는 마지막 공격을 감행할 수 있었다. 슈미트는 도망치고 캡틴은 그 뒤를 쫓지만, 결국 두 사람 모두 사라져버리고 만다. 하울링 코만도는 실종된 캡틴을 추모한다.

모직 재질의 미 육군 운전병 모자

혁신적인 '불펍' 양식(탄창이 방아쇠 뒤쪽에 위치) 소총

모직 육군 바지

히드라 제식 졸라네이터 2000X 돌격 소총

덤 덤의 상징인 콧수염

방아쇠에 손가락을 걸지 않는 좋은 습관

짐 모리타

일본계 미국인인 짐 모리타는 캘리포니아 프레스노 출신이다. 모리타는 무전수이자 기술 전문가로 복무하며, 히드라 장비에 대해 연구하고 적의 통신을 도청했다.

자크 데르니에

프랑스 레지스탕스로 활약하던 자크 데르니에는 하울링 코만도 대원들을 만나기 전에 마르세유에 생포되어있었다. 폭발물 전문가로 활약한다.

덤 덤 듀건

뉴욕 출신인 티모시 '덤 덤' 듀건은 버키 반즈의 친한 친구다. 1945년에 버키와 캡틴 아메리카가 실종된 이후 듀건이 부대장 직위를 맡았다.

하울링 코만도의 장비

하워드 스타크는 자신의 전략과학부 실험실에서 하울링 코만도가 사용할 장비를 제작한다. 이곳에서는 캡틴 아메리카가 사용할 방패의 시제품은 물론, 하울링 코만도가 작전에서 사용할 특수 무기들을 설계했다. 하워드는 하울링 코만도가 노획해온 히드라 기술들을 연구했다. 그러나 테서랙트의 초자연적인 에너지는 사용하기에 너무나 불안정하다는 사실을 알아낸 후 테서랙트를 회수하는 데 집착하게 된다.

자석판

폭발물이 든 용기

추적형 폭탄

하워드 스타크는 히드라 차량에 부착할 수 있는 휴대용 자석폭탄(안정성도 높다)을 제작했다. 부대원 중 폭발물에 가장 익숙한 사람은 자크 데르니에였고, 폭발물을 다루는 임무에는 주로 자크가 나섰다.

적갈색 영국 공수부대 베레모

미 보병 수비대 모자

히드라 아르님힐레이션 99L 돌격 무기

가죽 재질의 공수부대원 전투화

캡틴 아메리카가 히드라에 자진해서 생포된 다음, 하울링 코만도는 잡혀가는 캡틴의 뒤를 추적하여 알프스에 위치한 히드라의 기지로 간다. 이들은 고도의 기술로 건설된 기지에서 히드라의 정예 병사들과 격전을 벌였고, 슈미트를 사로잡은 후 히드라의 운명에 종지부를 찍으려 한다.

제임스 몽고메리 팰스워스

제임스 몽고메리 팰스워스는 전략 전문가다. 히드라에 생포되기 전까지 영국의 왕립 제3 독립 공수연대에서 복무했다.

버키 반즈

제임스 뷰캐넌 '버키' 반즈는 하울링 코만도의 저격수로 복무했다. 버키와 스티브 로저스는 1930년부터 떼려야 뗄 수 없는 친구 사이다.

게이브 존스

조지아주의 메이컨에서 온 게이브 존스는 하워드대학에 다니던 학생이었다. 그는 독일어와 프랑스어에 능하며, 하울링 코만도의 중화기 전문가로 활약한다.

DATA FILE

> 덤 덤 듀건은 전쟁이 끝난 후 처음에는 전략과학부에서, 나중에는 쉴드의 대테러 부서에서 복무하면서 조국을 위해 헌신했다.

> 팰스워스는 하울링 코만도 중에서도 가장 훈장을 많이 받은 병사이다. 아프리칸 스타, 오더 오브 버마, 무공훈장, 전쟁훈장을 받았다.

> 버키는 하울링 코만도 중 유일하게 전사자로 기록되었다.

CAP'S UNIFORMS 캡틴의 전투복

캡틴 아메리카가 북극에서 실종된 지 약 70년이 흐른 뒤, 그가 타고 있던 비행기가 발견되면서 캡틴은 동면한 채로 쉴드 본부로 이송된다. 동면에서 깨어난 후, 스티브는 현대 세계에 어렵게 적응한다. 그는 뉴욕 전투를 통해 신속하게 실전으로 복귀했으며, 현재는 어벤져스의 리더 역할을 맡고 있다. 하지만 평화가 찾아오면 스티브는 외로움과 고립감을 느낀다. 자신이 과거에 알던 모든 사람은 요양원에 들어가 있거나, 이미 세상을 떠난 후였다. 그때 히드라가 다시 출현해 스티브에게 고뇌를 안겨주고, 결국 내분으로 인해 어벤져스는 무너지고 만다. 이 모든 사건을 견디면서 캡틴이 의지할 수 있는 것은 오직 자신의 애국심이 담긴 전투복과 방패뿐이다.

스티브는 신체에 주입된 슈퍼 솔져 혈청 덕분에 수십 년 동안 동면상태로 생존할 수 있었다. 그는 자신이 살던 시대와는 달리 문화적으로 엄청난 변화를 겪은 낯선 시대와 세상에서 깨어난다. 캡틴에게 이런 변화는 엄청난 것이었다.

어벤져스 전투복

별과 줄무늬가 들어간 디자인

캡틴이 현대에서 처음 착용한 전투복은 쉴드가 제작한 것으로, 디자인은 필 콜슨 요원의 제안에 따라 약간의 수정을 거쳤다. 기본 디자인은 1940년대 캡틴이 입었던 복장에 기반하며, 구형 전투복의 재질보다 월등히 강력하면서도 신축성을 가진 신형 소재로 제작되었다. 현재 사용하는 비브라늄 방패는 하워드 스타크가 제2차 세계대전 당시에 주었던 바로 그 방패다.

캡틴은 낯선 미래에 적응해야 한다는 문제뿐만 아니라 외계인 침략자들도 처리해야 했다. 다행히 최첨단 방폭 소재로 제작한 전투복은 치타우리 무기의 공격을 잘 방어할 수 있었다.

시가전의 폐허를 누비는 데 적합한 중형 전투화

캡틴은 쉴드의 스트라이크 팀과 함께 해적이 납치한 선박 레무리안 스타 호에 잠입해 프랑스계 알제리 출신의 용병 조르주 바트록(일명 '사신 바트록')과 육박전을 벌인다.

위장형 전투복

캡틴은 쉴드의 특수부대 스트라이크 팀에 합류하면서, 새로 제작한 전투복을 받는다. 이 전투복은 야간전에서 위장을 유지하기 위해 어두운 색상으로 제작됐다. 가끔은 방패도 위장하기 위해 파란색으로만 도색한다. 이 전투복은 어벤져스보다는 쉴드 요원으로서의 정체성을 더 강하게 드러낸다.

머리 모양에 맞춰 새로 제작한 방탄모

방패를 등에 고정하는 띠

무릎 보호대로 보강된 신축성 있는 바지

방탄모에는 어벤져스 통신기가 내장되어있다.

팔까지 이어진 적색과 백색의 배색

팔에는 자석이 있어 방패를 장착할 수 있다.

주머니에는 부상당한 시민들을 위한 의료품이 들어있다.

소코비아 전투복

쉴드가 해체된 이후에는 발명가 토니 스타크가 캡틴 아메리카의 전투복 디자인을 맡는다. 캡틴은 이제 어벤져스의 리더 직책을 완전히 받아들이면서, 전투복에도 적색, 백색 그리고 청색의 성조기 배색을 다시 사용한다. 예전에 입던 전투복의 위장 기능 중 일부는 그대로 유지되어 실전에서 유리한 입지를 차지한다.

스티브 로저스는 소코비아에서 히드라 병사들이 발사하는 에너지 포화를 뚫고 오토바이로 유럽 땅을 누비며 과거 캡틴 아메리카로서 활약하던 시절과 똑같다고 생각한다. 등에 방패를 멘 덕분에 후방은 안전하게 보호받고 있지만, 전방은 완전히 노출된 상태다.

새로운 어벤져스 전투복

캡틴 아메리카가 가장 최근에 착용한 전투복은 가벼우면서도 예전 전투복보다 더욱 튼튼한 재질로 만들어졌다. 덕분에 중무장한 테러리스트들을 상대로 한 임무에서 큰 이점으로 작용한다. 그러나 이 전투복이 튼튼하기는 하지만, 기동성을 추구하는 대가로 폭발을 견뎌내는 기능은 포기해야 했다. 이 사실을 잘 알고 있었던 어벤져스의 동료 스칼렛 위치는 테러리스트인 크로스본즈가 자살 폭탄 테러를 감행했을 때 캡틴을 구하기 위해 성급하게 행동하고 말았다.

캡틴의 가장 큰 약점은 다리로, 하반신은 보호받지 못한다. 또한 캡틴의 상반신 체중은 상당해서 실력이 좋고 운까지 따라주는 적을 만난다면 쉽게 넘어질 수 있다.

강력한 힘으로 던질 경우, 방패의 모서리는 거의 모든 물질을 가를 수 있다.

가슴의 적색 장식과 팔의 백색 줄무늬는 이제 청색으로 대체되었다.

주머니에는 윌로스키 200 위성 통신기가 들어있다.

충격 흡수형 무릎 보호대

캡틴 아메리카는 나이지리아의 라고스에서 이제는 테러리스트 크로스본즈가 되어버린 옛 쉴드 동료 브록 럼로우를 만난다. 럼로우는 쉴드 본부가 무너지면서 생긴 흉측한 얼굴과 흉터를 보여주며 캡틴의 탓이라고 비난한다. 복수심에 사로잡힌 럼로우는 캡틴과 함께 자살하려는 계획을 세운다.

야전에서 사용할 장비를 담는 넓은 주머니

DATA FILE

> 캡틴의 방패는 토르의 망치인 몰니르의 일격도 버텨냈다. 하지만 망치와 방패의 충돌은 파괴적인 충격파를 만들어냈다.

> 캡틴과 토르는 가끔씩 방패와 망치가 만들어내는 충격파 효과를 이용해 주위의 적들을 기절시키거나 쓰러뜨린다.

정강이를 보호하는 강화형 각반

FALCON 팔콘

샘 윌슨은 고공 비행의 달인인 팔콘이자 스티브 로저스의 헌신적인 친구다. 샘은 원래 미 공군 항공구조대 장교 출신으로, 현재는 일선에서 물러나 미국 보훈부에서 근무하면서 트라우마에 시달리는 제대 군인들을 돕고 있다. 샘은 강력한 출력의 제트 팩을 활용해서 보는 사람의 눈이 시릴 정도의 속도로 공중 곡예를 할 수 있다. 재치 있고 임무에 집중하는 군인인 샘은 캡틴과 함께 온갖 고비를 넘기면서 히드라와 타락한 쉴드에 맞서 싸우며 어벤져스에 공식적으로 합류한다. 하지만 나중에 어벤져스를 등지고 캡틴과 도망자 신세가 된다.

샘 윌슨은 워싱턴 D.C.의 내셔널 몰에서 조깅하던 중 스티브 로저스와 만난다. 처음에 샘은 자신을 계속 앞지르는 스티브의 모습을 보고 화를 낸다. 하지만 두 사람은 이야기를 나눈 후 빠르게 친구가 되고, 샘은 제2차 세계대전 이후의 음악을 추천해준다. 이후 스티브는 샘의 초대를 받아 보훈부를 방문하기도 한다.

두 날개는 마치 부채처럼 바깥쪽으로 펼쳐진다.

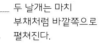
엑소-7 마크 1

엑소-7

샘의 시험용 윙 제트팩, 일명 엑소-7 팔콘은 미 주방위군 공군에서 개발한 것이다. 샘과 그의 동료 라일리는 원래 테스트 조종사였다. 샘은 라일리가 아프카니스탄에서 전사한 후 퇴역했지만, 캡틴과 블랙 위도우가 도움을 요청하자 자신의 엑소-7 장비를 다시 회수해온다. 엑소-7 제트팩은 3개의 소형 제트엔진과 제트팩 내부에 접어 넣을 수 있는 날개 한 쌍 그리고 비상용 낙하산으로 구성되어있다.

슈타이어 SPP 기관단총 수납용 홀스터

비행 조종용 손잡이

앤트맨의 확대 이미지

어벤져스 기지를 실시간으로 보여주는 지도

비상 착륙에 대비한 무릎 강화 보호대

히드라가 쉴드 내부에서 모습을 다시 드러내자, 팔콘은 히드라의 신형 헬리캐리어에 탑승하여 무력화시키기 위해 엑소-7을 활용한다. 팔콘의 제트팩은 추격해오는 퀸젯을 따돌릴 정도로 빠르지만, 히드라 요원인 윈터 솔져가 날개를 무력화하는 바람에 낙하산을 사용해 쉴드의 빌딩에 안전하게 착륙해야만 했다.

증강 현실 디스플레이가 내장된 렌즈

전투용 고글

팔콘은 엄청난 속도로 비행하기 때문에, 반드시 눈을 보호해야 한다. 원래 사용하던 고글은 기본적인 시야 확대 기능을 제공하지만, 이후 토니 스타크에게서 업그레이드된 고글을 받는다. 새 고글에는 레드윙과 연결된 시각적 인터페이스를 전송받아 드론이 촬영한 영상을 다양한 범위에서 관찰할 수 있다. 또 열 신호를 감지할 수도 있으며, 패턴 인식 알고리즘을 활용한 탐색 기능도 포함되어있다.

팔콘의 날개는 매우 유연하면서 방탄 기능도 있어, 온몸을 날개로 감싸면 총탄이나 파편, 작은 위력의 폭발 그리고 화염으로부터 완벽하게 보호할 수 있다. 이 기능 덕분에 팔콘은 별다른 엄폐물을 찾을 필요 없이 격렬한 전투가 벌어지는 전장 한가운데로 똑바로 강하할 수 있다.

관절형 기계 상완 버팀대

DATA FILE

> 샘 윌슨은 스캇 랭(앤트맨)이 어벤져스 기지로 잠입했을 당시, 어벤져스 중에서 그를 제일 처음으로 만난 멤버다. 이후 샘은 앤트맨에게 '쬐깐이'라는 별명을 붙여준다.

> 레드윙의 공식적인 이름은 '스타크 드론 MK82 922V 80Z V2 프로토타입 유닛 V6'다.

> 레드윙은 비디오 카메라와 한 쌍의 총, 수납형 견인 케이블 그리고 스턴 미사일로 무장되어있다.

레드윙과 연결된 스마트 고글

나일론으로 강화한 마일러 재질의 날개

레드윙 터치 패드 조종기가 부착된 장갑

날개 달린 전사

샘은 어벤져스에 합류하면서 개조된 장비를 받는다. 왼손 장갑에는 손목 장착형 쌍열 기관총이 장착되어있으며, 오른손 장갑에는 소형 로켓 발사기가 장착되어있다. 샘은 주먹을 쥐는 행동만으로 두 중화기를 발사할 수 있다. 레드윙 드론도 발사형 무기로 활용할 수 있다. 윌슨의 엑소-7 마크 2 제트팩에는 소형 유도 미사일이 장착되어있어, 레드윙이 지목한 목표물로 날아가 명중시킨다. 또한 강화된 날개는 근접전 무기로도 활용이 가능하다.

팔콘은 소코비아 합의를 둘러싸고 일어난 어벤져스의 내분에서 윈터 솔져와 캡틴 아메리카의 편에 섰다. 그는 라이프치히 할레 공항에서 레드윙 드론을 사용해, 탈출용으로 쓸 만한 쉴드 퀸젯을 찾아냈다.

엑소-7 마크 2

레드윙은 '레드윙 발사' 라는 음성 명령을 통해 작동한다.

레드윙

레드윙은 가장 최근에 추가된 팔콘의 장비다. 윌슨은 스타크 인더스트리에서 개발한 이 최신형 드론을 활용해서 눈에 덜 띄는 방식으로 지상을 정찰할 수 있다. 엑소-7 장비는 비행할 때 땅에 상당히 큰 그림자를 남긴다. 이 드론은 평소에 윌슨의 등에 장착되어있다가 실전에 투입된다.

접이형 날개

한 쌍의 총구 중 하나

29

HYDRA UPRISING 돌아온 히드라

캡틴 아메리카의 오랜 숙적 히드라는 쉴드의 심장부에서 암약하다가 그 모습을 다시 드러낸다. 아르님 졸라 박사는 70년 동안 비밀스럽게 히드라를 재건하면서, 쉴드를 내부에서부터 타락시켰다. 현장 요원부터 세계안전보장이사회 사무총장 알렉산더 피어스까지, 쉴드 조직 곳곳에 침투한 히드라 추종자들은 자신들의 세계 정복에 방해가 되는 모든 적을 말살하려는 비밀 프로젝트를 진행하고 있었다.

방탄 조끼

녹색 및 황색 배색의 스트라이크 팀 엠블럼

브록 럼로우

브록 럼로우는 쉴드의 정예 대테러 부대 스트라이크 팀의 리더이며, 캡틴 아메리카와 함께 몇 번의 임무를 수행했다. 하지만 럼로우는 사실 배신자로 그의 부하들 역시 히드라의 이중첩자였다. 피어스가 캡틴을 처치하라는 명령을 내리자 그는 망설임 없이 행동에 나선다.

특수 작전용 M4A1 카빈

히드라의 세력을 넓히려는 졸라 박사의 야망은 자신의 죽음으로도 멈출 수 없었다. 졸라 박사의 육신은 1972년 사망했으나 자신의 뇌를 데이터 뱅크에 업로드해 보존해둔 상태였다. 캡틴 아메리카는 이 모습을 발견하고 큰 충격을 받는다.

두 쌍의 가죽 권총집

브록 럼로우는 육박전에 매우 뛰어나다. 그는 전기 진압봉을 사용해 수차례 캡틴에게 고통스러운 전기 충격을 가했다.

쉴드의 헬리캐리어는 토니 스타크의 제안대로 구형 터빈 엔진을 리펄서 엔진으로 교체했다. 이제 헬리캐리어는 착륙할 필요 없이, 준궤도권에서 계속 비행을 유지할 수 있다.

중형 전투화

프로젝트 인사이트

쉴드 본부 지하 깊숙한 곳에 위치한 비밀 조선소에서는 거대한 차세대 헬리캐리어 3기가 건조되고 있었다. 이 헬리캐리어들은 한번 출격한 후 목표 지정 위성 네트워크에 연결되어, 표면상으로는 테러리스트들로부터 지구를 지키는 국제 안보 시스템으로 작동하게 될 것이다. 그러나 피어스는 졸라 박사로부터 받은 데이터를 사용해 앞으로 히드라의 적이 될 인물들을 미리 식별하고 예측하여 헬리캐리어의 무기를 활용해 선수를 쳐 모조리 암살할 계획이었다. 이런 잔혹한 숙청의 타깃은 총 2,000만 명에 달했다.

분당 1,000명의 적을 몰살시킬 수 있는 장거리 정밀 화력 주포

리펄서 엔진

실용적인
누빔 조끼

DATA FILE

> 샤론 카터는 쉴드의 창립자인 페기 카터 요원의
증손녀다. 자신의 능력으로 성공하기를 원했던
샤론은 이 사실을 동료들에게 말하지 않았다.

> 제2차 세계대전이 끝난 후 쉴드는 페이퍼클립
작전의 일환으로 전략적 가치가 높은 적국의
과학자들을 포섭했다. 그중에는 졸라 박사도
있었다.

> 졸라 박사의 두뇌는 캡틴이 훈련을 받았던
훈련소인 캠프 리하이의 비밀 벙커에 있는 60km
길이의 데이터 뱅크에 업로드되었다.

샤론 카터

요원 13, 일명 쉴드 첩보요원 샤론 카터는 닉 퓨리의 명령을 받고 캡틴의 경호
임무를 수행하고 있었다. 전문 첩보원이자 두뇌 회전이 빠른 전략가인 샤론은
스티브의 옆집에서 간호사로 위장했다. 덕분에 윈터 솔져가 닉 퓨리를
저격했을 때처럼 위험한 상황이 닥쳤을 때, 누구보다도 즉각적으로
대처할 수 있었다. 샤론은 용기 있는 인물이자 스티브의 선한
내면을 강하게 믿고 있어서, 헬리캐리어를 격추시키고 히드라를
저지하는 전투에서 캡틴 아메리카를 도왔다.

단호한 자세

아이러니하게도
충성심의 징표로
달고 있는
쉴드의 배지

재스퍼 시트웰

재스퍼 시트웰은 선임 쉴드 요원이자
히드라의 이중간첩으로, 무자비하게 캡틴
아메리카에 대한 추적을 지휘하면서
자신의 능력을 똑똑히 보여주었다.
하지만 적들과 같은 편인 히드라의
행동을 모두 예측할 수 있다고
생각하는 순진함과 오만함으로 결국
재스퍼는 파멸하게 된다.

맵시 있고
가벼운 차림에
어울리는
청바지

프로젝트 인사이트의 일환으로 개조된 퀸젯들은 매우 무시무시해 보이지만,
여전히 캡틴 아메리카의 상대는 되지 못했다. 외부에 노출되어있는 엔진의
터빈은 큰 약점이었으며, 캡틴은 그 약점에 방패를 던져 명중시킨다.

WINTER SOLDIER 윈터 솔져

1945년, 하울링 코만도 소속의 버키 반즈는 히드라에 생포되어 세뇌받은 후 히드라의 비밀병기 윈터 솔져로 거듭난다. 버키는 공포나 동정심을 느끼지 않는 무자비한 암살자가 되어, 거의 70년 만에 만난 캡틴 아메리카까지도 적으로 인식한다. 하지만 스티브가 친구의 세뇌를 풀려고 노력한 덕분에 결국 세뇌는 풀리기 시작한다. 버키의 자아는 다시 돌아왔지만 그의 내면은 혼란과 기억의 파편들로 뒤덮여있다. 또한 히드라 최정예 암살자로서의 자아도 다시 깨어나려는 조짐을 보인다.

수십 명의 히드라 병사가 워싱턴 D.C.의 도심에서 닉 퓨리를 암살하려는 시도가 실패하자, 윈터 솔져가 나선다. 그는 쉴드 국장의 차 밑에 원반형 유탄을 부착해 거대한 폭발을 일으키고 차량을 뒤집어버린다.

암호책
윈터 솔져 암호책에는 윈터 솔져 프로그램과 관련된 중요 정보와 자아를 활성화시키는 암호문인 '갈망, 부식, 열일곱, 새벽, 용광로, 아홉, 온화함, 귀향, 하나, 화물차'가 수록되어있다.

자석판

맞춤 제작된 강화 의수

가죽 탄입대에는 사용자의 정체를 추적할 수 없도록 소비에트 탄약을 휴대하여 사용한다.

원반형 유탄
원반형 유탄은 히드라가 차량에 사용하는 폭발물이다. 강력한 전자력을 이용해 목표물의 하단부에 붙이는 방식이다.

히드라의 주먹
버키는 제2차 세계대전 당시 히드라 과학자인 졸라 박사를 납치하는 임무 중에 기차에서 추락하지만 기적적으로 살아남는다. 생존한 채 발견된 버키는 히드라의 소비에트 지부로 넘겨지고, 졸라 박사는 버키를 초인 암살자로 만드는 과정을 직접 감독한다. 버키는 모든 현대 무기를 능숙하게 활용할 수 있도록 훈련받고 치명적인 수준의 격투기 기술도 연마했다. 그 실력은 엄청나서 윈터 솔져 프로그램에서도 최고의 암살자라는 의미로 '히드라의 주먹'이란 별명을 얻는다. 히드라는 매번 임무가 끝날 때마다 조직 내 중요 자산인 버키를 냉동 보존했으며, 아이러니하게도 이것은 스티브 로저스가 겪었던 운명과 비슷했다.

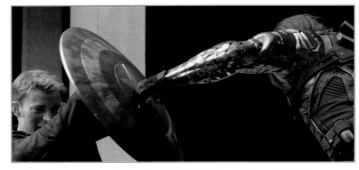

윈터 솔져는 처음에 스티브 로저스를 전혀 알아보지 못했으며, 심지어 자신의 정체성조차 깨닫지 못했다. 그는 망설임 없이 스티브를 죽이겠다는 의도로 싸웠다. 윈터 솔져의 강력한 강화 의수는 캡틴의 힘으로도 당해내기 버거웠다.

수류탄의 접합부가 갈라져 열리면서 폭발한다.

버키의 왼팔은 기차에서 추락할 때 뜯겨져나갔고, 히드라는 실험작으로 개발한 강화 기계 의수를 장착해준다. 가장 중요한 점은 버키의 자아를 완전히 지워버린 다음 다시 프로그래밍했다는 것이다. 버키가 자신의 과거를 조금씩 기억해내려고 할 때마다 히드라는 그의 자아를 다시 지워버렸다.

구 형태 수류탄
구 형태 수류탄은 히드라가 사용하는 또 다른 폭발물로, 지연 신관을 사용하며 평평한 표면에서 쉽게 굴려 보낼 수 있다.

1975년식 소비에트 조종사 장갑

버키는 과거에 하울링 코만도로 활동하던 단서를 찾기 위해 루마니아로 간다. 하지만 부쿠레슈티에 머물던 중 비엔나에서 폭탄 테러가 일어났으며, 테러 용의자로 바로 자신이 지목되었다는 것을 알게 된다.

소비에트 공산주의의 상징, 붉은 별

버키의 팔을 구속하는 의자에는 전기가 흐르고 있다.

다리를 고정하는 족쇄

철저한 감금

부쿠레슈티에서 생포된 윈터 솔져는 특수 독방에 수감된다. 버키는 지구상에 살아있는 사람 중에서 가장 위험한 인물로 분류되었고, CIA는 그 어떤 빈틈도 허용하지 않았다.

블랙 팬서는 비엔나 폭탄 테러로 사망한 아버지 티차카 왕의 복수를 위해 윈터 솔져를 죽이려 한다. 그는 버키가 폭탄을 설치해 아버지를 죽였다고 믿었다. 다행히 스칼렛 위치가 능력을 사용해 블랙 팬서를 멈출 수 있었다.

소매를 뜯어버린 군용 N20 야전 재킷

바지는 유연한 소재를 사용한 덕분에 높은 곳을 겨냥한 발차기나 전력 질주가 가능하다.

구형 러시아군 전투화

토니 스타크는 윈터 솔져가 1991년 롱아일랜드에서 자신의 부모님인 하워드와 마리아 스타크를 죽였다는 사실을 알고는 크게 격분한다. 당시 버키는 윈터 솔져로 조종당하면서 자신의 행동을 전혀 통제할 수 없었다. 하지만 그래도 자신이 죽였던 모든 희생자를 기억하기 때문에 죄책감에 시달렸다. 특히 제2차 세계대전 당시 자신의 조력자이자 전쟁을 함께 치렀던 전우인 하워드 스타크의 경우에는 더더욱 그랬다.

도망자

쉴드가 무너진 후 윈터 솔져는 자신의 과거를 조금씩 기억해내기 시작했고, 이 기억들을 모아 예전의 정체성을 되찾으려 노력한다. 그는 스미소니언박물관의 캡틴 아메리카 전시관을 방문하여 더 많은 기억을 되찾지만, 정부와 히드라가 자신을 뒤쫓고 있다는 사실을 감지하고는 어쩔 수 없이 도망자 생활을 이어나간다. 그러나 소코비아 출신의 제모 대령이 끈기를 발휘해 기어이 버키의 암살자 프로그램을 다시 작동시키자, 버키는 자아를 다시 회복할 수 있을지 의문을 가진 채 또다시 어쩔 수 없는 탈주를 감행한다.

DATA FILE

> 윈터 솔져는 이란에서 블랙 위도우를 처음으로 만났다. 그는 블랙 위도우에게 총상을 입히고, 그녀가 경호중이던 과학자를 살해했다.

> 윈터 솔져는 콜트 M4A1 카빈 돌격 소총과 치명적인 위력을 지닌 유탄 발사기 등 고화력 화기를 휴대하고 다닌다.

SOKOVIA AFTERMATH 소코비아 사태의 여파

소코비아에서는 어벤져스와 안드로이드 울트론의 격전으로 인해 도시 전체가 파괴되면서 전 세계에는 긴장감이 감돈다. 그러면서 어벤져스가 세계 지도자들의 검증을 받아야 한다는 여론이 형성된다. 영웅들이 저지른 실수로 인해 위험한 무기들이 범죄자들의 손에 들어갔고, 어벤져스의 싸움으로 인해 무고한 피해를 입은 사람들 중에서 복수심에 불타는 새로운 적이 출현한다. 토니 스타크는 자신들의 행동으로 인해 사람들이 사망했다는 사실에 죄책감을 느낀다. 반면 스티브 로저스는 어벤져스가 할 수 있는 모든 것을 다했다고 생각한다. 그러던 중에 나이지리아 라고스에서 끔찍한 사고가 발생하고, 이는 걷잡을 수 없이 어벤져스의 분열을 일으키는 수많은 사건으로 이어진다.

거의 파괴가 불가능한 가면

장갑에는 추진력으로 전방을 타격하는 기능과 수납형 칼이 장착되어있다.

추가 탄약 및 장갑 장착물

스칼렛 위치는 라고스에서 크로스본즈와 교전을 벌이던 중 와칸다 구호 단체원들이 사망하는 사고를 일으킨다. 이 비극으로 인해 전 세계적으로 어벤져스를 더 이상 봐줄 수 없다는 여론이 형성된다.

크로스본즈

쉴드의 비밀 부대 지휘관이자 히드라 요원으로 활동한 브록 럼로우는 쉴드 본부의 붕괴 당시 사망할 뻔했다. 그때 입은 부상으로 인해 온몸에 흉터를 남겼으며, 신경계에도 상당한 손상을 입어 아무런 고통도 느끼지 못하게 된다. 럼로우는 이제 크로스본즈라는 이름을 사용하며 악명 높은 용병이자 무기 상인으로 활동하고 있다.

기계식 근력 강화 장갑

소코비아 합의

소코비아에서 벌어진 재난과 라고스에서 일어난 사고 이후, 국제 사회는 어벤져스에게 더 큰 책임과 어벤져스를 비롯하여 초능력을 보유한 개인들의 등록 및 관리를 요구한다. 총 117개 국가들이 UN에 상정된 소코비아 합의를 통과시킨다. 미 국무장관 새디어스 로스는 이 합의안을 어벤져스에게 제시한다.

DATA FILE

> 크로스본즈는 라고스의 질병통제 및 방지센터를 빠져나오면서, 차량에 장착된 개조형 MK19 유탄 발사기를 쏜다.

> 크로스본즈는 라고스에서 탈취한 생물학 무기를 텐 링스든 히드라든, 값을 더 높게 쳐주는 곳에 팔아넘길 계획이었다.

불연성 바이오해저드 전투화

어벤져스 팀은 소코비아 합의에 대한 프레젠테이션을 들은 후 팽팽한 언쟁을 벌인다. 토니 스타크와 캡틴 그리고 비전은 일찍이 자신이 어느 편에 설지 확실하게 결정했다. 반면 완다와 나타샤는 보다 열린 자세를 유지한다.

꽉 맞잡은 손을 통해 두 사람의 애정을 볼 수 있다.

왕의 서거

비엔나에서 소코비아 합의안을 비준하던 중 일어난 폭탄 테러로 와칸다의 국왕 티차카가 서거한다. 이로 인해 티찰라 왕자는 라고스에서 죽어간 사람들을 위한 정의가 아니라, 개인적 복수심에 의해 움직이게 된다.

명령 불복종

캡틴 아메리카는 합의를 받아들이거나 은퇴하라는 명령을 받지만, 그 어느 쪽도 선택할 마음이 없었다. 자신의 친구 버키 반즈, 즉 윈터 솔져가 비엔나 폭탄 테러의 용의자로 지목되자 CIA에서 활동 중인 캡틴의 조력자 샤론 카터는 버키의 현재 위치를 알려준다. 블랙 위도우는 캡틴에게 이 일에서 손을 떼고 특수부대가 버키를 체포하도록 놔두라고 경고한다. 하지만 캡틴은 자신의 친구가 죽게 내버려둘 수 없었다. 그에게는 어벤져스로의 의무나 자신의 평판보다 버키와의 우정이 더욱 소중했다.

독일에서 캡틴 아메리카는 윈터 솔져를 추격하던 블랙 팬서의 뒤를 쫓는다. 캡틴은 원래 정부 측에서 자신의 친구를 찾기 전에 먼저 버키를 안전하게 빼돌리려는 생각이었다. 하지만 독일 특수부대와 CIA가 개입하면서 도로를 휘젓는 난폭한 추격전이 벌어진다.

헬무트 제모

소코비아에서 사망한 가족의 복수를 위해 예비역 대령 헬무트 제모는 어벤져스를 분열시키기 위한 음모의 일환으로 비엔나에 폭탄을 설치했다. 이후 제모는 윈터 솔져 암호책을 손에 넣은 다음, 버키의 윈터 솔져 프로그램을 다시 활성화시키려 한다.

독일 특수부대(KSK) 특공대

캡틴 아메리카의 팔과 손이 결박되었다.

윈터 솔져가 제압당한 채 땅에 엎드려있다.

CIVIL WAR 시빌 워

어벤져스의 내분은 그 누구도 원하지 않는 것이었다. 캡틴 아메리카는 자신의 친구 버키 반즈가 폭탄 테러 혐의에서 결백하다고 믿고 그를 지켜주겠다고 결심한다. 캡틴의 편에 선 모두는 자신들의 활동을 규제하는 소코비아 합의에 반대하며 스스로의 자유를 지키고 싶어 했다. 한편 토니 스타크는 소코비아에서 어벤져스가 일으킨 민간인 사망 사건에 대한 죄책감에 시달리고 있었다. 비전은 질서를 유지해야 한다고 굳게 믿고 있었고, 워머신은 엄격한 규칙이 필요하다는 입장이었다. 하지만 어벤져스 모두가 복수심에 불타는 소코비아인 헬무트 제모의 함정에 빠져있다는 사실은 알지 못했다.

배틀 라인

분열된 어벤져스의 양측 전력은 서로 거의 대등하여 어느 한쪽이 유리하다고 장담하기 어려웠다. 또한 양측 모두 비밀 무기를 갖추고 있었는데, 캡틴 측에 '자이언트맨'이 있다면, 스타크 측에는 스파이더맨이 있었다.

팀 캡틴

팔콘   호크아이   윈터 솔저
앤트맨   스칼렛 위치   캡틴 아메리카
(자이언트맨)

팀 스타크

아이언맨   비전
블랙 팬서   블랙 위도우   스파이더맨   워머신

버키가 생포된 후 토니 스타크와 캡틴 아메리카는 에버렛 K. 로스의 합동 테러대응센터에서 합의와 관련하여 똑같은 상황을 반복한다. 토니는 이 시점에서도 여전히 원만한 자세를 유지했지만, 합의를 단호하게 거부하는 캡틴의 완강한 태도에 좌절한다.

캡틴 아메리카에게 빼앗은 방패

슈트의 눈 부위는 외부의 자극을 여과한다.

스파이더맨

토니 스타크는 캡틴 아메리카와의 물리적 충돌이 점점 다가온다는 것을 느끼고, 조력자를 필요로 한다. 그 상황에서 피터 파커가 보여주는 특출난 민첩성과 반사신경 그리고 거미줄 다루는 솜씨는 스타크의 관심을 끌기 충분했다. 스타크는 피터 파커, 즉 스파이더맨을 영입하여 첨단기술로 무장시킨다. 스타크는 원래 피터에게 보조적인 역할만을 맡기려 했지만, 스파이더맨은 소년 특유의 열정으로 전장 한가운데로 자진해서 들어간다.

가슴의 거미 문양은 탈착형 드론이다.

어벤져스의 영웅담을 들으며 자란 파커는 어린 시절의 영웅들에 맞서 싸워야 한다는 괴상한 상황을 맞게 된다. 파커의 질문에 허를 찔린 팔콘은 "싸우면서 말이 참 많다"라고 대꾸한다.

스타크 인더스트리에서 제작한 슈트

캡틴은 스타크 팀에 소속된 어벤져스와 오랫동안 호흡을 맞춰왔기 때문에, 각각의 장점과 약점을 꿰뚫고 있었다. 따라서 특이한 능력을 가지고 갑자기 출현한 스파이더맨이라는 변수는 말 그대로 깜짝 놀랄 만한 일이었다.

유틸리티 벨트에는 거미줄 용액이 든 용기를 휴대한다.

공기 저항을 최소화하는 매끄러운 소재

캡틴 아메리카의 팀은 캡틴과 버키를 태우고 시베리아에 있는 히드라 비밀 기지로 날아갈 퀸젯을 찾기 위해 라이프치히 할레 공항에 도착한다. 이 비밀 기지에서 냉동된 윈터 솔져들을 깨우려는 헬무트 제모를 저지하고 버키의 누명을 벗기려 한다. 스타크 측은 캡틴 일행을 저지할 임무를 띠고 있었는데, 이번에 실패한다면 전 세계 정부들이 더욱 심각한 제재를 가할 것이다. 결국 양측의 충돌로 인해 벌어진 전투는 수백만 달러에 달하는 피해를 낳았다.

DATA FILE

> 시베리아에 숨겨진 히드라의 윈터 솔져 훈련 시설은 러시아 연방군 소속의 바실리 카르포프 대령에 의해 운영되고 있었다.

> 헬무트 제모는 윈터 솔져들을 깨울 생각이 전혀 없었다. 이들은 그저 어벤져스를 유인할 미끼에 불과했다.

토니의 복수

윈터 솔져가 부모님을 살해했다는 사실을 알게 된 토니는 버키가 비엔나 폭탄 테러로부터 결백하든 말든 상관하지 않게 되었다. 토니는 버키를 생포하려는 생각을 버리고 그저 죽이려 했다.

충전 중인 유니빔

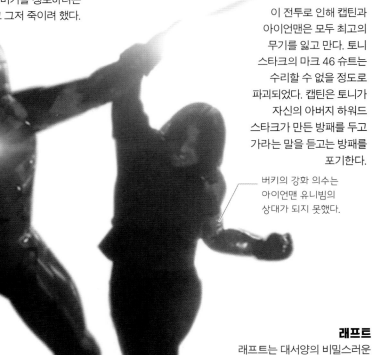

버키의 강화 의수는 아이언맨 유니빔의 상대가 되지 못했다.

시베리아에서의 최종전

버키가 결백하다는 사실을 알게 된 아이언맨은 시베리아에 버려진 히드라 시설에 도착한 캡틴 일행에 합류한다. 그곳에서 제모는 자신이 꾸민 진정한 음모를 보여준다. 바로 1991년 당시 윈터 솔져로 활동하던 버키가 토니 스타크의 부모를 살해하는 영상을 보여준 것이다. 제모의 계획은 어벤져스에 직접 맞서 싸우는 것이 아니라, 어벤져스가 서로 싸우도록 만드는 것이었다. 토니 스타크는 완전히 분노에 사로잡혀 버키와 일대 격전을 벌인다. 캡틴 아메리카는 토니와의 우정과 어벤져스를 폐허 속에 남겨둔 채 떠나버린다.

이 전투로 인해 캡틴과 아이언맨은 모두 최고의 무기를 잃고 만다. 토니 스타크의 마크 46 슈트는 수리할 수 없을 정도로 파괴되었다. 캡틴은 토니가 자신의 아버지 하워드 스타크가 만든 방패를 두고 가라는 말을 듣고는 방패를 포기한다.

착륙 구역 해치

이 저장고에서 물을 배출하여 부력을 얻는다.

래프트

래프트는 대서양의 비밀스러운 곳에 있는 수중감옥으로, 지구상 최고의 보안을 자랑해 초인들을 가두기에는 최적의 장소이다. 캡틴의 팀원들 대부분은 생포된 후 독방 구역인 R1에 갇힌다. 완다 막시모프는 독방 NZ42에 홀로 격리된다.

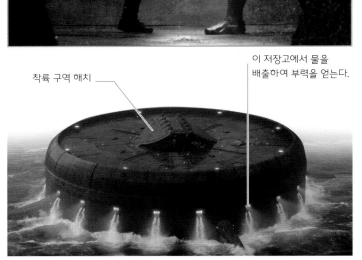

IRON MAN 아이언맨

아마 그 누구도, 심지어 그 자신마저도 사업가 토니 스타크가
슈퍼 히어로가 될 것이라고는 예측하지 못했다. 억만장자로서의 삶을
만끽하던 토니는 그만큼 혜택받지 못한 사람들이 겪는 삶의 어려움에
대해 거의 신경 쓰지 않았다. 하지만 그는 인생을 통째로 바꿔놓는
사건을 겪으면서, 상상하지 못했던 인생의 진로를 걷게 된다. 바로
지구상에서 가장 강력한 무기이자 갑옷을 두르고 날아다니는 전사
그리고 전장에서는 감히 상대할 자가 없는 무적의 존재가 된 것이다.
세상은 그를 '아이언맨'이라 부른다.

"가끔은 걷기 전에
뛰어야 할 때도 있는 거야."

토니 스타크

TONY STARK 토니 스타크

앤서니 에드워드 스타크는 빈정대는 유머 감각을 가진 천재 공학자로, 자기 자신을 '천재, 억만장자, 바람둥이, 박애주의자'라고 소개한다. 어렸을 때 부모님인 하워드와 마리아 스타크가 사망한 후 토니 스타크는 가업을 물려받아 세계에서 가장 성공한 기술기업으로 성장시킨다. 그의 가장 위대한 발명품인 아이언맨 아머가 쉴드의 관심을 끌면서, 토니는 어벤져스에 합류하라는 요청을 받는다.

코어는 미사일에서 추출한 팔라듐으로 제작했다.

마크 1 소형 아크 리액터

페퍼 포츠가 새긴 메시지

아프가니스탄으로 떠난 출장은 토니의 인생을 완전히 바꿔놓는다. 토니는 테러리스트의 공격으로 심장에 치명상을 입고, 생명을 부지하기 위해 어쩔 수 없이 신기술을 개발해야만 했다. 이렇게 만들어진 소형 아크 리액터, 일명 리펄서 테크 노드는 아이언맨 슈트에 동력을 공급하는 핵심적 역할을 하게 된다.

이 전선은 토니의 가슴에 장착된 리액터로 이어진다.

헤어스타일은 스타크 인더스트리의 사내 미용사가 관리한다.

천재 억만장자

토니 스타크는 자신의 아버지처럼 기술 면에서 그 누구와도 비교할 수 없는 천재성을 타고났다. 그는 17세에 MIT에서 공학 석사 학위를 받았으며, 21세에 아버지의 기업인 스타크 인더스트리를 물려받아 포춘 500대 기업 중 최연소 CEO로 등극한다. 토니 스타크의 경영 아래 스타크 인더스트리는 시가총액 1,200억 달러의 가치를 지닌 기업으로 성장했으며, 토니 스타크 개인 재산 역시 754억 3,000만 달러에 육박한다. 이렇게 쌓은 부는 대부분 파괴적인 무기를 판매하여 벌어들인 것이다.

페퍼 포츠가 고른 셔츠와 넥타이

데이비드 어거스트 사의 노치트 라펠 싱글 브레스트 정장

마크 3 슈트 리펄서 테스트

시행착오

아프가니스탄에서 함께 포로로 잡혔던 호 인센 박사와 첫 번째 프로토타입 슈트를 만든 후, 토니 스타크는 개인 작업실에서 혼자 또 다른 아이언맨 슈트들을 만들기 시작한다. 이 슈트들의 테스트도 직접 시행하면서 수많은 충돌과 타박상 그리고 멍든 자국 등을 얻게 된다.

마크 2 프로토타입

박살난 셸비 코브라 427

근육으로
혈액순환을
도와주는 압박 셔츠

발전된 리펄서
테크 노드

토니 스타크는 스스로도 인정하는
스릴 중독자이자 속도광이다.
그는 상당한 규모의 차량을
수집하고 있으며, 스타크
인더스트리는 전 세계
드라이버들을 후원한다. 토니는
유럽을 방문하던 중 자신의 1978
년형 울프 포드의 복제형 차량을
끌고 그랑프리 드 모나코
히스토리크에 직접 참가한다.

사람이 바뀌다

토니 스타크는 아프가니스탄에서 포로로 잡혀있던 동안
자신의 회사에서 제작한 무기들이 테러리스트들의
손에 들어간 것을 보고, 세상을 보는 눈이 완전히
바뀌었다. 그는 더 이상 최첨단 무기들을 마구잡이로
개발해 판매하지 않겠다고 다짐했다. 슈퍼 히어로
아이언맨으로 거듭난 토니는 과거에 저질렀던
실수들을 청산하고 세계를 위협하는 요소들을
박멸하겠다는 새로운 목표를 세운다.

토니 스타크는 슈퍼 히어로 팀 어벤져스에서 매우
중요한 역할을 맡고 있다. 그는 어벤져스에 자금과
최첨단기술을 제공하며, 캡틴 아메리카와 함께 전술
및 전략을 세우기도 한다.

페퍼 포츠는 토니 스타크의 개인 비서로 시작해
스타크 인더스트리의 최고 직위로 승진한다.
그녀는 토니에게 있어 그 누구로도 대체할 수
없는 인물이다. 토니가 보여주는 위험하고
변덕스러운 행동들을 참아낼 수 있는 사람은
페퍼 포츠 말고 아무도 없다. 결국 얼마 지나지
않아 두 사람은 사랑에 빠진다.

킬리언의 스타크 맨션 공격으로 인해
손상을 입은 마크 42 슈트

가슴에는
아직도 파편이
박혀있다.

자신의 과오와 마주하다

토니 스타크의 가치관은
바뀌었지만, 이따금 그가
과거에 저질렀던 실수들이
그를 괴롭힌다. 1999년
당시 토니는 동료 공학자
앨드리치 킬리언에게
무례하게 굴면서,
킬리언이 복수와
살인으로 점철된 인생을
선택하도록 만들었다.

토니의 발에 맞춤
제작한 운동화

DATA FILE

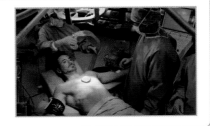

> 앨드리치 킬리언을 물리친 후 스타크는 1999년
호 인센 박사에게 소개받은 우 박사에게 수술을
받아 심장에 남아있던 파편들을 모두 제거한다.

> 토니 스타크는 가슴에서 제거한 파편으로 페퍼
포츠에게 목걸이로 만들어주었다.

IRON MAN 아이언맨

토니 스타크의 아이언맨 슈트는 단순한 방탄 슈트가 아니다. 지구상에서 비교할 대상을 찾을 수 없는 이 공학기술의 결정체는 토니를 재생 가능한 유일무이한 에너지원과 첨단기술과 무기로 무장하고 날아다니는 전사로 만들었다.

아이언맨은 토니 스타크가 이룬 기술의 정점이자, 테러리스트 집단과 외계의 침공 혹은 초차원적 존재의 위협으로부터 지구를 지켜주는 궁극의 무기이다.

아이언맨이 사용자 인터페이스로는 자비스가 담당하고 있다. 자비스는 위험을 감지하면 시스템 상태와 피해 상황을 보고하며, 사용할 수 있는 전술과 적의 약점 등을 찾아 조언해주는 인공지능(A.I.) 시스템이다. 하지만 자비스가 비전의 의식을 형성하는 데 사용되면서, 토니는 새로운 여성형 A.I. 프라이데이를 만들어냈다.

차세대 리펄서

손가락에 부착된 촉각 센서가 손으로 움켜쥐는 동작을 보조한다.

강력한 유니빔 발사 기능을 가진 리펄서 테크 노드

시각 센서는 프라이데이와 연결되어있어 증강현실(AR) 디스플레이를 제공한다.

청각 간섭 차단 모듈

양쪽 어깨에는 각각 6개의 미사일 발사기가 장착되어있다.

헬멧 전체가 목 부위에 수납된다.

리펄서는 토니 스타크의 슈트가 존재할 수 있게 한 핵심기술이다. 리펄서는 토니의 마크 리액터/리펄서 테크 노드에서 만들어낸 동력을 가지고 방향성을 가진 에너지의 흐름으로 변환한다. 토니는 이 에너지를 추진력이나 무기로 활용할 수 있다.

양쪽 손목에는 로켓 발사기와 레이저가 장착되어있다.

마크 46 슈트

어벤져스 내분 당시 입었던 아이언맨 슈트의 46번째 버전으로, 인터페이스로는 A.I. 프라이데이를 사용한다(프라이데이는 마크 45 슈트에서 자비스를 대체하면서 처음 사용했다).

이 슈트에서는 해제을 외치면 수납할 수 있는 기능도 더욱 강화되어 그림 및

비행 속도를 최대한 높여주는
유선형의 구성

아이언맨 슈트는 비행 기능을 통해 지구상에
있는 거의 모든 곳으로 빠르게 이동할 수 있다.
이후에 개발된 모델의 경우 초음속(마하 5
이상)을 낼 수도 있다.

주요 무기

아이언맨이 가진 최강의
스타크가 가슴 중앙에 장착된
무기다. 기슴 중앙에 장착된
메인 리액터 테크 노드는
에너지를 집중하여 발사할 수
있는 특별한 리펄서에 동력을
공급한다. 이렇게 발사되는
빔은 금속을 증발시킬 수
있을 정도로 강력하다.

앞쪽에서 본 슈트

발목 충격 흡수대

개량된 보조
추진기

크 피아를 상쇄해주는
충격 흡수대

무릎 보강판

외부 장갑에
삽입된 충격 센서

95.5%는 티타늄, 4.5% 금
합금 재질의 장갑

측면에서 본 슈트

누보드 M3 복부 서버

슈트의 파츠는 보조 리펄서 덕분에
부위별로 비행하는 것도 가능하다.

파워 업

토니 스타크가 초기에 개발했던
슈트들은 토니 기슴에 박힌
리펄서 테크 노드로부터
동력을 얻었다. 이후에
개발된 버전은 슈트 자체에
리액터가 내장되어있으며,
마크 46과 같은 최신 모델의
경우에는 슈트 곳곳에 보조
리액터까지 장착되어있다.

DATA FILE

> 자비스와 프라이데이는 고도로
발전된 언어 알고리즘을 갖추고 있어,
토니 스타크가 종종 내뱉는
불확실하거나 비꼬는 음성 명령도
제대로 해독하 수행한다.

> 아이언맨 슈트의 A.I.는 토니가 매우
위험한 행동을 취하려 안다고 판단할
경우 이 사실을 경고한다. 하지만 토니는
이런 경고를 무시할 수 있다.

> 자비스와 프라이데이는 토니의 슈트를
제어할 뿐만 아니라, 토니의 기업과 가정
그리고 일상생활도 관리도 돕는다.

DOCTOR HO YINSEN 호 인센 박사

호 인센 박사는 세계적으로 유명한 외과의사로, 아프가니스탄의 작은 마을인 굴미라 출신이다. 토니 스타크와 호 인센 박사는 1999년에 스위스 베른에서 열렸던 신년 전야제에서 한번 만난 적이 있었다. 하지만 토니는 테러 조직 텐 링스에 납치되면서 다시 만난 호 인센 박사를 알아보지 못했다. 호 인센 박사는 스타크가 폭발로 인해 심장에 입은 상처를 수술하면서 그를 살려냈고, 남아있는 나머지 파편들이 목숨을 위협하는 것을 막기 위해 토니의 가슴 속에 강력한 전자석을 이식했다. 호 인센 박사의 호의와 더 나은 인생을 찾으라는 당부는 토니가 스스로의 인생을 바꿔 영웅 아이언맨으로 거듭나게 하는 계기가 되었다.

착한 마음씨를 가진 낯선 이

호 인센 박사는 착한 사람이지만, 사실 심성이 비뚤어질 만한 요인은 모두 갖추고 있었다. 가족들이 텐 링스에 의해 몰살당했던 것이다. 하지만 호 인센은 선행을 통해 슬픔을 해소했으며, 이제 그의 목표는 자신의 상황을 극복하고 테러리스트들에게 좌절을 안겨주는 것이 되었다. 호 인센 박사는 토니에게 텐 링스의 요구를 들어주는 척하면서 생존하는 방법을 가르쳐주었다. 또한 한편으로는 토니가 이곳을 혼자서 탈출할 수 있는 방법은 전혀 없다는 사실을 알고, 그의 탈출 계획을 도와준다. 호 인센 박사는 토니의 목숨을 두 번이나 구해주었으며, 마지막에는 자신의 목숨을 희생하여 토니에게 살아남을 길을 열어주었다.

호 인센 박사는 포로로 잡혀있을 때에도 항상 넥타이를 맸다.

전기 작업용 도구

싱가포르에서 맞춘 안경

섬세한 작업을 위한 돋보기

호 인센 박사는 자신들이 갇혀있던 동굴 속 실험실에서 토니 스타크의 소형 아크 리액터/리펄서 테크 노드의 시제품 제작을 도와주었다. 팔라듐 코어로 작동하는 리액터는 3기가줄에 달하는 동력을 생산했다. 이 정도의 전력량이면 일반인 수명의 50배에 달하는 시간 동안 토니의 심장을 살려놓기에 충분했다.

텐 링스 지부의 지도자 라자 알 와자르는 토니 스타크와 호 인센 박사가 미사일을 만들지 않고 딴 짓을 하고 있는 것 아니냐고 의심한다. 그는 작업실에 방문하여 호 인센 박사를 불구로 만들어버리겠다고 협박하지만, 토니는 자신의 조수로 호 인센 박사가 필요하다고 주장하여 그를 구해낸다.

라자는 토니 스타크와 호 인센 박사에게 미사일을 완성시킬 시간을 단 하루만 주고, 두 사람은 열심히 밤샘 작업을 해서 미사일 대신 스타크의 마크 1 슈트를 완성한다. 호 인센 박사는 남은 시간이 충분하지 않다는 사실을 알고 토니에게 몇 분이라도 더 벌어주기 위해 스스로를 희생한다.

DATA FILE

> 호 인센 박사는 영어, 아랍어, 러시아어, 프랑스어 그리고 몇 마디 헝가리어 등 수많은 언어를 구사한다.

> 호 인센 박사는 손재주를 가지고 있어서 매우 유능한 외과의사가 될 수 있었고, 덕분에 마크 1의 부품들을 임시 방편으로 만드는 데도 중요한 역할을 해냈다.

금형에 녹은 팔라듐을 준비

THE TEN RINGS 텐 링스

세계적인 세력권을 가지고 있는 텐 링스는 전 세계에서 가장 유명하고 위험한 테러 조직 중 하나이다. 모든 대륙에 지부가 분포하며, 납치, 갈취 그리고 민간인들에 대한 공격에 매우 능숙하다. 토니 스타크는 아프가니스탄 출장 중에 이들에게 납치당하면서 텐 링스와 처음으로 만나게 된다. 토니가 이들에게 흘러들어가는 살상 무기의 공급을 끊은 후에도 텐 링스는 여전히 세계적인 위협으로 남아있다. 최근에는 핌 테크의 CEO 대런 크로스로부터 군사 무기화된 옐로우 재킷 슈트를 구매하려고 시도했다.

이 장식에는 암호화된 메시지가 숨겨져 있을지도 모른다.

한 쌍의 칼은 적들을 모조리 베어버리겠다는 경고의 표시다.

텐 링스의 깃발

핏빛 적색 바탕

10개의 원은 텐 링스의 창립자가 끼었다는 권능의 반지를 상징한다.

포로로 잡혀있던 토니 스타크와 호 인센 박사는 쉬는 시간 동안에는 할 일이 별로 없었기 때문에 차를 마시거나, 보드 게임을 하거나, 자신들의 삶에 대한 이야기를 나누었다. 라자는 꼭 필요한 경우가 아니라면 포로들을 직접 대면하고 싶지 않았기 때문에 우둔한 부하 아부 바카르를 대신 보냈다.

라자의 부하들은 사막에서 완전히 박살난 토니 스타크의 마크 1 슈트를 수습해 주둔지로 가져온다. 이들은 슈트를 고칠 만한 공학기술이 없었기 때문에, 라자는 이 슈트를 거래에 활용하기로 결심한다.

라자 알 와자르

라자 하미드미 알 와자르는 토니 스타크를 납치한 텐 링스 지부의 지도자다. 고등교육을 받은 그는 영어를 유창하게 구사하지만, 성격이 잔혹하여 고문을 가하는 것을 꺼리지 않는다. 라자의 지나친 자신감은 토니가 코앞에서 최첨단 미사일 대신 아이언맨 슈트의 시제품을 만들어서 탈출할 수 있는 빌미를 제공했다. 또한 지나친 오만함으로 토니의 타락한 동업자 오베디아 스텐과 협상을 하려 시도했다가 결국 목숨을 잃고 만다.

아프가니스탄 산악 지대의 추위를 막아주는 전통 스카프

훔친 영국군 위장 군복

고문에 사용하기 위해 달군 석탄

금속 가공용 V형 집게

DATA FILE

> 라자는 그저 텐 링스의 한 지부를 이끄는 지도자였을 뿐, 텐 링스 조직 전체를 이끄는 인물은 아니다. 그는 스스로를 매우 높게 평가하고 있어서, 자신을 알렉산더 대왕이나 칭기즈칸 같은 위대한 정복자들에 비유했다.

> 텐 링스의 지도자는 정체가 숨겨진 채 아무도 알지 못하는 수수께끼의 인물로, 알려진 것이라고는 '만다린'이라는 이름뿐이다.

STARK'S HOUSE AND WORKSHOP 토니 스타크의 맨션과 작업실

토니 스타크는 오랫동안 캘리포니아 말리부의 10880 말리부 포인트에서 살았다. 그는 상당한 부자여서 미국에서 가장 비싼 지역에 웅장한 맨션을 건설했다. 이곳은 캘리포니아의 중요한 기술 및 산업 구역임은 물론, 유명 인사들의 파티가 자주 열리는 곳이다. 토니는 고독한 독신남의 인생을 살다 페퍼 포츠와 동거하게 되었고, 운전사 해피 호건이 가끔씩 머물다 가기도 했다. 이 맨션은 토니의 사업적 경쟁자였던 앨드리치 킬리언에 의해 파괴되고, 토니는 맨해튼의 스타크 타워(후일 어벤져스 타워가 된다)로 이사한다.

마콩 화이트 와인

한 병에 300달러 호가하는 나파 밸리 카베르네 쇼비뇽

토니 스타크는 만인의 부러움을 사는 와인 콜렉션을 가지고 있다. 이 콜렉션은 캘리포니아 현지의 카베르네 쇼비뇽 빈티지 중에서도 최고만을 모은 것이며, 또한 프랑스 마콩 산 화이트 와인도 있다.

토니 스타크의 피아노는 벽난로와 폭포가 설치된 널찍한 휴게실에 비치되어있다. 아래층의 작업실과 곧장 통하는 계단도 있다.

1949년형 머큐리 쿠페

1932년형 포드 모델 B 로드스터

맞춤형 번호판

토니 스타크의 맨션

토니 스타크의 맨션은 대서양이 내려다보이는 절벽 위에 건설되어있다. 토니는 많은 침실, 사무실, 오락실 그리고 접객을 위한 널찍한 공간까지 억만장자가 가질 수 있는 모든 것을 갖추고 있다. 이 맨션 전체에는 토니의 A.I. 시스템인 자비스로 통합되어있으며, 위치상으로도 로스앤젤레스에 있는 스타크 인더스트리의 본사와 매우 가깝다.

자동차 콜렉션

토니 스타크는 수입이 많기 때문에 쓸 수 있는 돈도 많은데, 그중 상당 부분을 자동차에 투자한다. 토니의 자동차 취향은 한 시대의 혁신과 스타일을 정립한 빈티지 차량부터 새로운 트렌드를 이끄는 신형까지 종류를 따지지 않는다. 토니의 작업장과 주차장은 하나로 합쳐져 있으며, 이로 인해 몇 가지 불행한 사고가 발생하기도 했다.

DATA FILE

> 공학을 사랑하는 토니 스타크의 취향은 맨션에도 상당히 반영되었다. 이 건물은 인상적인 캔틸레버식 건축 양식 덕분에 절벽 끝에서도 상당히 멀리까지 뻗어나가게 건설할 수 있었다.

> 토니의 맨션은 개조형 벨 407 헬기 3대에 의해 파괴되었다.

헬기 착륙장

나선형 계단이 있는 현관과 앉을 공간

바와 앉을 만한 곳이 있는 접객 공간

최첨단 작업실

토니는 지하실에 있는 개인용 작업실에서 자신의 모든 아이언맨 슈트를 제작했다. 이곳에는 집중력을 흩트릴 만한 것도 거의 없고, 경쟁사가 보낸 첩자들의 눈도 피할 수 있다. 토니의 장비는 최첨단기술로 만들어진 것이며, 계속된 업그레이드를 통해 새로운 버전의 아이언맨 슈트들을 빠르게 만들어낼 수 있었다. 작업실의 지하에는 대부분의 아이언맨 모델을 비롯하여 각종 귀중품이 보관된 벙커가 있다. 토니의 서버는 작업실에 있으며, 백업용 서버도 벙커에 저장되어있다.

작업실의 디스플레이

이 작업실에는 사방에서 볼 수 있는 수많은 스크린이 설치되어있다. 이 스크린들에는 아이언맨 부품 설계도와 성능 측정 도표들을 보여준다.

높은 사양으로 맞춘 분석용 컴퓨터

설계도를 보여주는 컴퓨터 모니터

출력 수준을 확인하는 와이드스크린 텔레비전 모니터

랙 장착형 서버

마크 3 슈트에 연결된 케이블 (현재 제작 중)

링컨 일렉트릭 프리시전 TIG 375 용접기

더미와 유

토니 스타크는 MIT에 다니던 16살에 자신의 두 작업실 로봇들 중 하나인 '더미'를 먼저 만들었으며, 이후 '유'를 만들었다. 이 두 대의 로봇 팔들은 스타크의 음성 명령에 반응하고 주인의 행동을 학습하도록 만들어진 A.I. 시스템으로 설계되었다. 생김새는 단순해 보여도, 이 두 로봇은 고도의 지능과 다양한 용도를 지니고 있다. 심지어 자신의 감정을 표현할 줄도 안다.

토니 스타크는 작업실 한쪽 벽면을 차지하는 '슈트의 전당'에 마크 1부터 마크 7까지의 슈트들을 전시해놓았다. 토니는 마크 42 슈트를 테스트하면서 이 슈트들을 '숙녀 여러분'이라 호칭한다.

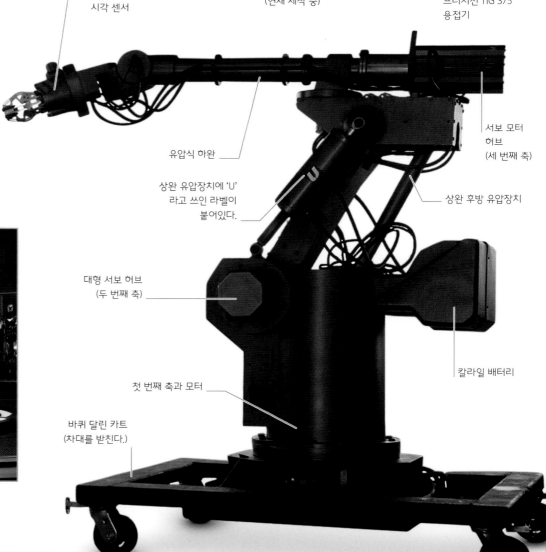

물건을 집는 손과 시각 센서

유압식 하완

상완 유압장치에 'U' 라고 쓰인 라벨이 붙어있다.

서보 모터 허브 (세 번째 축)

상완 후방 유압장치

대형 서보 허브 (두 번째 축)

칼라일 배터리

첫 번째 축과 모터

바퀴 달린 카트 (차대를 받친다.)

IRON MAN SUITS 아이언맨 슈트

토니 스타크가 처음으로 제작한 시제품 아이언맨 슈트(마크 1)는 텐 링스에 납치되어 목숨을
위협받는 상황에서 만들어졌다. 마크 1을 제작한 유일한 목적은 오로지 탈출이었다. 집으로
돌아온 토니는 아이언맨 슈트를 더욱 발전시켜, 자신의 회사 무기를 사용하는 전 세계
테러리스트들과 맞서 싸우는 데 사용하겠다고 결심한다. 마크 2부터 마크 7 슈트들은 말리부
맨션의 작업실에서 제작되었다. 각 슈트는 개발될 때마다 이전 버전보다 점점 성능이
개선되었다. 첫 7기의 슈트는 스타크의 작업실에 설치된 전시대에 보관되어있었지만,
토니의 라이벌인 앨드리치 킬리언이 맨션을 습격했을 때 함께 파괴되었다.

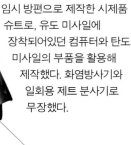

**아크 리액터 /
리펄서 테크
노드**

**화염방사기
연료 탱크**

마크 1
임시 방편으로 제작한 시제품
슈트로, 유도 미사일에
장착되어있던 컴퓨터와 탄도
미사일의 부품을 활용해
제작했다. 화염방사기와
일회용 제트 분사기로
무장했다.

**서보 모터에서
동력을 얻는 팔은
최대 408kg까지
들 수 있다.**

**총 680kg에
달하는 슈트를
지탱하는 유압식
다리**

마크 2
마크 2는 토니 스타크가
집에서 처음으로 만든
슈트이며 리펄서
비행안정장치와 자비스
A.I.를 처음으로 탑재한
모델이다. 이후 첫 번째
워머신 슈트가 된다.

**발 부위에
장착된 리펄서**

마크 3
처음으로 아이언맨 특유의
적색과 황금색 도색을 한
슈트로 외부 장갑은 마크 2
보다 얇지만, 최고도에서도
쉽게 비행할 수 있다.
처음으로 유니빔 병기를
장착한 모델이다.

**리펄서 테크 노드
위에 장착된 유니빔**

**비행 브레이크
(마하 2의 비행 속도를
5초 만에 멈출 수 있다.)**

**오베디아 스텐과의
전투에서 입은
손상**

**도색되지 않은 장갑은
최고의 고도에서 결빙
문제를 일으킨다.**

**양팔의 장갑에는 로켓
발사기가 장착되어있다.**

마크 4
마크 4는 마크 3에 장착되어있던
외부 유니빔에 열가소성 플라스틱
렌즈를 개조한 광선 집중 프리즘을
덧대어, 유니빔의 광선 에너지를
더욱 집중시켰다.

**1,500mph(시속
2,414km)의 초음속
추진력 부츠**

마크 5
휴대하기 편하도록 15kg
짜리 가방으로 압축한
슈트다. 도난방지를 위해
망막과 안면, 지문, 목소리
그리고 뇌파를 모두
확인하는 생체보안장치가
내장되어있다.

**미사일과
연결된 스마트
조준 컴퓨터**

**금-티타늄 합금
외골격**

**장갑이 마디별로
분할되어있어 훨씬
작게 압축할 수 있다.**

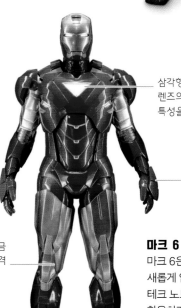

마크 6
마크 6은 코어 동력원으로
새롭게 업그레이드한 리펄서
테크 노드의 높은 출력을
활용하기 위해 개발되었다.
양쪽 장갑의 손등에는 레이저
발사기와 개량된 소형 미사일
발사기가 장착되어있다.

**삼각형의 유니빔
렌즈의 독특한
특성을 보여준다.**

레이저 시스템

**우수한 수신
성능을 자랑하는
위성 전화 내장**

**어깨에서 발사되는
소형 스마트
미사일**

마크 7
뉴욕 전투에서 처음으로 실전
배치한 슈트이며 원격으로
작동할 수 있다. 토니 스타크가
손목에 찬 팔찌를 추적하여
장착되도록 프로그래밍되었다.

추가 보조 추진기

차세대 슈트

최신 슈트들은 토니 스타크의 피부 밑에 이식한 컴퓨터 칩을 추적하여 자동으로 장착되는 기능을 가졌다. 각 슈트 부위에는 장착된 소형 리펄서 덕분에 자동 비행이 가능하며, 이 슈트 중 대부분은 무인 조종 드론으로도 활용할 수 있다. 또한 이 중 일부 모델은 토니의 음성 명령에 따라 다른 사람에게 입힐 수도 있다. 토니는 보다 전문적인 기능을 지닌 '아이언 리전' 슈트들에게 별명을 붙여주었는데, 그중에는 '하트 브레이커(마크 17, 포격)', '스트라이커(마크 25, 중공업)' 그리고 '이고르(마크 38, 초중량 지탱)' 등의 슈트가 있다.

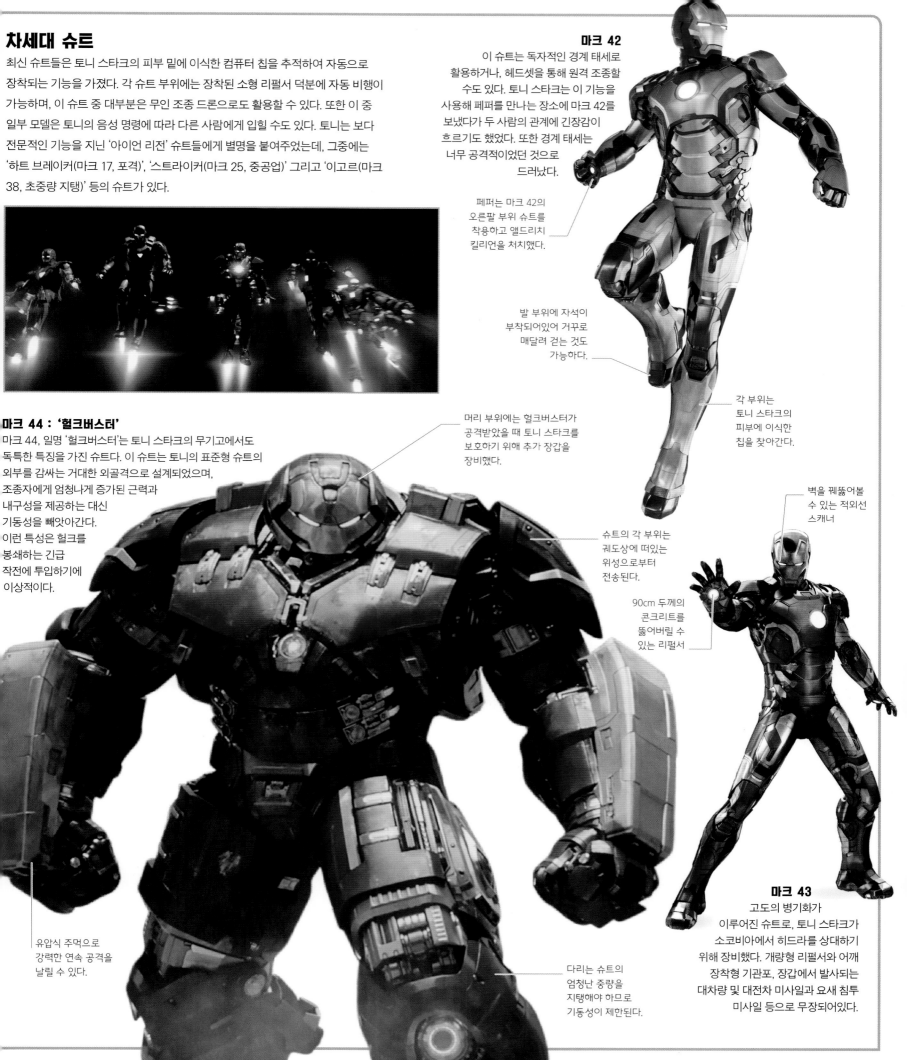

마크 42

이 슈트는 독자적인 경계 태세로 활용하거나, 헤드셋을 통해 원격 조종할 수도 있다. 토니 스타크는 이 기능을 사용해 페퍼를 만나는 장소에 마크 42를 보냈다가 두 사람의 관계에 긴장감이 흐르기도 했었다. 또한 경계 태세는 너무 공격적이었던 것으로 드러났다.

페퍼는 마크 42의 오른팔 부위 슈트를 착용하고 앨드리치 킬리언을 처치했다.

발 부위에 자석이 부착되어있어 거꾸로 매달려 걷는 것도 가능하다.

각 부위는 토니 스타크의 피부에 이식한 칩을 찾아간다.

마크 44 : '헐크버스터'

마크 44, 일명 '헐크버스터'는 토니 스타크의 무기고에서도 독특한 특징을 가진 슈트다. 이 슈트는 토니의 표준형 슈트의 외부를 감싸는 거대한 외골격으로 설계되었으며, 조종자에게 엄청나게 증가된 근력과 내구성을 제공하는 대신 기동성을 빼앗아간다. 이런 특성은 헐크를 봉쇄하는 긴급 작전에 투입하기에 이상적이다.

머리 부위에는 헐크버스터가 공격받을 때 토니 스타크를 보호하기 위해 추가 장갑을 장비했다.

슈트의 각 부위는 궤도상에 떠있는 위성으로부터 전송된다.

벽을 꿰뚫어볼 수 있는 적외선 스캐너

90cm 두께의 콘크리트를 뚫어버릴 수 있는 리펄서

마크 43

고도의 병기화가 이루어진 슈트로, 토니 스타크가 소코비아에서 히드라를 상대하기 위해 장비했다. 개량형 리펄서와 어깨 장착형 기관포, 장갑에서 발사되는 대차량 및 대전차 미사일과 요새 침투 미사일 등으로 무장되어있다.

유압식 주먹으로 강력한 연속 공격을 날릴 수 있다.

다리는 슈트의 엄청난 중량을 지탱해야 하므로 기동성이 제한된다.

PEPPER POTTS 페퍼 포츠

버지니아 '페퍼' 포츠는 토니 스타크의 유능한 개인 비서다. 그녀는 아이언맨이 벌이는 혼란스러운 모험으로 인해 토니와 그의 회사의 평판을 떨어뜨리는 문제를 자주 처리하면서 아이언맨의 무신경한 행동에 상당히 화가 나 있다. 토니는 페퍼를 스타크 인더스트리의 새 CEO로 승진시키면서 이 인사 처리 건은 이미 오랫동안 고려했던 문제라고 주장했다. 하지만 사실은 당시 죽어가고 있던 처지라 성급하게 결정한 것이었다. 이렇듯 철저하게 직장의 상하관계로만 얽혀있던 두 사람은 어느덧 사랑하는 사이가 된다. 그로 인해 페퍼는 토니의 적들이 노리는 목표물이 되어 사업 경쟁자에게 납치당해 살해당할 뻔한다. 하지만 이런 문제를 비롯하여 다양한 장애물들이 있어도, 토니를 향한 페퍼의 마음은 결코 흔들리지 않는다.

토니 스타크는 스스로 큰 위험을 자초하기 때문에 페퍼는 가끔씩 스스로 슈퍼 히어로가 되어야 한다. 토니가 페퍼에게 아이언맨 슈트에 관한 기본적인 사항들을 가르쳐준 덕분에, 그녀는 긴급한 상황에서 마크 42 슈트를 사용할 수 있었다.

페퍼는 지적이고 전문적인 스타일의 패션 센스를 보여준다.

생명의 은인

페퍼가 없었더라면 토니는 절대 살아남을 수 없었을 것이다. 페퍼는 지금껏 두 번이나 토니의 적을 물리치고 그의 목숨을 구했다. 첫 번째로는 거대 아크 리액터를 제때 과부하시켜서 오베디아 스텐과 아이언 몽거 슈트를 물리쳤다. 그다음에는 익스트리미스가 주입된 덕분에 상당한 고도에서 추락하고도 살아남았고, 그후 테러리스트 앨드리치 킬리언을 직접 처치하기도 했다. 그녀는 토니의 생명이 위험한 상황에서 그의 목숨을 직접적·간접적으로 계속해서 구해주고 있다. 가끔씩은 토니가 스스로의 목숨을 위협하는 상황에서도 그를 구해주기도 한다.

페퍼는 토니의 감정을 지탱해주는 역할을 한다. 그녀는 치타우리 침공이 토니의 마음을 얼마나 짓누르고 있는지 잘 알고 있다. 그로 인해 토니가 자신과 같이 시간을 보내는 대신 작업실에 틀어 박혀 기계나 만지고 있는 모습을 보고 걱정한다.

스타크 인더스트리의 CEO
페퍼는 토니가 직접 회사를 이끌던 시절에 보여주던 태도보다도 더욱 열정적으로 경영에 임한다. 하지만 CEO가 된 후에도 토니가 저지른 사고를 수습하느라(예를 들면 마크 2 시제품 회수 같은) 실제로 회사를 경영하는 데 집중할 수 있는 시간을 많이 빼앗긴다.

유행을 이끄는 말리부의 부띠끄에서 맞춘 벨트

페퍼의 할머니로부터 선물로 받은 반지

DATA FILE
> 페퍼는 딸기 알레르기가 있다. 그래서 토니가 화해 선물로 가져갔던 딸기는 효과를 보지 못했다.

> 페퍼와 앨드리치 킬리언은 예전 직장 동료 사이였다.

> 페퍼는 10년 동안 토니의 미술품 콜렉션을 모았지만 토니는 보이스카웃에 기부해버렸다.

HAPPY HOGAN 해피 호건

해럴드 '해피' 호건은 토니 스타크와 페퍼 포츠의 가장 가깝고 신뢰받는 친구다. '해피'라는 별명은 평소 그의 태도가 너무 엄격하기 때문에 그런 모습을 놀리는 의미로 붙은 것이지만, 마음이 굉장히 너그러운 사람이다. 해피는 토니의 경호원이자 운전사로 일했으며, 페퍼에 의해 스타크 인더스트리의 보안 책임자로 승진한다. 그는 만다린이라는 테러리스트가 일으킨 것으로 추측되는 폭발로 인해 거의 죽을 뻔했지만, 사실 그 사건의 배후는 앨드리치 킬리언이었다. 건강을 회복한 해피는 여전히 스타크 인더스트리에서 일하고 있으며, 토니의 비공식 보좌관이자 오른팔이다.

항상 수상한 사람들과 위험 요소를 감시하는 눈빛

완벽하게 맨 넥타이

해피는 처음 토니의 운전사로 고용되었고, 이후 경호원으로 승진했다. 그는 토니와 함께 다니며 그의 안전을 위해 항상 눈에 불을 켜고 있다. 또한 토니가 사귈 만한 여성을 찾아내는 역할도 맡는다.

잘 관리한 육중한 몸매에서 강력한 힘을 낸다.

경호원이자 친구

해피는 훌륭한 운전사로 토니가 소유한 1932년형 플랫헤드 로드스터나 1967년형 셸비 코브라 등 훌륭한 자동차 콜렉션을 운전할 수 있다. 또한 경호원인 만큼 격투 실력도 뛰어나 가끔씩 토니와 스파링을 해주는 아마추어 권투 선수이기도 하다. 그는 페퍼 포츠와 토니의 안전을 위해서라면 자신의 목숨을 헌신적으로 바칠 준비가 되어있다. 토니가 해피를 놀리기는 하지만 자신의 친구가 보여주는 충성에 깊이 감사하고 있다. 그리고 테러리스트가 일으킨 폭발 사고로 해피가 중상을 입자 크게 상심한다.

보안 책임자가 된 해피는 수상해 보이는 사람이라면 누구든 경계하며 위험을 감지하는 육감을 키우기 시작한다. 해피는 앨드리치 킬리언의 부하인 에릭 사빈을 미행해 할리우드의 차이니즈 시어터에서 그를 멈춰 세웠다가 엄청난 폭발 사고를 당하게 된다.

15kg에 달하는 아이언맨 마크 5 가방 (일명 '풋볼')

해피는 토니와 페퍼를 위해서라면 언제나 결단력 있는 모습을 보여준다. 그는 행동에 옮겨야 할 때 결코 망설이지 않으며, 이런 모습은 악당 공학자인 이반 반코와 공범 저스틴 해머를 저지할 때 잘 나타난다.

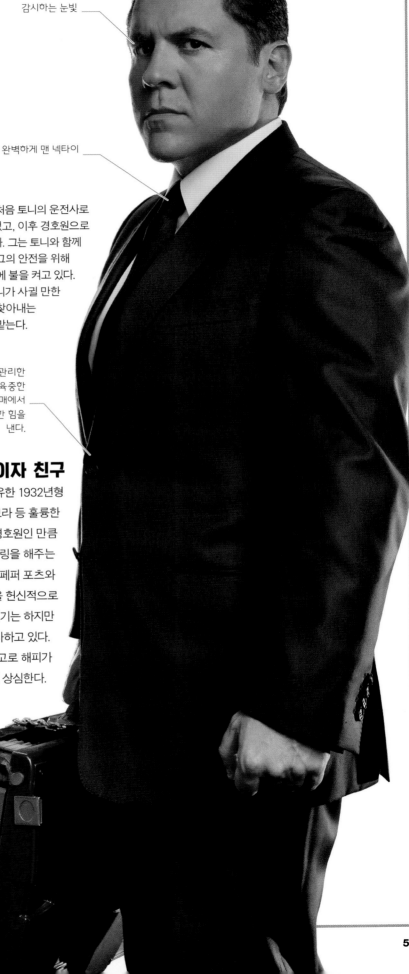

WAR MACHINE 워머신

제임스 '로디' 로즈 대령(암호명 : 워머신)은 미 공군 조종사이자 토니 스타크의 절친이다. 로디는 훌륭한 군인이지만, 자신의 의무와 사고뭉치 친구와의 우정 사이에서 종종 갈등을 겪는다. 다행히 토니의 문제는 국가안보에 관련된 경우가 많았다. 그래서 로디는 자신의 슈트를 입고 이반 반코, 앨드리치 킬리언 그리고 안드로이드 울트론 같은 악당들의 사악한 음모에 맞서 싸우는 토니를 도와주기도 한다. 어벤져스에 합류한 뒤, 로디는 어벤져스 팀원 중 절반이 소코비아 합의를 거부하겠다는 뜻을 밝히면서 다시 한번 의무와 우정 사이에서 갈등을 겪게 된다.

M134 미니건

DATA FILE

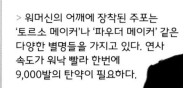

> 워머신의 어깨에 장착된 주포는 '토르소 메이커'나 '파우더 메이커' 같은 다양한 별명들을 가지고 있다. 연사 속도가 워낙 빨라 한번에 9,000발의 탄약이 필요하다.

> 로디는 미 공군에서 138번의 전투 비행 임무를 수행했다.

워머신(마크 1)

워머신 마크 1 슈트는 원래 아이언맨 마크 2 슈트였다. 로디는 토니가 중독 증세로 죽어가면서도 자신의 생일 파티에서 온갖 위험한 기행들을 보이자, 마크 2 슈트를 압수해왔다. 로디는 이 슈트를 미 공군에 인계하지만, 공군 측에서 슈트의 이름을 워머신으로 바꾼 후 토니의 경쟁자인 저스틴 해머와 슈트 개조 계약을 맺었다는 사실을 알고는 곤경을 겪는다. 마크 2 슈트는 약간의 외형적 개조를 거치긴 했지만, 새로 추가한 무기들은 대부분 수준 이하였으며 전투에 사용하기에는 부적합하다는 사실이 드러난다.

로디는 미군과 스타크 인더스트리 사이를 연결하는 연락 장교로 복무한다. 그의 투철한 직업 윤리와 상반되는 토니의 무책임한 바람둥이 같은 생활 방식으로 인해 두 친구는 종종 갈등을 겪는다.

추가적인 비행 통제력을 얻기 위한 접이식 보조익

아이언맨과 워머신은 저스틴 해머의 군용 드론을 물리치기 위해 협력하지만, 로디의 슈트에 추가했던 개조 장비들은 모두 제대로 작동하지 않았다.

발 부분의 추진기는 슈트에 설치된 컴퓨터의 조종을 받아 작동된다.

관절식으로 연결된 팔에 장착된 기관포

여기 새겨진 'FF'는 제1 전투비행단이라는 뜻이다.

아이언 패트리어트(마크 2)

토니 스타크는 아이언맨 마크 2 슈트를 돌려받는 대신 친구에게 새로운 슈트를 만들어준다. 로디도 이제 저스틴 해머의 뒤떨어진 기술이 아닌, 마음 놓고 사용할 수 있는 신뢰성 높은 슈트를 갖게 되었다. 하지만 미 정부는 다시 한번 로디의 슈트를 개조하도록 명령한다. 이번에는 앨드리치 킬리언이 이끄는 조직인 AIM이 나서서 슈트를 새롭게 도색하고 이름을 '아이언 패트리어트'로 고치는 개조 작업을 시행한다.

정부는 토니 스타크와 그의 아이언맨 슈트를 통제할 수 없었기 때문에, 차선책으로 아이언 패트리어트를 선택했다. 물론 로디는 여전히 자신의 친구를 돕는다.

로디는 소코비아에서 악당 안드로이드 울트론에 맞서 싸우기 위해 애국적인 도색을 전부 지운 마크 2 워머신 슈트를 입는다.

워머신(마크 3)

소코비아 전투 이후, 토니 스타크는 로디를 위해 세 번째 버전의 워머신 슈트를 만들어준다. 마크 3 슈트는 양팔에 기관총을 장착하고, 양 어깨에는 미사일 발사기를 장착했다. 또한 오른쪽 손등에는 음파 주포를 장비하는 등 고도의 병기화를 거쳤다. 이 슈트는 어벤져스의 내부 분열 당시 활약했지만, 결국 심각하게 손상되고 만다.

HUD는 멀티 프로세서 컴퓨터 시스템으로 작동하며 GPS 및 색적 기능이 있다.

어깨에 장착된 쌍열 기관포는 분당 6,000발을 발사할 수 있다.

워머신 슈트의 리펄서는 사람을 추가로 태우고 비행할 수 있을 정도로 강력한 추진력을 자랑한다. 스파이더맨은 라이프치히 할레 공항에서 벌어진 어벤져스의 싸움에서 워머신의 다리를 거미줄로 잡고 함께 하늘을 날기도 했다.

무기로 활용할 수 있는 위력의 3세대 리펄서 비행 안정기

로디는 어벤져스와 소코비아 합의를 받아들일 것이냐는 주제로 언쟁을 벌인다. 로디는 군인으로서 복무한 경력 덕분에 자신의 팀이 국제법의 통제를 받으면서 활동해야 한다는 사실을 쉽게 받아들였다. 그런 믿음은 토니 스타크와 일치하는 것이었지만, 캡틴 아메리카나 팔콘과는 대립하게 된다.

울트론 처치 기록

손목에 장착된 돌격 소총

장갑 압력 변환기는 주변 환경에 맞춰 자동으로 압력을 조절한다.

허벅지에 보관되는 소형 수납형 기관총

로디는 공항에서의 전투에서 어벤져스 동료 비전이 발사한 광선에 맞는 사고를 당한다. 아이언맨과 팔콘이 로디를 잡으려고 했지만, 걷잡을 수 없이 추락하는 로디의 속도를 따라잡을 수는 없었다. 결국 로디는 척추 4번 요추부터 1번 천추가 부서지는 부상을 입는다.

크롬처리된 티타늄과 강철 재질의 외골격

진압봉의 위쪽이 확장되면서 전기 충격판이 드러난다.

총 4단으로 이루어진 진압봉은 다양한 전기 충격 강도를 조절할 수 있다.

진압봉
워머신은 어벤져스의 내전에서 동료들에게 중상을 입히지 않기 위해 '워해머' 진압봉을 들고 싸운다. 이 진압봉은 비살상 무기로 평소에는 슈트의 등 속에 장착된 충전기에 보관되어있다.

적에게 발차기를 가할 경우 충격파가 발생한다.

OBADIAH STANE 오베디아 스텐

토니 스타크의 동업자 오베디아 스텐은 겉보기에 자애로운 모습이지만, 사실은 신뢰할 수 없는 냉혹한 배신자다. 오베디아는 토니의 아버지 하워드 스타크의 친구였으며, 1991년 하워드와 그의 아내가 사망했을 당시 기업 승계의 과도기에 CEO로 재임한다. 토니는 21세가 되자 회사를 물려받고 오베디아는 이인자로서 그의 멘토가 된다. 하지만 오베디아는 남몰래 토니에 대한 질투와 분노를 품고 있었으며, 테러리스트 집단 텐 링스를 사주해 그를 죽이려 한다. 그러나 오베디아에게는 불행한 일이지만, 토니는 첫 번째 아이언맨 슈트를 만들어 텐 링스로부터 탈출한다. 오베디아는 슈트의 설계를 베껴 자신만의 '아이언 몽거'를 제작하고, 악독한 야망을 품고 최후의 결전을 벌이게 된다.

미간의 주름과 찡그린 표정은 마음속에 감정을 담아두고 있음을 보여준다.

토니는 자신의 회사가 무기 대신 아크 리액터 기술을 주력 사업으로 추구하길 원했다. 오베디아가 리액터 연구의 진척 상황이 지난 30년 동안 지지부진했다는 사실을 지적하자, 토니는 자신의 가슴에 새로 만들어 넣은 소형 아크 리액터를 보여준다. 하지만 현명하게도 이 기술을 오베디아와 공유하지는 않았다.

비즈니스 파트너

오베디아 스텐은 제2차 세계대전이 끝난 후 하워드 스타크의 군수 기업인 스타크 인터내셔널에서 일을 시작한다. 그는 하워드 (그리고 안톤 반코)를 도와 초기형 아크 리액터를 만들지만, 개발을 지속하기에는 비용이 너무 비쌌다. 토니가 스타크 가문의 유산을 계승하면서 오베디아는 토니의 조언자로 남지만, 배후에서는 적극적으로 토니에게 반하는 행동을 일삼는다. 그는 토니를 적으로 대했으며, 토니가 내놓는 아이디어 중 자신에게 이득이 될 만한 것은 모조리 훔쳤다.

오베디아 스텐은 토니 스타크 만큼이나 주목받는 것을 즐긴다. 그는 잡지의 표지 모델이 되는 것에 상당한 자부심을 가지고 있었다. 그러나 회사에 훨씬 많은 시간을 바친 사람은 바로 자신임에도 불구하고 젊은 토니가 관심을 모두 빼앗아간다는 점에 질투를 느낀다. 오베디아는 회사 파티를 열면서 토니를 초대하지 않았지만, 토니는 파티에 나타난다.

바람둥이 억만장자의 삶을 즐기는 토니 대신 오베디아가 상을 받는 것은 일상적인 일이다.

음파 마비 장치를 숨겨둔 주머니

4,500달러를 호가하는 맞춤형 정장

DATA FILE

> 오베디아 스텐은 원래 군사용으로 개발된 음파 마비 장치 시제품을 가지고 다닌다. 그는 이것을 사용해 토니를 기절시킨다.

> 오베디아는 상당한 실력을 가진 아마추어 피아니스트다.

> 계속해서 확장해나가고 있는 스타크 인더스트리는 너무나 넓기 때문에, 오베디아는 세그웨이를 타고 돌아다닌다.

아프카니스탄의 흙먼지로 뒤덮인 신발

토니의 비서 페퍼는 오베디아의 의도를 의심하고 그의 컴퓨터를 뒤져서 아이언 몽거 설계도와 파키스탄 및 아프가니스탄으로 미사일을 판매한 비밀 장부를 발견한다. 그중에서도 가장 충격적인 것은 텐 링스가 보낸 영상으로, 오베디아가 토니를 죽이기 위해 텐 링스를 직접 고용했다는 증거였다.

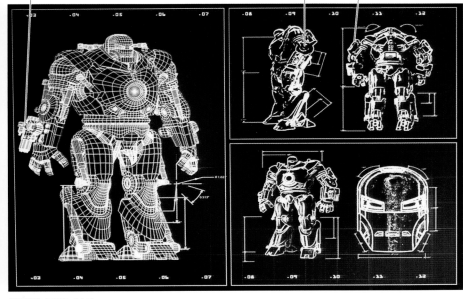

아이언 몽거의 전투력을 과시하기 위해 무기들은 슈트 외부에 장착되어있다.

왼팔에는 로켓 발사기가 장착되어있다.

왼쪽 어깨에는 수납형 미사일 발사기가 장착되어있다.

오베디아는 스타크 인더스트리 본사에 있는 초대형 아크 리액터 바로 밑 지하 16구역에 비밀 연구실을 가지고 있다. 오베디아는 공학자들을 혹사시켜 토니 스타크의 아이언맨 설계를 개선하려 하지만, 추진 시스템과 동력 공급 시스템을 다시 만들어내는 데는 어려움을 겪는다.

아이언 몽거 슈트

아이언 몽거 슈트는 최소한의 비행 시스템을 갖추고 있지만, 대신 스마트 무기와 조준 센서를 장비했다. 주요 무기로는 최고 성능의 미사일과 오른쪽 손등에 장착한 개틀링 포가 있다. 하지만 이 슈트는 온도와 기압이 낮은 환경에서 제대로 작동하지 않을 수 있으며, 자칫하면 단단히 얼어붙을 수도 있다.

아이언 몽거

오베디아 스텐은 스타크 인더스트리가 성공할 수 있는 유일한 비결은 무기 생산뿐이라고 믿는다. 오베디아는 토니의 마크 1 시제품이 가진 잠재력을 보고, 텐 링스가 수거한 슈트의 잔해를 빼앗아 이를 활용해서 자신만의 대형 슈트를 만든다. 아이언 몽거는 거대한 서보-유압식으로 작동하는 강력한 팔다리와 회사의 특허 금속인 옴니움 강철 재질의 갑옷으로 만들어졌다. 페퍼와 토니가 오베디아의 음험한 계획을 알아차리자, 오베디아는 자신이 직접 슈트를 입고 그들을 공격한다. 오베디아는 아이언맨과의 전투에서 사망하지만 쉴드는 그의 죽음과 관련된 전말을 조작하여 그가 휴가 중에 비행기 사고로 사망했다고 발표한다.

6,804kg을 들 수 있는 팔

어깨와 머리는 몸체와 회전식 관절로 연결되어있다.

가슴의 동력실에는 토니 스타크의 가슴에서 빼낸 리펄서 테크 노드가 들어있다.

JUSTIN HAMMER 저스틴 해머

해머 인더스트리의 CEO인 저스틴 해머는 토니 스타크의 경쟁자 중 가장 추하며 무능한 인물이다. 해머는 자신이 이룬 업적을 자신 있게 자찬하지만, 사실 다른 사람의 지적재산권을 훔쳐 만든 것이 대부분이다. 또한 이런 음모는 역효과를 불러올 때가 많다. 해머가 토니 스타크의 숙적인 이반 반코에게 토니의 기술을 베끼라고 다그치자, 이반은 역으로 해머를 배신하고 해머는 한심하고 무력하게 감옥에 들어가게 된다.

해머는 토니 스타크가 사이 좋은 친구라고 둘러대며 크리스틴 에버하트 기자의 환심을 사려 한다.

스팅어 미사일

손목에 장착된 기관총과 유도 미사일 발사기

요란한 넥타이

이반이 설계한 아크 리액터

노치트 라펠 싱글 브레스트 스리피스 정장

해머 드론

저스틴 해머는 이반 반코의 천재적인 공학 능력을 활용해 미 육군과 공군 그리고 해군에 납품할 드론을 개발한다. 이 드론들은 각 군대의 특성에 따라 유탄 발사기, 열 추적기, 전차포 등 맞춤형으로 제작했다.

부패한 CEO

저스틴 해머는 다른 사람들의 업적을 빼앗아가며 승승장구했다. 자신이 직접 토니 스타크의 아이언맨 슈트를 베껴 만들려는 시도가 끔찍하게 실패하자, 해머는 토니가 받고 있는 신임을 떨어뜨리고 정부가 아이언맨을 통제하려고 중재하는 과정에 개입하여 그 기술을 탈취하려고 한다. 이 시도 또한 실패하자, 해머는 이반 반코를 강제로 영입해서 토니의 슈트와 비슷한 물건을 만들라고 요구한다. 하지만 이반은 다른 꿍꿍이가 있었기 때문에, 해머에게 슈트 대신 드론을 만들어준다. 이후 해머는 로디 대령이 압수해온 아이언맨 마크 2 슈트를 손에 넣고 이를 개조해 첫 번째 버전의 워머신을 만들어내지만, 이 슈트는 결함이 매우 많다.

이반은 남몰래 해머 엑스포가 진행되는 도중에 드론을 해킹해 조종할 수 있도록 프로그래밍했으며, 이 드론들을 사용해 아이언맨을 처치하려 한다.

촙햄 복합 장갑

해군 드론

DATA FILE

> 저스틴 해머는 워머신의 어깨에 자체 유도형 벙커 버스터 미사일이자 해머 인더스트리의 결함품, 일명 '집 나간 마누라'를 장착한다.

> 저스틴 해머는 해머 엑스포 현장에서 체포되어 시게이트 교도소로 보내진다. 같은 교도소에 갇힌 죄수인 트레버 슬래터리(가짜 만다린)가 관심을 한몸에 받는 것에 분개하는 것을 보면, 질투심 많은 성격은 변하지 않았다.

M134 미니건

터무니 없이 비싼 구두

해머의 부패한 정치인 조력자인 스턴 상원의원은 로디를 불러 토니 스타크에게 불리한 증언을 하게 한다. 그리고 토니가 받고 있는 신임을 떨어뜨려 아이언맨 기술을 해머에게 넘기려 한다. 하지만 이런 시도는 오히려 역효과를 불러온다.

WHIPLASH 위플래쉬

이반 안토노비치 반코는 씁쓸한 과거를 가진 러시아 출신 공학자이자 물리학자다. 그는 파키스탄에 플루토늄을 팔아 넘기려다 감옥에서 15년을 복역했으며, 그의 아버지 역시 아크 리액터 기술을 테러리스트에게 팔아넘기려다 비슷한 운명을 맞았다. 스타크 가문이 자신의 아버지가 남긴 유산을 훔쳤다고 믿은 이반은 자신만의 아크 리액터와 치명적인 전기 채찍으로 무장한 강화 슈트를 제작한다. 이반은 토니 스타크를 공격한 뒤 감옥에 수감되고, 저스틴 해머는 그를 이용해 자신의 경쟁자인 토니를 능가하려 한다. 해머는 이반이 죽은 것처럼 위장한 뒤 자신을 위해 무기를 만들도록 강요한다.

DATA FILE

> 이반 반코가 처음 만들었던 엉성한 마크 1 슈트에서는 이온화 플라즈마 채널링을 통한 리펄서 기술에 집중했다.

> 위플래쉬의 마크 2 슈트는 신체 강화 및 비행 기능을 가진 전신형 금속 슈트로, 더욱 강력해진 전기 채찍을 장착했다.

> 이반은 보리스 투르게노프라는 가짜 신분증으로 모나코 그랑프리 경기장에 잠입했다.

아버지가 사망한 후 이반 반코는 씁쓸한 심정으로 모스크바에 있는 자신의 지저분한 집에서 작업을 시작한다. 그는 아버지가 개발한 기술을 기반으로 아크 리액터를 만든 다음, 무기로 활용 가능한 멜빵형 슈트를 제작한다.

이반은 로디 대령의 워머신이 자신의 통제하에 있다고 생각했기 때문에 그 슈트를 전혀 두려워하지 않았다. 또한 해머 인더스트리의 슈트 개조는 그에게 별 쓸모가 없었다.

이반 반코의 앵무새
외로운 이반의 유일한 친구는 앵무새다. 해머에게 '고용된' 이반은 러시아에서 자신의 앵무새를 데려와 달라고 요구한다. 하지만 해머는 이반에게 다른 새를 준다.

제멋대로 자라 헝클어진 머리카락

복수에 대한 갈망
이반 반코의 아버지 안톤 반코는 하워드 스타크와 함께 아크 리액터를 발명했다. 하지만 안톤은 하워드 몰래 이 기술을 팔아넘기려고 하다가 미국에서 추방당해 러시아 굴라그에 갇히고 만다. 안톤이 사망한 후, 이반은 복수심에 사로잡힌다. 이반은 토니 스타크도 무적의 존재가 아니라는 사실을 전 세계에 보여주겠다고 다짐하고, 토니에게 첫 일격을 가할 장소로 만인의 이목이 쏠려있는 모나코 그랑프리 경기장을 선택한다.

상반신에 슈트의 부품을 고정하는 가죽 멜빵

러시아 감옥 문신

금속 외골격

외부에 장착되어있는 소형 아크 리액터

착색된 선글라스

하얀 앵무새

ALDRICH KILLIAN 앨드리치 킬리언

완벽하게 단장한
헤어스타일

세련된 화술과 넘치는 카리스마를 가진 앨드리치 킬리언은 과학자이자 사업가로
싱크탱크 AIM(어드밴스드 아이디어 메카닉)의 설립자다. 과거에 토니 스타크에게서
푸대접을 받았던 킬리언은 익스트리미스라는 기술 덕분에 인생이 바뀌게 된다. 이제
킬리언은 놀라운 자가 회복 능력과 열 발산 능력 그리고 입에서 불을 뿜을 수 있는
무시무시한 능력까지 갖게 되었다. 킬리언의 매력적인 외모 뒤에는 비밀리에
테러리스트 활동을 조종하고 이에 맞선 테러와의 전쟁까지 조종하여, 자신의 회사가
벌어들이는 수익을 극대화하겠다는 야망을 가진 미치광이가 숨어있다.

비웃음을
띠고 있다.

킬리언은 스타크
인더스트리의 투자를
노리고 자신의 뇌를
홀로그램으로 생생하게
보여주는 멋진
프레젠테이션으로 CEO
페퍼 포츠를
매혹시킨다. 그는
인간의 DNA를
수정하는
익스트리미스의
능력을
선보인다.

경제적 성공을
나타내는 값비싼
반지들

페퍼는 완전히 달라진 모습으로 자신만만한 태도를 보여주는 킬리언
앞에서 어쩔 줄을 모른다. 그래도 킬리언의 프로젝트는 너무 쉽게
무기화할 수 있기에 투자하지 않겠다고 통보했지만, 킬리언은 전혀
유감스러워하지 않는 것처럼 보였다.

새 사람이 되다

킬리언은 1999년 스위스 베른에서 열린 과학
학술회의의 전야제에서 토니 스타크를 처음 만났다.
당시 그는 부족한 사회성과 신체적 장애를 가지고
있었고, 토니는 킬리언이 새로 고안했다는 사설 투자
싱크탱크에 대한 열정을 비웃는다. 10년이 넘는
세월이 흐른 후 킬리언은 건강과
부 그리고 성공을 모두 손에
쥐었다. 익스트리미스의 생물
발생학적 강화 기능은
킬리언에게 강력한 신체 능력을
주었고, 이제 그에게
시력 보정용 안경이나
보행용 지팡이는
쓸모없어졌다.

DATA FILE

> 페퍼가 어떻게 바뀌었느냐고 묻자, 킬리언은
5년 동안 물리치료를 열심히 받았다고 무심하게
대답한다.

> 킬리언은 토니 스타크가 자신을 옥상으로
쫓아버렸으며, 밤새도록 기다려봤자 투자 상담
따위는 없을 것임을 알고는 큰 좌절감을 느낀
나머지 자살할 뻔했다.

솜씨 좋게
재단한 정장

킬리언은 로디의 아이언 패트리어트 슈트를 빼앗으려 하다가 발열 능력의 새로운 응용법을 발견한다. 슈트의 장갑에 손을 대고 강력한 열을 발산해 로디의 슈트를 달궈 로디가 열을 버티지 못하고 슈트 밖으로 튀쳐나오도록 만든 것이다. 어차피 로디가 계속 버티더라도 아이언 패트리어트는 비정상적으로 치솟는 열을 감지하고 자동으로 개방되도록 만들어졌다.

유조선 노르코 호에서 벌어진 결전에서 토니 스타크는 킬리언의 상대가 되지 못한다는 사실이 드러난다. 토니는 아이언 리전 드론들의 도움을 받아 길리언을 잠시 방해할 수는 있었지만 길리언은 슈트들을 하나하나 박살내가면서 토니를 압도한다.

복수심에 불타는 음모가

킬리언은 한때 자신을 평가절하하고 무시했던 토니 스타크가 무심결에 준 교훈을 철저하게 따르고 있었다. 그것은 바로 익명성의 힘이었다. 킬리언은 꼭두각시 악당의 배후에 숨어 익명성을 유지한 채, 자신이 마음대로 사건들을 조종할 수 있다는 사실을 깨달은 것이다. 또한 킬리언은 복수심도 품고 있었기 때문에, 토니가 페퍼를 구하기에는 한없이 무능하고 무력하다는 점을 즐겁게 비웃는다.

피부 바깥으로 빛나고 있는 발열 에너지

어깨와 가슴을 뒤덮은 용 문신

킬리언은 자신의 발열 능력이 도리어 자신에게 역이용될 수도 있다는 사실을 알고는 격노한다. 토니는 킬리언에게 슈트를 입혀서 그 속에 가둬버린 다음, 자비스에게 슈트의 자폭 기능을 실행하라고 명령을 내린다. 이로 인해 엄청난 폭발이 일어나기는 했지만, 그래도 킬리언을 죽이기에는 역부족이었다.

킬리언은 페퍼에게 익스트리미스를 주입하여 얻게 될 결과를 너무 과소평가했다. 페퍼는 토니의 슈트에서 장갑을 손에 착용하고 리펄서와 자신의 새로운 발열 능력을 사용해 폭발을 일으켜 킬리언을 물리친다.

EXTREMIS 익스트리미스

||||||||||||||||||||||||||||||||||||||||

익스트리미스는 끔찍한 과학적 혁신으로, 살아있는 유기체의 유전자를 화학적으로
수정하여 강력한 치유 능력과 자가 회복은 물론, 근력 및 내구력까지 강화시켜주는
혈청이다. AIM은 전쟁에 나갔다가 장애인이 되어 전역한 군인들을 대상으로 불법
실험을 자행했고, 피험자들은 엄청난 온도의 열을 발산할 수 있는 능력을 갖게 된다.
하지만 이 능력은 너무나 불안정해서 신체에서 혈청을 거부할 경우 실험 대상이
폭발해버리는 부작용도 있었다. 이런 폭발 사고가 점점 증가하자, AIM의 CEO 앨드리치
킬리언은 이 사고를 폭탄 테러 공격으로 포장하려는 음모를 꾸민다.

내적 갈등을 감추기 위한
반항적인 표정

익스트리미스의 발명자 마야 한센은 킬리언이 경영하는 싱크탱크의 일원으로
자신의 연구를 개발해냈다. 40명의 과학자들로 구성된 팀을 지휘하면서, 한센은
마치 지하 감옥처럼 우울한 실험실에서 각종 실험 장비들과 실험 대상이었던
다양한 식물들에 둘러싸인 채 작업을 진행한다.

방어적으로 낀 팔짱

에릭 사빈

오만하고 건방진 성격의 에릭 사빈은
앨드리치 킬리언의
익스트리미스로 신체 능력이
강화된 부하다. 사빈은
익스트리미스에 중독된 실험
대상이 폭발하는 사고에서 자신의
발을 다시 재생하는 회복 능력을
보여준다. 거의 무적에 가까운
존재인 사빈은 토니 스타크를
죽이라는 명령에 따라
움직이며, 스스로가
상대하기 정말 까다로운
적이라는 사실을
증명한다.

마야 한센

비전을 가진 과학자이자 재능 있는 유전 공학자
마야 한센은 원래 중상을 치료하고 잃어버린
팔이나 다리를 재생시킬 목적으로
익스트리미스를 개발했다. 하지만 투자가
필요했던 마야는 자신의 연구를 계속하기
위해 AIM에 합류한다. 이제 마야는
익스트리미스를 안정화할 방법을 찾고
자신의 연구를 완벽하게 만드는 데
집착하면서, 윤리 의식을 잃고 위험성을
무시하게 된다. 결국 마야는 자신이
지금까지 괴물을 돕고 있었다는
사실을 깨닫고는 후회한다.

> 트래버 슬래터리는 서로 교차된 두 자루의 총을 묘사하는 멋진 원형 장식 앞 왕좌에 앉아서 만다린으로서 연설을 했다.

> 킬리언은 마약과 성형 수술, 맨션 그리고 '멋진 요트' 등으로 슬래터리를 유혹해 자신의 밑에서 일하게 했다.

킬리언의 또 다른 익스트리미스 병사 엘렌 브랜트는 스타크를 미행하다가 끔찍한 격전을 치른다. 브랜트는 망설임 없이 불길 속으로 걸어 들어갔다가 화상을 입었지만, 피부를 빠르게 회복하는 모습을 통해 익스트리미스가 가진 통각 차단 능력을 증명한다.

토니 스타크는 최근 폭발 사고가 일어난 테네시주 로즈 힐에서 사고 현장을 살펴보며 파괴의 규모를 파악한다. 그 폭발력은 땅에 깊은 구멍을 남기고 6명의 인명을 앗아갔다.

엘리스 대통령
미국의 매튜 엘리스 대통령은 익스트리미스 음모의 핵심적인 인물이다. 앨드리치 킬리언은 대통령을 납치해서 처형하는 모습을 생중계로 방송해, 대규모 혼란을 일으키려 했다.

길고 듬성듬성하게 자란 수염

만다린
킬리언은 배우 트레버 슬래터리를 고용해 최근 일어난 폭탄 테러의 배후이자 무시무시한 테러리스트, 일명 '만다린'을 연기하게 한다. 그리고 그 영상을 해킹한 텔레비전 채널로 생중계한다. 슬래터리는 관중을 압도하는 역할과 호화로운 촬영 현장 그리고 어마어마한 급여에 혹했을 뿐이지 사실은 '만다린'과 거리가 먼, 약간 모자라고 우유부단한 사람에 불과했다. 그는 이 모든 것이 사실 킬리언의 음모였다는 사실도 깨닫지 못했다.

신비로운 분위기를 더해주는 보석 장식 소매

만다린이 걸치는 길다란 녹색 예복

장식용 소품

열 손가락을 장식한 싸구려 반지들

가짜 총 (슬래터리에게 진짜 총을 쥐어줬다가는 무슨 일이 일어날지 모른다)

THOR 토르

오랜 옛날, 지구인들은 신적인 존재가 있다고 믿었다. 이 강력한
종족은 지구로 내려와 어둠의 세력으로부터 이 세계를 지켜주었다.
그런 존재들 중에는 천둥의 신 토르도 있었다. 다른 수많은 전설과
마찬가지로, 이 전설 역시 더 큰 진실을 감추고 있다. 이 무시무시한
종족들은 사실 신이 아니라 외계인일 뿐이며, 마법 같은 기술력을
가진 자들이다. 토르는 그중에서도 최강의 전사로, 자신의 선조들처럼
악의 세력으로부터 이 세계를 지키기 위해 지구로 왔다.

"위대한 왕이 되느니
차라리 선한 사람이 되겠소."

토르 오딘슨

THOR 토르

토르 오딘슨은 아스가르드 왕좌를 물려받을 후계자이자 아스가르드 백성들의 왕이 될 자다. 토르는 국왕 오딘과 여왕 프리가의 아들이며, 누나 헬라와 남동생 로키가 있다. 토르는 강력한 전사로 전설적인 정복 활동을 이어왔다. 그는 무모한 성격과 왕위를 물려받을 것이라는 기대 그리고 성급한 판단력 등을 지니고 있었지만 결국 진정한 자아를 성찰하게 된다. 이를 통해 토르는 지혜를 얻고 어벤져스의 일원이자 왕으로서 자기 희생을 할 줄 아는 마음을 깨달았다.

오딘이 오딘슬립이라는 동면을 취하기 위해 왕좌를 비울 때가 되자, 그다음 왕이 될 계승자로 토르가 지명된다. 토르의 대관식은 왕국 전체가 한자리에 모이는 거대한 행사였다. 토르는 자신이 진정 고결하다고 여겼지만, 그의 무모함은 아직 왕이 될 준비가 되지 않았음을 보여줄 뿐이다.

천둥의 신

토르는 다른 모든 아스가르드인과 마찬가지로 초인적인 힘과 수명을 타고났다. 토르는 힘과 용기 그리고 강력한 망치를 통해 아홉 세계에서 가장 강력한 전사로 명성을 날린다. 토르는 몰니르를 사용해 번개를 마음대로 조정할 수 있다며 스스로를 '천둥의 신' 이라고 뽐냈지만, 번개를 불러오는 능력의 진가를 이해한 것은 그로부터 상당한 시간이 흐른 후였다.

아스가르드 문화에서 긴 머리카락은 전사의 상징이다

왕족의 신분을 상징하는 원반 모양 장식

청동, 강철 그리고 가죽으로 제작한 흉갑

유연한 미늘 갑옷

우르 금속으로 제련한 망치 머리

아스가르드 왕세자의 망토

몰니르의 표면에는 마법이 깃든 장식이 새겨져 있다.

은 고리를 두른 나무 손잡이

몰니르

몰니르는 죽어가는 별의 심장을 제련하여 만든 망치다. 토르는 몰니르로 번개를 내리치고 적들을 쳐부수거나 강력한 투척 무기로 사용한다. 토르는 몰니르를 집어던진 다음 그 고정끈을 붙잡고 비행할 수도 있으며, 자신이 원할 때 몰니르를 다시 손으로 돌아오게 할 수도 있다. 몰니르는 오직 고결한 자만이 들 수 있다.

몰니르의 표식

갑옷에 부착된 무릎 보호대

청동 판금을 덧댄 가죽 장화

64

미드가르드 유배

토르는 유치한 분노 때문에 수천 년간 지속되어왔던 서리 거인과의 평화 협정을 깬다. 오딘은 토르의 무모한 성격이 모든 아스가르드인의 생명을 위험에 처하게 할 것이라 생각해, 그의 능력을 빼앗은 후 미드가르드(지구)로 쫓아낸다. 하지만 오딘은 토르에게 다시 돌아올 수 있는 한 가지 단서를 붙였는데, 바로 토르 자신이 고결하다는 사실을 증명하는 것이었다. 토르는 미드가르드에서 지내면서 귀중한 교훈들을 배웠으며, 백성들에 대한 동정심도 깨닫게 되었다.

토르는 뉴멕시코에 처음 떨어졌을 때 여전히 분노에 찬 상태였다. 그는 아스가르드로 되돌려 보내달라고 날뛰었지만 대답이 없었다. 토르가 처음으로 만난 미드가르드인들은 제인 포스터 박사가 이끄는 과학자 팀이었다.

DATA FILE

> 토르는 자신의 누나 헬라나 어벤져스 동료인 비전 역시 묠니르를 들 수 있을 정도로 '고결하다'는 사실에 놀랐다. 캡틴 아메리카도 묠니르를 살짝 움직일 수 있었다.

> 토르는 로키가 지구를 침공했을 당시 자신의 동생을 설득하려 했지만, 로키는 토르를 단검으로 찔러버린다. 토르에 의하면 어렸을 적에 하던 짓과 똑같다고 한다.

> '천둥의 신'이라는 칭호와는 달리, 사실 토르의 능력은 천둥이 아니라 번개를 소환하는 것이다. 천둥은 번개로 인해 분자가 진동하고 공기가 팽창하면서 만들어지는 부산물이다.

오딘은 토르를 추방한 뒤 묠니르도 미드가르드로 던져버린다. 토르는 묠니르가 추락한 지점에 설치된 쉴드의 임시 기지에 도착해 마법의 망치를 들어올리려 한다. 하지만 실망스럽게도 토르는 더 이상 묠니르를 들어올릴 수 있을 정도로 고결하지 않으며, 미드가르드에 영원히 갇혀있게 될지도 모른다는 사실을 깨닫는다.

바지는 제인 포스터 박사의 전 남자친구 도널드 블레이크의 것이다.

미드가르드인의 복장

오딘이 고쳐준 왕족의 원반 장식

방패로 치타우리의 공격을 막고 있는 캡틴 아메리카

어벤져스의 일원이 되다

능력을 되찾은 토르는 지구를 보호하겠다고 결심한다. 로키가 치타우리 군대를 이끌고 지구를 침공하자, 토르는 지구를 보호해야 한다는 의무감과 동생을 막아야 한다는 도의적 책임감을 느낀다. 처음에는 토르가 로키를 개인적으로 처리하겠다고 주장하는 바람에 어벤져스와 마찰을 빚는다. 하지만 이들은 공통된 목적을 가지고 있었기 때문에 의견 차이를 극복한 후 자연스럽게 힘을 합치게 된다. 하지만 다른 어벤져스와는 달리, 토르는 더 큰 우주를 지켜야 한다는 책임이 있었기 때문에 정기적으로 지구를 떠나야만 했다.

THOR:
TRIALS OF A GOD 토르: 신의 시련

몰니르를 휘두를 준비를 하다.

미드가르드(지구)에서 겪은 사건 이후, 토르는 자신이 아직 아스가르드를 통치할 준비가 되지 않았다는 사실을 깨닫는다. 그는 먼저 인내와 겸손을 배워야만 했다. 토르는 풋내기 전사로서 교만한 성격을 지녔으며 영광을 얻는 데만 집착하고 있었다. 이제 토르는 자신의 욕망보다 백성들의 안위를 더 생각해야 했다. 토르는 통치자의 자리를 계승할 준비가 되었음을 오딘과 자기 자신에게 증명할 수많은 도전에 직면한다. 그렇게 토르는 모험을 떠나지만, 마침내 다시 아스가르드로 돌아온다.

토르는 로키를 완전히 신뢰할 수는 없다는 사실을 알면서도, 가끔씩 자신의 동생과 협력한다. 로키는 지금까지 토르를 몇 번이나 죽이려고 했던 전적이 있다. 토르는 이런 협력을 통해 목표를 이룰 수 있을지는 몰라도, 로키만 끼어들면 항상 예상치 못한 상황으로 흘러가고 만다.

고정끈으로 망치에 회전력을 실어 더욱 강력한 힘으로 휘두를 수 있다.

아스가르드 왕족 망토

토르는 자기 자신의 힘과 망치에 상당한 자신감을 가지고 있기 때문에 강력한 적 앞에서도 결코 떨지 않는다. 바나헤임 행성에서는 머로더 침략자들 중에서 가장 강력하다는 바위 거인 크로난을 만났지만, 토르는 단 한방에 물리쳤다.

토르는 전투에 임할 때 주로 리더 역할을 맡았지만, 어벤져스의 일원으로 활동하면서 인내심과 존중을 배웠다. 토르와 어벤져스는 캡틴 아메리카에게 지도권을 위임한 다음, 모두 함께 전술을 구상했다.

더 큰 시련들

토르는 아스가르드를 떠나 모험을 하면서 지구뿐만 아니라 우주 전체를 보호해야 한다는 책임감을 갖게 된다. 그는 다크 엘프 말레키스가 우주 전체를 어둠으로 잠식하려는 것을 막고, 어벤져스를 도와 악당 안드로이드 울트론을 물리친다. 하지만 토르는 뒤죽박죽으로 섞인 환상 속에서 인피니티 스톤과 관련된 파멸이 점점 다가오고 있다는 사실을 깨닫고 불안해한다.

투기장의 이발사에게
형편없이 깎인 머리

사카아르 검투사의
한 쌍의 칼자루

판금을 두른
가죽 팔 보호대

엄청난 힘을 내는
아스가르드인의 근육

토르의 용기에도 한계는 있다. 토르는 사카아르의 그랜드마스터를 소개받으러 가는 길에 의자에 속박된 채 놀이기구와 비슷한 시설에 강제로 탑승하게 되자, 공포에 질려 울부짖는다. 이 과정은 그랜드마스터에게 새로 바쳐지는 노예, 검투사 그리고 노리개들이 똑같이 겪는 과정이었다.

검투사 전투 그림

가족 문제

토르는 오딘이 죽기 직전에 알려주기 전까지는 자신에게 누나가 있다는 사실을 몰랐다. 따라서 그 누나가 갑자기 나타나서 무릎을 꿇으라고 요구했을 때, 토르는 제대로 대비하지 못한 상태였다. 그제서야 토르는 헬라도 오딘의 자식으로 왕좌를 주장할 수 있는 적법한 후계자라는 사실을 알게 된다. 하지만 헬라는 잔혹한 성격 때문에 왕좌에 오를 만큼 고결한 존재가 아니었다. 토르는 잠시 엉뚱한 길로 빠져서 사카아르의 검투사가 되어 싸우지만, 다시 헬라와 맞섰을 때는 아스가르드 전체가 파괴되면서 토르와 백성들 모두가 몰살당할 뻔했다.

토르는 블랙 위도우가 헐크의 손을
잡고 부드러운 말을 건네 그를
진정시키는 모습을 여러 번 보았다.
토르도 똑같이 시도해봤지만,
자신에게는 헐크를 진정시킬 능력이
없다는 사실만을 깨달았다.

이제 낡고 더러워진
아스가르드인의
망토

사카아르
대투기장의
먼지가 묻은 신발

DATA FILE

> 토르의 퀸젯 암호명은 '장발 양아치'다.
이 별명은 토니 스타크가 붙여준 것이다.

> 토르의 함선 '아크'는 아스가르드와
사카아르의 난민들을 태우고 타노스의
전함 생츄어리 II와 맞닥뜨린다.

헬라에게 패배할 위기에 놓이면서 토르는 자신의
진정한 능력이 몰니르에서 나오는 것이 아니라 내면에
깃들어있다는 사실을 깨닫는다. 다시 자신감을 되찾은
토르는 전력을 다해 헬라의 언데드 군대에 맞선다.

LOKI 로키

왕자 로키 오딘슨은 아스가르드 국왕 오딘과 여왕 프리가의 양아들이자 토르의 남동생이다. 로키의 친아버지는 서리 거인의 왕 로피인데, 로키가 서리 거인 치고는 몸집이 작다는 이유로 그를 버렸다. 로키는 마법에 능한데, 특히 환영을 다루는 데 특출나 '장난의 신'이라는 칭호를 얻는다. 그의 이기적인 야망과 질투심 그리고 반항적인 성미는 결국 자신의 가족과 아스가르드 그리고 다른 세계에 혼란을 불러온다.

3개의 금 투구 중에 가장 크고 무거운 투구

원래 피부도 서리 거인처럼 푸른색이었지만 오딘이 바꿔주었다.

녹색은 전통적으로 속임수 또는 질투와 연관되어있는 색이다.

황금으로 만든 단단한 망토 걸쇠

대관식 예복

마법을 상징하는 뿔

로키의 투구

아스가르드의 왕자

로키는 오랫동안 자신이 입양되었다는 것도, 원래 서리 거인이라는 사실도 알지 못했다. 그는 아스가르드의 왕자에게 주어지는 모든 권리와 특혜를 누리며 오딘과 프리가의 아들로 자라났다. 로키와 토르는 어린 시절에 자주 다투기는 했지만, 토르의 대관식이 있기 전까지는 뚜렷한 경쟁 관계가 나타나지 않았다. 그러나 로키가 자신의 진정한 태생에 대해 알게 된 이후 주체할 수 없는 분노에 휩싸인다.

로키는 오딘에게 자신의 가치를 증명하고 토르로부터 왕위 계승권을 빼앗기 위한 음모를 꾸민다. 그러나 토르가 미드가르드로 떠나있던 동안 오딘은 오딘슬립에 빠지고, 로키는 여전히 다음 순위로 밀려난다. 이 일은 로키가 예상하지 못했지만, 당연히 불평도 하지 못했다.

고대 겨울의 상자

고대 겨울의 상자는 한때 서리 거인의 왕인 로피가 가지고 있던 강력한 유물이다. 이 유물은 행성 하나를 통째로 빙결기로 만들어버릴 수 있는 위력을 가지고 있다. 오래전 오딘은 로피를 물리치면서 이 유물을 빼앗아 아스가르드의 보물창고에 보관해두었다. 로키는 고대 겨울의 상자를 사용해 요툰하임과 자신을 버렸던 서리 거인들을 모조리 파괴할 계획을 세운다.

핌불베트르(영원한 겨울)의 제단

DATA FILE

> 로키는 자신의 창부터 오딘의 창, 궁니르까지 다양한 무기를 솜씨 좋게 다룬다. 하지만 로키가 가장 선호하는 무기는 자신의 민첩성을 활용할 수 있는 단검이다.

> 로키는 독일에서 변장했을 때 창을 화려한 지팡이로 위장했다.

> 로키는 서리 거인이나 이들의 유물을 만질 때마다 잠시 동안 푸른 피부와 붉은 눈을 한 본래 모습으로 돌아온다.

로키는 마법을 선호한다. 그는 마법으로 자신의 외모를 바꾸고, 분신을 만들고, 멀리 떨어진 사람과 소통할 수 있다. 하지만 로키도 필요하다면 무력을 사용한다. 그는 서리 거인 태생이기 때문에 인간보다는 강력한 힘을 가지고 있다.

로키의 창

타노스는 로키에게 타인의 마음을 조종할 수 있는 창을 준다. 로키는 이 창으로 세뇌해 노예나 군대를 조직한다.

지구의 침략자

짧지만 파란만장했던 통치를 끝낸 후, 로키는 아스가르드를 떠나 매드 타이탄 타노스와 거래한다. 그는 타노스에게 테서랙트라는 유물을 가져오는 대가로 지구를 침공할 군대와 강력한 창을 지원받는다. 하지만 마음속 깊은 곳에서 로키는 자신이 불리한 거래를 했다는 것을 알고 있었다. 만약 자신이 실패한다면 타노스는 분노할 것이고, 침공에 성공하더라도 잘해봐야 타노스의 부하로 전락할 것이기 때문이었다.

면도날처럼 날카로운 칼날

길이를 늘릴 수 있는 손잡이

튼튼한 가죽 어깨 보호대

창의 머리 쪽에는 마인드 스톤이 들어있다.

변색된 금속

양각 무늬를 새긴 금속 팔 보호대

뛰어난 지성을 갖춘 로키는 어떤 상황에서든 빠져나올 수 있는 계획을 세운다. 그는 쉴드의 포로로 헬리캐리어에 감금되자 호크아이를 세뇌시켜 헬리캐리어를 공격하게 한다. 그런 다음 배너가 헐크로 변신하게 해서 큰 혼란을 야기한 틈을 타 빠져나갈 수 있었다.

69

LOKI:
VILLAIN AND HERO 로키: 영웅이자 악당

로키가 항상 악당인 것은 아니다. 어린 시절에 보여주었던 비행은 아버지로부터 인정받고 싶은 욕망 때문이었다. 안타깝게도 로키의 노력은 언제나 오딘에게 실망감만 줄 뿐이어서 그는 좌절감으로 반항심에 사로잡히게 된다. 로키는 성인이 된 후에도 공감 능력이 부족해서, 고귀한 행동을 보여주더라도 그 의도는 의심을 살 때가 많았다. 하지만 아스가르드가 파괴되던 그 순간에는 자신의 백성들을 지키기 위해 큰 책임을 짊어졌다.

오딘은 로키가 지구를 정복하려다 실패한 후에도 자비를 베풀어, 그를 처형하는 대신 아스가르드의 지하 감옥에 가둔다. 로키의 독방은 넓고 깨끗하며 조명도 밝았다.

장난의 신

어린 시절 로키는 토르가 가진 엄청난 힘과 자신감을 질투했으며, 토르에게 지독한 장난을 치기도 했다. 하지만 로키는 결국 자신의 열등감을 메울 수 있는 다른 방법을 찾아낸다. 그는 어머니 프리가로부터 마법을 배운 뒤 이것을 자신의 장점으로 활용해 다른 사람들을 괴롭히는 것이었다. 로키의 짓궂은 성격은 계속 커져만 가는 야망과 결합하여, 그를 도저히 예측할 수 없는 인물로 만들었다.

로키는 토르만큼 힘이 강하지는 않지만 겁쟁이는 아니다. 그는 스바르탈프헤임의 폐허에서 수많은 다크 엘프에 맞선다. 하지만 언제나 그렇듯, 로키가 완전히 사심 없이 행동한 것은 아니었다. 그는 이 기회를 이용하여 왕위에 다시 도전하기 위해 자신이 죽은 것처럼 꾸민다.

DATA FILE

> 프리가가 아스가르드의 지하 감옥을 찾아오자, 분노한 로키는 프리가가 자신의 진짜 어머니가 아니라며 폭언을 퍼붓는다. 하지만 로키의 진심은 아니었으며, 프리가가 다크 엘프들의 손에 살해당하자 비통해한다.

> 로키가 자신이 처한 상황을 이용해 더 큰 이득을 얻으려 하지만, 어머니를 죽인 다크 엘프 커스에 대한 복수심은 진심이었다.

아무런 감정도 드러내지 않는 중립적인 표정

흠집이 난 청동 어깨 갑옷

익숙한 녹색 조합의 복장

누비 셔츠 밑에 묵직한 갑옷을 받쳐 입었다.

숨겨둔 칼로 향하는 손

발목까지 내려오는 코트는 녹색 비단으로 안감을 댔다.

사카아르에서의 모험

바이프로스트에서 사카아르로 떨어진 로키는 사카아르 지배자의 환심을 산 후 술을 마시고, 도박을 하는 등 궁전에서 제공하는 모든 환락을 누리며 시간을 보낸다. 토르가 사카아르로 떨어지자마자 노예 신세가 되었지만, 로키는 곤경에 처한 자기 형을 무시했다. 하지만 행성에서 일어난 혁명으로 인해 자신의 지위가 위태로워지자 그제야 형에게 협력한다. 로키는 사람을 조종할 수 있는 능력을 사용해서 탈출한 검투사들이 탈 우주선을 구해 토르를 도와 사악한 누나 헬라로부터 백성들을 구하기 위해 아스가르드에 제때 도착한다.

토르와 달리 로키는 머리를 자르지 않고 사카아르를 탈출한다.

아버지를 찾아 지구에 온 토르와 로키는 닥터 스트레인지의 도움을 받아 노르웨이의 해안으로 순간이동 한다. 죽어가던 오딘은 아들들에게 누나인 헬라가 오고 있다고 경고한다.

로키는 토르보다 몇 주 먼저 사카아르에 도착했다. 그동안 로키는 행성의 지배자 그랜드마스터와 친한 사이가 되었으며, 토르로 인해 이 관계가 흔들리는 것을 원하지 않았다.

그랜드마스터 영역의 통행권을 제공하는 위장

사카아르식 양날 단검

아퀸데(사카아르의 토착 생물)의 가죽으로 재단한 사카아르 복장

그랜드마스터가 선물한 망토

낡은 아스가르드 가죽 장화

아이러니하게도 로키는 아스가르드를 파괴하여 아스가르드인들을 구한다. 로키는 토르의 지시를 듣고 오딘의 보물창고에 있던 불의 악마 수르트의 왕관을 영원의 불꽃에 넣는다. 이렇게 되살아난 불의 악마는 헬라를 처치하지만, 아스가르드를 파괴하여 백성들을 난민 신세로 만든다.

총에 에너지를 공급한다.

협력
생존 본능은 로키에게 최고의 동기부여다. 로키는 사카아르를 탈출하기 위해 토르와 협력하고, 궁전의 경비병들을 쓰러뜨려 무기를 노획한다. 이 총은 사카아르의 스크래퍼들이 사용하는 것이다.

LADY SIF 레이디 시프

레이디 시프는 아스가르드에서 가장 위대한 전사이자, 토르의 절친한 친구다.
레이디 시프와 '워리어즈 쓰리'는 토르와 함께 위험한 난관들을 헤쳐나갔다. 그 난관
중에는 토르가 지구에 유배당한 시절도 포함된다. 시프는 토르의 친구들 중에서 가장
분별 있는 인물이다. 그녀는 토르가 성급한 결정을 내릴 때마다 그를 설득하지만,
토르가 확실하게 결정을 내리면 자신의 뜻에 어긋나더라도 충실히 따른다. 시프는
토르에게 미묘한 감정을 가지고 있지만 이를 철저하게 숨긴다. 그녀는 두 사람 사이의
우정을 위태롭게 할 만한 행동은 절대 하지 않으며, 토르와 제인 포스터와의 관계도
존중한다. 하지만 토르의 어머니인 프리가가 토르가 마음속에 어떤 생각을 품고
있는지 떠보려 했을 때 이 문제에 대해 상담한 사람은 제인이 아닌 시프였다.

흉갑 밑에 받쳐
입은 사슬 갑옷

몇 겹의 미늘
(중첩한 판금)을
겹쳐 만든 갑옷은
유연하게 움직일 수
있는 기능과 동시에
방어력을 제공한다.

팔 보호대로
감싼 팔

하나로 조합된
두 개의 칼자루

시프는 남들이 입 밖에 내기 주저하는 말을
당당하게 나서서 용기 있게 말한다. 그녀는
토르에게 서리 거인을 도발하는 일은 지혜롭지
못하다며 경고했고, 그 말이 맞다는 사실은
상당히 고통스럽게 증명되었다. 시프는 자신의
친구들과 함께 요툰하임으로 가기는 했지만,
이것은 만약의 사태가 발생했을 경우 친구들을
구하기 위해서였다.

DATA FILE

> 토르가 미드가르드에 있는 동안, 시프는 모든
것을 보는 헤임달의 우주적 시야를 사용해
토르를 지켜본다.

> 위대한 승리를 자축하는 것은 아스가르드의
전통이다. 시프는 싸움 실력만큼이나 전설적인
주량을 가지고 있다.

금으로 도금한
칼홈

시프와 워리어즈 쓰리는 토르를 대신하여 그의 죄를
사면해달라고 요청하기 위해 왕을 찾아갔다. 하지만 왕좌에
앉아있는 것은 왕의 예복과 오딘의 창을 든 로키였다. 로키는
토르에게 무자비한 태도로 일관한다.

존경받는 전사

오딘의 딸 헬라에 의해 정예 발키리 전사들이
몰살당하기 전까지만 해도, 아스가르드에서 여성
전사를 찾아보기는 쉬웠다. 하지만 시프는 그런
시대에 태어나지 않았다. 혹자는 젊은 여성이
아스가르드 역사상 가장 무시무시한 전사가
되었다는 사실을 조롱하기도 한다. 시프는 어린
시절 대부분을 토르, 호건, 볼스탁 그리고
팬드럴과 함께 훈련하며 보냈다. 그러면서 그녀는
오딘의 휘하 부대인 아인헤르자르 전사들보다도
더욱 강력해졌으며, 그녀를 이길 수 있는 자는
오직 토르뿐이라는 평가를 얻게 된다.

허벅지까지
보호해주는
가 사슬 치마

토르를 집으로 데려오기 위해

시프와 워리어즈 쓰리는 로키의
명령을 거역하고 토르를 집으로
데려오기 위해 미드가르드로
간다. 시프는 토르를 보고는
마냥 기쁘지만, 토르는
아스가르드에 무슨 일이
벌어지고 있는지 전혀
파악하지 못했다.

토르를 간절히
붙잡은 손

미드가르드인의
옷을 입고 있는
토르

은으로 장식한
가죽 장화

바나헤임의 전투

아스가르드의 바이프로스트 다리가 기능을 잃자, 외계인 머로더들은 이 기회를 틈타 아홉 세계를 침공한다. 다리를 수리하자마자 시프와 아스가르드 군대는 이들을 몰아내기 위해 바나헤임 행성으로 간다. 시프는 새 갑옷 덕분에 전투에서 더 큰 활약을 펼칠 수 있었으며, 바나헤임의 약탈자들을 쓰러뜨린다. 하지만 시프의 방패는 머로더들의 작살총을 완전히 막을 수는 없었기 때문에 토르를 향해 발사한 작살을 막은 후 망가지고 만다.

칼과 방패
시프의 마법 검은 위아래로 날이 달린 창으로 변형할 수 있다. 이 검이 망가지자, 오딘은 시프를 위해 무기를 다시 제련해주었다. 시프의 검과 소형 방패는 하나로 고정하여 팔에 매달고 다닐 수 있다.

메누키
(손잡이 장식)

샤프(레인 가드)

아래로 내려치려고 치켜든 팔

샴프론(말 갑옷)

사슬로 장식된 갑옷

출정
시프는 자신의 믿음직한 군마 트바르를 타고 전장으로 나가 머로더들에 맞서 싸운다. 이 말은 평소에 시프가 자주 찾아가는 바나헤임의 성 근처 왕가의 대장간에 매여있다.

아스가르드식 양각 장식

시프는 토르와 함께 수많은 전투에 참가했으며, 그의 생명을 여러 번 구해주었다. 시프가 토르에게 미묘한 감정을 품고 있기는 하지만, 그녀가 자신의 친구와 아홉 세계에 대해 품고 있는 의무감은 절대 흔들리지 않는다. 이 태도는 아스가르드에서 제인 포스터를 만났을 때도 마찬가지였다.

워리어즈 쓰리

시프 외에도 토르는 워리어즈 쓰리라는 절친한 친구들이 있다. 볼스탁은 토르의 친구 중 가장 사교적이다. 볼스탁이 사용하는 무기는 보통 사람들보다 훨씬 큰 체구를 가진 그에게 잘 어울린다. 판드랄의 검 역시 패기 넘치는 전투 방식과 잘 맞는다. 팬드럴은 타고난 모험가이자 스스로를 바람둥이라 자처한다. 호건은 세 명 중에서 가장 내성적이지만, 그가 휘두르는 무기는 무지막지한 철퇴다. 평소에는 전혀 위험해 보이지 않는 막대기 형태로 휴대하고 다니지만, 손목만 살짝 비틀면 무시무시한 가시가 달린 철퇴로 변한다.

볼스탁

로키가 미드가르드에 있는 자신의 형제를 죽이기 위해 디스트로이어를 보내자, 토르의 충실한 친구들은 토르를 돕기 위해 나선다. 하지만 그들의 무기는 마법으로 축성한 전쟁 기계에 상대가 되지 못했다.

팬드럴의 검

호건의 철퇴

철퇴형으로 바꾼 상태

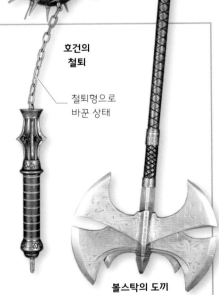

볼스탁의 도끼

ODIN 오딘

오딘은 아스가르드 국왕이다. 그는 보르의 아들이자 부리의 손자이며, 헬라와 토르 그리고 로키의 아버지다. 오딘은 최고신이자 지혜의 신이라는 칭호도 가지고 있지만, 자신의 아들들에게 밝힌 사실에 따르면 강력한 필멸자에 불과할 뿐, 신적 존재는 아니었다. 오딘은 왕국에서 가장 위대한 전사이며(이 칭호는 토르에게 물려준다), 지구를 포함한 아홉 세계에서 수많은 적에 맞서 싸웠다. 오딘은 엄격한 동시에 정의롭고 자비로운 성격이다. 오딘은 적과 신속하게 평화 조약을 맺고, 처벌을 내릴 때도 언제나 처벌 대상자가 다시 제자리로 복귀할 수 있는 단서를 달아준다.

서리 거인과의 전투에서 잃은 한쪽 눈

왕의 예식 망토

오딘이 토르에게 내린 처벌은 토르의 입장에서 보면 매우 가혹할 수 있지만, 그는 언제나 목적을 가지고 처벌을 내렸다. 오딘은 토르에게 귀중한 삶의 교훈을 주기 위해 엄격한 사랑의 방식을 사용했다.

창날의 중심에서 에너지가 발사된다.

궁니르

오딘의 창은 아스가르드 왕권의 상징이자 오딘이 왕에 오르기 전 부왕이었던 보르가 제련한 것이다. 궁니르는 우르 금속으로 제작되었으며 바이프로스트 다리나 디스트로이어라는 수호자 로봇을 통제하는 데 사용되는 등 아스가르드의 왕국 전체에 강력한 힘을 행사한다.

오딘의 전쟁 예복

오딘의 군마 슬레이프니르

아스가르드의 국왕

오딘은 처음부터 자애로운 왕은 아니었다. 통치 초기의 오딘은 정복자였다. 아홉 세계를 건설한 후에는 평화와 번영을 추구했지만, 그의 딸이자 전쟁의 장군이었던 헬라의 야심은 도저히 충족할 수 없었다. 헬라가 반란을 일으키려 하자, 오딘은 헬라를 유폐한다. 수백 년 후 오딘은 장남 토르에게 통치자의 자리를 넘기기 위한 준비를 한다.

슬레이프니르는 다리가 여덟 개이다.

아스가르드 최고의 장인들이 만들어낸 반짝이는 금사 천

아홉 세계의 수호자

아스가르드의 국왕으로서 오딘의 역할은 아홉 세계를 수호하는 것이다. 왕국의 안전을 보장하는 것은 그 누구의 권리보다도 우선한다. 토르는 가끔 오딘의 소심해 보이는 행동에 좌절하는데, 이는 토르가 더 큰 그림을 보지 못하기 때문이다. 통치 말기에 오딘은 복수와 응징보다는 평화를 유지하는 데 더욱 신경을 썼으며, 이런 관점을 토르에게도 계승한다.

DATA FILE

> 오딘의 두 마리 애완 까마귀인 후긴과 무긴은 아홉 세계 곳곳의 소식을 가져다준다. 이 까마귀들은 오딘이 오딘슬립(오딘이 주기적으로 취해야 하는 동면)에 빠진 동안에 그의 곁을 지킨다.

> 토르가 유배를 당하거나 로키가 반항할 때마다, 오딘은 아들들을 보살피기 위해 이 까마귀들을 보낸다.

프리가는 자신의 아들들을 대신하여 두 사람을 용서해달라고 오딘에게 간청한다. 그녀는 이따금 오딘이 보이는 고집스러움 때문에 분노하지만, 결국 오딘이 항상 옳은 결정을 내린다고 믿는다.

프리가의 유해는 아스가르드식으로 장례식을 치른다. 이 장례식은 유해에 예식용 갑옷을 입혀 염한 다음 롱보트에 태워 바다 너머로 보내고, 그 롱보트에 불을 붙이는 방식이다.

프리가

여왕 프리가는 오딘의 아내이자 토르와 로키의 어머니다. 그녀에게 가족이란 그 어느 것보다도 중요하다. 숙련된 마법사인 프리가는 오딘이 로키를 감옥에 보낸 후에도 마법을 사용해서 로키를 만나러 간다. 그녀는 마지막까지 헌신적으로 다크 엘프 알그림으로부터 제인을 지키다가 사망한다.

왕비에 걸맞도록 우아하게 땋아올린 머리

알프헤임에서 채취한 노란색 다이아몬드

바나헤임에서 채취한 빛나는 보석들

대관식 예복

ASGARD 아스가르드

아스가르드는 토르와 아스가르드 백성들의 고향이다. 또한 위그드라실 (우주적 규모로 뻗어있는 세계수)로 이어진 아홉 세계의 수도이다. 아스가르드는 아주 특이한 형태의 행성인데, 중앙의 섬으로부터 사방으로 평평하게 뻗어나가는 형태다. 아스가르드에는 중력과 호흡이 가능한 대기 그리고 주기적인 밤낮이 있다. 아스가르드의 위쪽은 국왕 오딘과 백성들이 살고 있으며, 은하계에서 질투를 살 정도로 천국 같은 모습을 하고 있다. 하지만 그 아래쪽은 얼어붙고 산으로 뒤덮인 영역으로, 생명체가 살기 힘든 공간이다.

적을 자동으로 유도하는 회전식 포탑

도시의 방어
아스가르드의 방어 체계는 도시 전역에 설치된 거대한 주포가 장착된 포대와 왕가의 스키프 함대 그리고 헤임달이 바이프로스트 관측소에서 작동시킬 수 있는 궁전 보호막으로 구성되어있다.

왕가의 도시

석재 감시탑

행성의 끝에서는 우주 공간으로 물이 쏟아져내린다.

왕실의 수도
아스가르드시는 아스가르드에 유일하게 존재하는 자치도시다. 이 찬란한 대도시는 수천 년에 달하는 유구한 역사를 지니고 있다. 왕실의 구역은 도시 중앙에 있는 궁전과 왕가의 새장 및 마구간, 무기고, 아인헤르자르 병영과 발키리 기념비, 지하 감옥 그리고 바이프로스트 다리를 포함한다. 이 도시의 예술과 학문은 용맹한 전사의 미덕으로 칭송받는다. 헤아릴 수 없을 정도로 많은 장엄한 건축물은 진보된 기술과 역사를 하나로 융합하고 있다.

DATA FILE
> 아스가르드의 기후는 언제나 쾌적하다. 이 도시에는 끊임없이 꽃이 피고 동시에 수확할 수 있는 봄이 이어진다.

> 아스가르드인들은 아스가르드에서 빠르게 이동하기 위해 스키프라는 호버크래프트를 사용하며, 이 함선은 군사용으로도 활용된다.

왕궁

무지개 다리(바이프로스트)

아스가르드 도시 외곽의 산악 지대는 전혀 개발이 이루어지지 않았다. 산꼭대기에는 만년설이 뒤덮여있고 폭포로 깎아지른 골짜기가 깊이 패여있다. 빽빽한 숲에는 매 하브로크와 네 가지 종의 사슴들인 다인, 드발린, 두네위르, 두라스로르가 서식한다.

아스가르드시는 바다를 바라보고 있는 비옥한 계곡 지대에 자리를 잡고 있다. 고원 지대에는 포도밭들이 자리 잡고 있으며, 해안 가까이에서는 어부들이 그물을 치고 있다.

아인헤르자르 방패

암흑 에너지 입자를
비롯한 다른 투사체들을
튕겨낼 수 있다.

청회색의 망토

왕궁

발라스키알프 왕궁은 오딘과 그의 가족들이 살고 있는 거대한
궁전으로, 아스가르드시 위쪽으로 우뚝 솟아있는 거대한 오르간을
닮았다. 오딘은 자신의 보물창고에 귀중한 보물들을 보관하고 있는데,
그중에는 악한 자의 손에 들어갈 경우 상상하지 못할 파괴를 자행할 수
있는 보물들도 있다. 이런 보물들로는 고대 겨울의 상자, 영원의 불꽃,
워록의 눈 그리고 인피니티 건틀렛(사실 모조품이다) 등이 있다.

디스트로이어

오딘의 보물창고는 파괴할 수 없는 강력한
로봇인 디스트로이어가 지키고 있다.
디스트로이어는 오딘의 창 궁니르를 가진
자에게 복종한다. 로키는 지구로 유배된
토르에게 디스트로이어를 보내 그를
처치하게 하지만, 자기 희생을 통해 다시
고결해진 토르는 디스트로이어를 파괴할
수 있는 힘을 얻는다.

아인헤르자르

아인헤르자르는 아스가르드의 정예 군대다.
아인헤르자르는 평상시에는 궁전의
경비병으로 복무한다. 안타깝게도 오딘의 딸
헬라는 아스가르드로 돌아와 자신의 왕좌를
주장하면서 아인헤르자르를 전멸시킨다.

말 스킨팍시가 남긴 돌

아스가르드의 왕좌

한 쌍의 까마귀
수호자를 형상화한
황금상

흐림팍시의
돌

팔과 다리는
회전이 가능하며
태도 바꿀 수 있다.

왕좌를 향해
걸어 올라가는
단단한 황금 계단

오딘의 왕좌에는
흘리드스칼프라는 이름이
붙어있다. 오딘은 강력한 힘을
지닌 창이자 왕권을 상징하는
무기 궁니르를 손에 쥐고 양
옆에 두 마리의 까마귀를
거느린 채 왕좌에 앉는다.

예언에 따르면 아스가르드는 라그나로크에 의해
멸망을 맞이한다고 한다. 이 라그나로크에 이르면
불의 악마 수르트가 영원한 불길 속에서 부활하여
아스가르드를 파괴할 것이라고 한다. 이 예언에
언급되지 않았지만, 이런 끔찍한 라그나로크를
불러일으킬 주범은 바로 토르라는 것이다.

HEIMDALL 헤임달

헤임달은 아스가르드의 감시자이며, 아스가르드와 아홉 세계 및 그 너머의 세계를 이어주는 다리이자 관문인 바이프로스트의 수호자다. 그는 초인적인 시력을 가지고 있어 우주 전역을 볼 수 있으며, 이를 활용해 다른 행성에 있는 동맹과 적들을 모두 감시한다. 헤임달은 오딘의 왕가와 아스가르드 백성들에게 충성을 바치는 명예로운 전사다. 그는 토르가 사카아르에 갇혔을 당시 탈출할 방법을 찾아주기도 했다. 아스가르드에 헬라의 짧지만 잔혹한 통치가 닥쳐왔을 때는 백성들의 생존과 피난을 책임지기도 했다.

위협을 주기 위한 대형 투구

황소를 닮은 두 뿔

청동 칼자루 장식

헤임달의 투구
헤임달은 다양한 투구를 가지고 있다. 각각의 투구는 거대하고 위풍당당한 황소(또는 타르프레를 닮은 디자인으로 만들어졌다. 이 투구를 쓴 자는 결코 타인의 힘에 흔들리지 않는다는 전설이 있다.

바이프로스트의 에너지로부터 보호받기 위한 중형 흉갑

헤임달은 아스가르드 왕가와 깊은 관계를 맺고 있다. 그는 아스가르드시에 있는 자그마한 술집에서 토르를 만나기도 한다. 이곳의 벽은 방패로 장식되어있으며, 술집 주인은 활활 타오르는 불에 장작을 집어넣는다.

헤임달의 마법검, 호펀드

문지기
오딘은 우주선을 가지고 있지 않기 때문에, 바이프로스트는 아스가르드를 떠날 수 있는 유일한 수단이다(로키는 제외). 따라서 행성을 드나들 수 있는 바이프로스트의 관리를 맡은 헤임달의 책무가 중요하다. 바이프로스트 덕분에 아스가르드의 전사들은 아홉 세계의 치안과 상호 간의 교류를 유지할 수 있다. 헤임달은 관측소에서 함선들의 접근을 감시하며, 또한 다른 세계에서 혹시 아스가르드에 위협이 될 만한 일이 생기고 있는지 지켜본다.

부드러운 소가죽 재질의 허벅지 보호구

헤임달은 아스가르드 왕가와...

바이프로스트

헤임달의 관측소인 히민뵤르그는 아스가르드 벼랑에 있는 무지개 다리 끝에 위치해 있다. 바로 이곳에서 바이프로스트가 투사된다. 바이프로스트는 위그드라실(세계수)을 따라 위치한 아홉 세계와 아스가르드의 보호국들 어디로든 빠르게 이동할 수 있는 에너지 다리다. 헤임달은 바이프로스트의 공식적인 수호자지만, 유사시에는 다른 자가 이 수호자의 자리를 대신할 수도 있다.

청동으로 테두리를 두른 전신 가죽 갑옷

무지개 다리는 아스가르드시와 헤임달의 관측소를 연결하는 다리에 불과한 것이 아니다. 이곳은 바이프로스트의 동력을 공급해주는 연결원이기도 하다. 토르가 로키를 막기 위해 무지개 다리를 파괴하면서, 바이프로스트는 잠시 사용할 수 없게 되기도 했다.

검은 1.6m의 길이를 자랑한다.

헤임달은 설령 명령을 어기더라도 언제나 자신이 옳다고 생각하는 바를 행한다. 이로 인해 헤임달은 오딘, 로키 그리고 헬라 같은 아스가르드의 통치자들과 마찰을 빚기도 한다.

도망자

로키는 오딘의 행세를 하면서 헤임달에게 배신자 누명을 씌워 재판에 회부한다. 로키는 모든 것을 보는 헤임달이 자신의 변장마저 꿰뚫어볼 것을 우려해 그를 쫓아내야 했다. 헤임달은 아스가르드의 산악 지대로 도망쳤으며, 덕분에 아스가르드에서 추방된 공주 헬라가 왕국으로 다시 돌아와 바이프로스트의 새 수호자들을 모조리 죽였을 때 화를 면할 수 있었다. 헤임달은 모습을 감추기 위해 갑옷도 없이 간단한 옷가지만 걸치고 다녔다. 그는 자신의 능력을 이용해 배후에서 토르의 귀환을 돕고 아스가르드를 위해 싸운다.

헬라가 아스가르드를 장악하자, 백성들을 지킬 자는 오직 헤임달밖에 남지 않았다. 헤임달은 산속에 있던 고대 요새로 백성들을 모았다. 이 바위 요새는 오래전 트롤의 침공으로부터 백성들의 피난처로 사용하기 위해 건설했던 것이다. 헤임달은 헬라가 피난처를 발견할 때까지 이곳에 백성들을 피난시켰다.

아홉 세계를 모두 꿰뚫어 보는 금빛 눈

용가죽 팔 보호대

헤임달은 헬라의 언데드 군대로부터 백성들을 용감하게 지켜낸다. 그의 검은 단순한 장식용이나 바이프로스트를 작동시키기 위한 장치에 불과한 것이 아니다. 헤임달은 상대할 수 있는 자가 거의 없는 검사이자 전사이다.

칼날을 갈 필요가 없는 검

오래된 요트나헤임산 담요

주머니에는 불을 피우기 위한 도구들이 들어있다.

헤임달은 우주 전체를 꿰뚫어볼 수 있지만 그 눈길에서 몸을 피할 수 있는 것들도 있다. 다크 엘프의 함선은 클로킹 장치로 투명하게 만들어 접근해왔으며, 헤임달 역시 이들이 코앞까지 왔을 때야 겨우 침입을 알아차렸다.

소가죽 바지

파수꾼의 가죽 장화

바이프로스트 작동

바이프로스트를 열고 닫을 수 있는 것은 오직 헤임달의 검 호펀드와 오딘의 창 궁니르뿐이다. 바이프로스트를 너무 오랫동안 열어둘 경우, 그 강력한 힘이 행성 전체를 파괴할 수도 있다. 아스가르드가 파괴된 후에도 호펀드는 바이프로스트의 힘을 어느 정도 간직하고 있는 것처럼 보였다.

바이프로스트의 잠금장치

DATA FILE

> 헤임달은 걀라르호른을 불어 아스가르드에 위험이 닥쳐오고 있다는 것을 경고한다. 이 고대 악기 소리는 아스가르드 전체에 울려퍼진다.

> 헤임달은 우주적 시야 덕분에 다른 사람들보다 더욱 넓은 관점으로 사건을 관찰할 수 있다.

THOR'S ALLIES 토르의 조력자들

천체 물리학자 제인 포스터 박사와 그녀의 동료 에릭 셀빅 박사 그리고 인턴인 다시 루이스는 뉴멕시코의 푸엔테 안티구오 인근 사막에서 반복적인 기상 현상을 연구하던 도중 토르와 처음 만난다. 포스터는 과학적 호기심으로 인해 처음에는 아스가르드의 디스트로이어, 나중에는 다크 엘프와 그들의 우주적 종말 장치 등 초자연적인 위험에 계속해서 휘말리게 된다. 하지만 토르와 맺었던 화끈하고 낭만적인 관계는 결국 머나먼 우주적 거리를 견디지 못하고 식어버리고 만다.

아스가르드식
사파이어 드레스

프리가에게서
빌린 옷

은 도금 장식
아로새긴 흉갑

토르는 제인에게 세계수 위그드라실과 이를 통해 연결되어있는 아홉 세계에 대해 말해준다. 토르가 지구 너머 세계에 대한 경이로운 이야기들을 해주면서, 두 사람 사이에는 낭만적인 관계가 싹튼다.

안감을 덧댄
토시

바이프로스트
현상을 관찰한
내용을 담은 공책

제인 포스터 박사

제인은 자신의 아버지와 셀빅 박사가 함께 일하고 있는 버지니아의 컬버대학을 졸업했다. 제인은 매사에 탐구심이 많고 충동적인 성격이지만, 남에게 쉽게 휘둘리지 않고 위험을 두려워하지 않고 감수한다. 그 때문에 자칫하면 심각한 위기에 빠지거나 높은 사람들의 기분을 상하게 만들기 십상이다. 제인은 토르와의 모험을 통해 새롭게 얻은 지식으로 세계적인 천체 물리학자가 되었으며 노벨상 후보에도 올랐다.

현장 답사를 할 때
체온을 유지하기 위해
체크 무늬 남방 위에
걸친 실용적 재킷

현장에서 하는 과학 연구

제인은 연구실에서 이론을 연구하는 것보다 현장에서 과학적 실험을 하는 것에 더욱 흥미를 느꼈다. 이렇게 연구실 바깥에서 실험하겠다는 열망 덕분에 토르를 만날 수 있었지만, 또한 엄청난 위험에 빠지기도 한다.

제인이 다크 엘프의 세계 종말 무기인 에테르에 감염되자, 토르는 그녀를 치료하기 위해 아스가르드로 데려간다. 토르는 호수가 내려다보이는 궁전의 발코니에서 제인에게 5000년마다 한 번씩 찾아온다는 아홉 세계의 컨버전스에 대해 설명해준다.

셀빅 박사는 원래 다시 루이스의 과학적 역량에 회의적 태도를 가지고 있었다. 하지만 토르가 지구에 도착하던 순간을 담은 사진 속에서 다시가 이상현상을 맨 처음 발견한 후에는 다시와 긴밀하게 일하게 된다.

에릭 셀빅 박사

셀빅 박사는 원래 컬버대학에서 이론 천체 물리학을 강의하던 교수이자 제인 포스터 박사의 멘토였다. 지구에 유배당했던 토르를 도운 뒤, 셀빅 박사는 쉴드에 영입되어 함께 일하다가 지구를 침공한 로키에게 납치당한다. 셀빅 박사는 로키에게 지속적으로 당한 세뇌의 후유증으로 고생한다. 그는 예전의 모습을 되찾기 위해 오랫동안 정신병원에 들어가 치료받아야 했다. 그러나 셀빅 박사의 지성은 다시금 빛을 발해 중력 측정 스파이크 기술을 이용해 다크 엘프들로부터 지구를 구해낼 수 있었다.

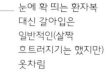
눈에 확 띄는 환자복 대신 갈아입은 일반적인(살짝 흐트러지기는 했지만) 옷차림

정신병원에서 이루어진 셀빅 박사의 컨버전스 계산은 '모든 현실의 넥서스', 616 우주, 심슨의 상대성 이론, 우주 구조의 허점인 '폴트' 그리고 다른 세계로의 교차로인 '크로스로드' 등 온갖 비주류 이론들을 한데 짜맞춘 것이었다.

셀빅 박사는 몇 건의 공공 외설 혐의로 인해 정신병원으로 들어가지만, 다시와 그녀의 인턴 이안이 그를 꺼내준다. 병원 바깥으로 나온 그들은 하늘을 날던 새 떼가 한순간에 사라져버리는 광경을 보게 된다. 컨버전스가 가까워졌다는 신호였다.

런던의 쌀쌀한 날씨에 대비한 털모자

다시 루이스

다시는 제인 박사와 셀빅 박사를 위해 일하는 무급 인턴(학부 6학점을 받기 위한 활동이었다) 겸 조교다. 이 정치학부 학생은 토르가 처음 지구에 도착했을 때, 또한 이후 다크 엘프가 출현해 우주를 파괴하려 할 때 토르 일행을 충실하게 도와주었다. 다시는 똑 부러지고 야망에 찬 학생으로, 나중에는 자신만의 인턴인 이안 부스비를 두기도 한다.

다시는 토르의 정체를 알고도 놀라울 정도로 평온한 반응을 보였다. 제인과 토르가 친밀한 시간을 보낼 때도 아무 거리낌 없이 방해하기도 한다.

가방에는 컨버전스의 효과에 대처하기 위한 중력 측정 스파이크의 부품들이 가득 들어있다.

DATA FILE

> 셀빅 박사는 페가수스 프로젝트를 진행하던 중 우연히 테서랙트를 불안정화시키면서 로키가 지구로 올 포털을 열어버리고 만다.

> 제인 박사와 동료들은 실수로 토르를 이동형 실험실 트럭으로 치면서 처음 만나게 된다.

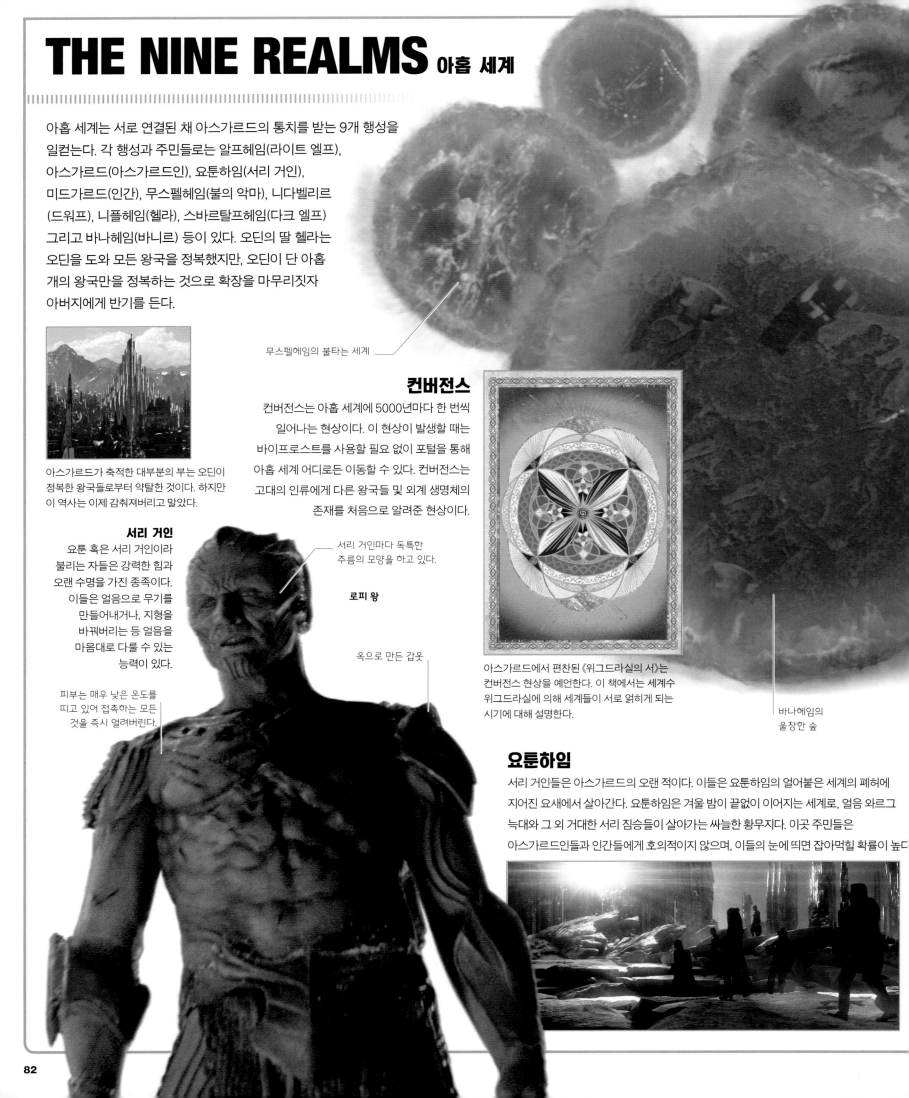

THE NINE REALMS 아홉 세계

아홉 세계는 서로 연결된 채 아스가르드의 통치를 받는 9개 행성을 일컫는다. 각 행성과 주민들로는 알프헤임(라이트 엘프), 아스가르드(아스가르드인), 요툰하임(서리 거인), 미드가르드(인간), 무스펠헤임(불의 악마), 니다벨리르 (드워프), 니플헤임(헬라), 스바르탈프헤임(다크 엘프) 그리고 바나헤임(바니르) 등이 있다. 오딘의 딸 헬라는 오딘을 도와 모든 왕국을 정복했지만, 오딘이 단 아홉 개의 왕국만을 정복하는 것으로 확장을 마무리짓자 아버지에게 반기를 든다.

아스가르드가 축적한 대부분의 부는 오딘이 정복한 왕국들로부터 약탈한 것이다. 하지만 이 역사는 이제 감춰져버리고 말았다.

무스펠헤임의 불타는 세계

컨버전스

컨버전스는 아홉 세계에 5000년마다 한 번씩 일어나는 현상이다. 이 현상이 발생할 때는 바이프로스트를 사용할 필요 없이 포털을 통해 아홉 세계 어디로든 이동할 수 있다. 컨버전스는 고대의 인류에게 다른 왕국들 및 외계 생명체의 존재를 처음으로 알려준 현상이다.

서리 거인

요툰 혹은 서리 거인이라 불리는 자들은 강력한 힘과 오랜 수명을 가진 종족이다. 이들은 얼음으로 무기를 만들어내거나, 지형을 바꿔버리는 등 얼음을 마음대로 다룰 수 있는 능력이 있다.

서리 거인마다 독특한 주름의 모양을 하고 있다.

로피 왕

피부는 매우 낮은 온도를 띠고 있어 접촉하는 모든 것을 즉시 얼려버린다.

옥으로 만든 갑옷

아스가르드에서 편찬된 《위그드라실의 서》는 컨버전스 현상을 예언한다. 이 책에서는 세계수 위그드라실에 의해 세계들이 서로 얽히게 되는 시기에 대해 설명한다.

바나헤임의 울창한 숲

요툰하임

서리 거인들은 아스가르드의 오랜 적이다. 이들은 요툰하임의 얼어붙은 세계의 폐허에 지어진 요새에서 살아간다. 요툰하임은 겨울 밤이 끝없이 이어지는 세계로, 얼음 와르그 늑대와 그 외 거대한 서리 짐승들이 살아가는 싸늘한 황무지다. 이곳 주민들은 아스가르드인들과 인간들에게 호의적이지 않으며, 이들의 눈에 띄면 잡아먹힐 확률이 높다

요툰하임의
얼음투성이 산맥

위그드라실

아홉 세계는 보이지 않는 '세계수' 위그드라실로 서로 연결되어있다.
세계수의 가지는 각 세계들을 서로 잇는 우주적 경로로 기능한다.
위그드라실은 아스가르드 문화에서 중요한 상징으로, 은하계와
행성 및 주민들이 서로 연결되어있음을 나타낸다.

DATA FILE

> 토르는 무스펠헤임에 포로로
붙잡히기도 했다. 하지만 이는 단지 불의
악마 수르트의 약점을 알아내기 위한
계략이었다.

> 로키는 자신을 진정 사랑해주고 키워준
양아버지 오딘을 살리기 위해 요툰
친아버지인 로피 왕을 살해한다.

미드가르드

아스가르드인들과 다른 왕국의 존재들은 지난 수천 년 동안
미드가르드(지구)에 방문한 적이 있었다. 고대 북유럽인들은
이 방문자들의 존재를 알고 있었으며, 일부는 이 외계인들을
신이라고 믿었다. 다른 외계 방문자들 역시 거인, 트롤 그리고 요정
등의 전설이 만들어지는 원인이 되었다. 서리 거인들은 기원전
965년 미드가르드에서 인간들을 쓸어버리고 이곳을 식민지로
만들려 했다. 하지만 구원군으로 온 오딘이 지구를 구하고
노르웨이 퇸스베르그에서 서리 거인들을 물리친다.

우주 포털의 가장자리

고대 아노락
해적 투구

메탄 가스를 공급하는
호흡 장치

발루리안 전사로부터
빼앗은 갑옷

노획한 밀수업자
재킷

머로더

머로더는 아홉 세계의 골칫거리다. 이들은 외계
해적들의 연합체로 르말키스, 이르드, 크로난,
사카아르 그리고 에식스 등 다양한 종족들로
구성되어있다. 머로더는 큰 무리를 지어 거주지들을
무자비하게 약탈하며, 종종 다양한 성계들에서
활동하다가 이득을 얻을 만한 행성에 자리를 잡고
근거지로 만든다.

볼품없는
강철 도끼

전리품으로 얻은 조종사 장갑

83

DARK ELVES 다크 엘프

다크 엘프는 우주에서 가장 오래되었다고 알려진 종족들 중 하나로, 현재의
우주가 생겨나기 전 어둠 속에서 태어났다고 전해진다. 다크 엘프들은 한때
고요하고 아름다운 세계에서 평화롭게 살아가던 종족이었다. 하지만 현재의
우주가 탄생하고 빛과 새로운 원자들이 생겨나면서, 이들 종족은 생존에 위협을
받게 된다. 다크 엘프의 악랄한 지도자 말레키스는 5000년에 한 번씩 아홉 세계가
하나로 수렴하는 '컨버전스' 현상이 발생하기를 끈기 있게 기다린다. 이 현상이
발생했을 때 에테르라는 엄청난 파괴력을 지닌 힘을 방출하여, 현실의 모든 것을
암흑 물질과 암흑 에너지로 뒤덮인 영원한 밤 속에 묻어버리려 한다.

수천 년간 잠들어있던
말레키스는 우주를 항행하던
자신의 아크 함선에서 깨어난다.
말레키스와 그의 수하들은
컨버전스가 일어나기 직전, 제인
포스터 박사가 에테르를
찾아냈다는 사실을 알아낸다.

말레키스는 런던 그리니치 왕립구의
구 왕립해군대학에 도착한다. 템스강이
내려다보이는 경치 좋은 이 장소는 바로
아홉 세계가 포털을 통해 하나로 연결되면서
컨버전스가 일어나는 곳이었다.

DATA FILE

> 에테르는 최소한의 자아를 가지고 있다.
숙주가 위험에 처했다고 파악될 경우,
에테르는 스스로를 지키기 위해 격렬하게
저항한다.

> 에테르는 말레키스에게 강력한 염력을
주었다. 또한 대부분의 무기가 통하지 않는
방호력도 함께 주었다.

토르의 번개에 의해
타버린 얼굴

생명 유지 슈트

고대 전투에서 입었던
상처를 상기시켜주는 상징

녹슨 중형 장갑

말레키스

말레키스는 악의에 불타는 사악한 인물이다.
그는 무한한 힘을 품은 에테르를 사용해 다크
엘프들이 이 세상으로부터 몸을 피해 살아갈
피난처를 만들 수도 있었다. 하지만 그 대신 우주
전체를 다시 암흑 속에 빠뜨리고 모든 생명을
파괴하는 데 사용하려 했다. 말레키스는 자신의
계획에 미친듯이 몰두하며 자신의 안위만 살폈다.
때문에 우주의 빛에 복수하기 위해서는 자신의
모든 백성을 기꺼이 희생시킬 준비가 되어있다.

아스가르드의 경고

오딘의 서고에 보관된 《위그드라실의 서》에서는
다크 엘프에 대한 이야기가 묘사되어있다. 이 책에는
다크 엘프들이 어둠 그 자체에서 스스로 형성되었다는
무기인 에테르로 빛에 맞서 싸우는 장면을 생생하게
보여주는 페이지도 있다.

다크 엘프의 고향 세계는 스바르탈프헤임이다. 이 행성은 암흑 물질에 둘러싸여 있으며 빛이라고는 오직 블랙홀에 빨려들어가며 죽어가는 별이 내뿜는 것만 있을 뿐이다. 스바르탈프헤임은 보르 왕이 이끄는 아스가르드인들과의 전쟁으로 초토화되었다. 보르 왕은 승리를 거둔 후 행성의 지표 밑에 에테르를 봉인했지만, 후일 제인 포스터 박사가 다시 찾아낸다.

입자 역전 약실

소총 총열

총을 받쳐 잡는 부위

총을 조작하는 부위

입자 소총

다크 엘프의 기술은 암흑 에너지와 블랙홀을 기반으로 발달했다. 이들이 사용하는 입자 소총은 암흑 물질 입자를 발사하는 치명적인 고대 무기다. 이 입자는 유기체에 닿을 경우 살아있는 세포를 분자 단위로 분해한다.

암흑 에너지 코어

블랙홀 수류탄

빛에 민감한 눈을 보호하기 위한 덮개형 렌즈

다크 엘프 병사

현재의 우주는 다크 엘프에게 매우 치명적인 환경이다. 빛과 공기 그리고 대부분의 생명체가 지닌 물질 그 자체가 다크 엘프에게는 독이나 다름없다. 다크 엘프는 이 '끔찍한 새로운 우주'에서 살아남기 위해 생존 슈트와 마스크를 착용한다. 이 마스크는 다크 엘프들이 한때 새로운 우주의 독에 육체가 잠식당하기 전에 지니고 있었던 외모를 본뜬 것이다. 말레키스의 병사들은 다크 엘프 최후의 후손들이지만 말레키스가 패배하면서 대부분이 사망했고, 몇 안 되는 생존자들마저도 셀빅 박사의 중력 측정 스파이크로 인해 뿔뿔이 흩어져버리고 말았다.

얼굴에 융합된 마스크

다크 엘프 검

커스

말레키스는 아스가르드 궁전의 보호막 발생기를 무력화시키기 위해 자신의 부관 알그림을 아스가르드로 잠입시킨다. 궁전에 침투한 알그림은 커스 스톤을 사용하여 어둠에 잠식된 괴물 같은 존재로 거듭난다.

주 함교

말레키스의 아크

아크는 다크 엘프의 전함이다. 말레키스의 아크는 아스가르드와 치렀던 지난 전쟁에서 파괴되지 않고 유일하게 남았다. 아크는 클로킹 장치를 장착하고 있으며, 해로우 전투기도 탑재할 수 있다. 또한 수백 명의 병사를 탑승한 채 수천 년 동안 동면 상태를 유지할 수 있다.

부식성 물질로부터 발을 보호해주는 장화

에테르는 사실 6개의 인피니티 스톤 중 하나인 리얼리티 스톤이지만, 다른 스톤들과는 달리 액체 형태를 띨 때도 있다. 말레키스는 컨버전스가 진행되던 도중 아주 정확한 순간에 에테르를 풀어놓는다. 전 우주를 자신이 태어났던 어둠 속으로 되돌려놓겠다는 말레키스의 목표가 실현되기 직전이었다.

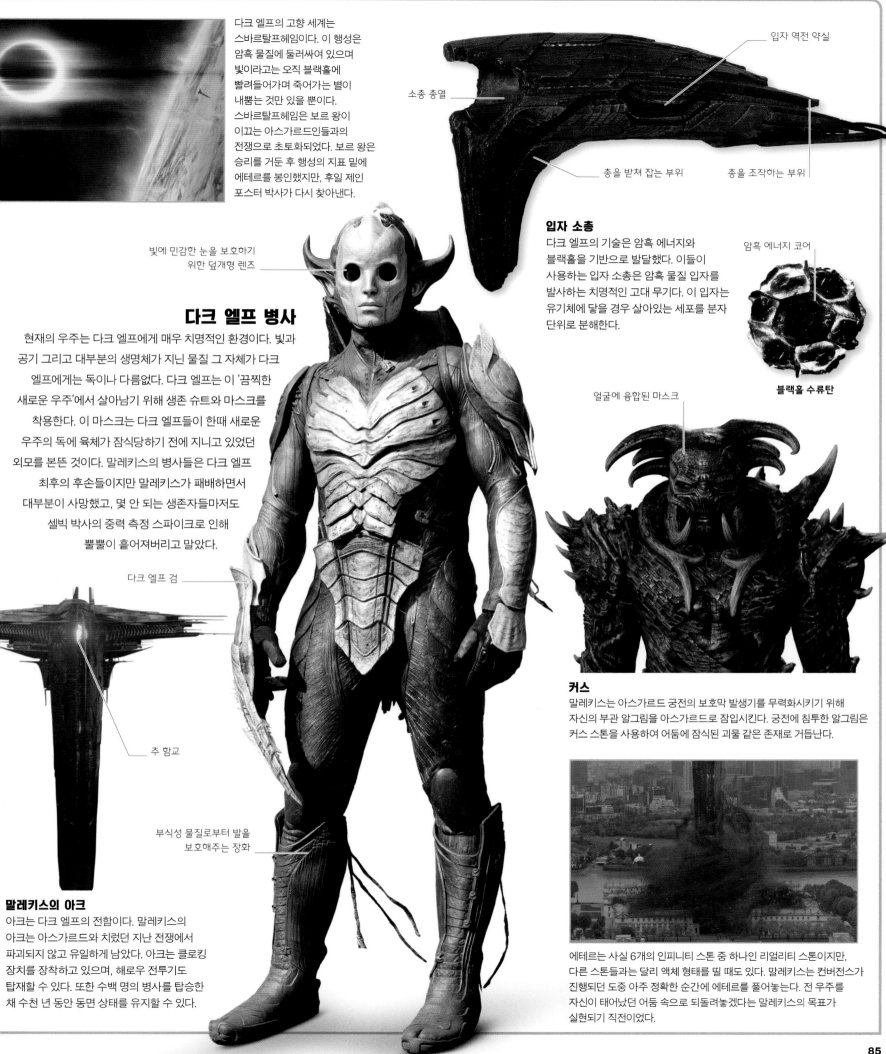

SAKAAR 사카아르

사카아르는 말 그대로 우주의 쓰레기장이다. 시공의 균열(일반적으로 웜홀이라고 부른다)은 이곳에 쓰레기뿐만 아니라 온갖 존재를 토해놓는다. 그중에는 아주 독특한 능력을 가진 존재들도 있다. 이 행성은 폭군 그랜드마스터가 통치하고 있다. 그랜드마스터가 통치하는 이 행성은 생명체가 거주할 수 있는 다른 행성들로부터 멀리 떨어져 있으며, 온갖 우주적 이상현상들로 둘러싸여 있어서 궤도를 벗어나는 것조차 버겁다. 아스가르드로 가장 빨리 갈 수 있는 방법은 하늘에 떠있는 거대한 웜홀인 '악마의 항문'을 통과하는 것이다. 하지만 이 웜홀의 내부에서는 중성자 별이 붕괴하고 있어서, 웜홀에 진입하려는 멍청한 자들은 산산조각이 난다. 그래서 사카아르에 떨어지게 된 불운한 자들은 좀처럼 이 행성을 떠나려 하지 않는다.

DATA FILE

> 헐크를 사카아르까지 태우고 왔던 날렵한 선체의 스텔스 어벤져스 퀸젯 전투기는 이제 도시 한가운데의 쓰레기장에 버려져 있다.

> 헐크의 퀸젯 전투기와는 대조적으로 사카아르의 스크래퍼 함선들은 조악하고 분리 가능한 모듈형으로 만든 것이다. 스크래퍼의 함선들은 거대한 짐칸을 달고 있으며 정찰자들이 쓰레기장 전역으로 흩어질 수 있도록 자체 분리 기능도 갖추고 있다.

영양 공급 튜

스크래퍼

스크래퍼는 사카아르의 쓰레기장을 뒤지며 살아가는 자들로, 웜홀을 통해 사카아르에 도착했던 여행자들의 후손이다. 이들의 복장은 온 은하계의 문화적 혼종에 가까우며, 가면과 색상 그리고 무늬 등으로 자신들의 혈족과 부족을 나타낸다. 스크래퍼들은 매그노 소총과 몽둥이 그리고 그물로 무장했다. 스크래퍼들이 생포한 모든 것은 음식이나 노예 혹은 검투사가 된다.

임시변통으로 만든 매그노 소총

토르는 아스가르드로 가던 중 바이프로스트의 광선에서 튕겨져 나와 사카아르의 쓰레기장에 떨어진다. 그곳에서 토르는 구형 우주 전투기들과 화물용 컨테이너 그리고 버려진 우주 정거장들을 얼기설기 뒤섞어 만든 듯한 괴상한 도시를 발견한다.

쓰레기 행성

사카아르는 우주 경로의 종착점으로, 그 하늘은 거의 은하계 전역에서 밀려 들어오는 쓰레기 진입로이자 하수구나 다름없다. 행성의 표면은 잔다르와 크리 제국 간의 전쟁으로 인한 잔해와 썩어가는 셀레스티얼의 시신 그리고 가까이 비행하다가 충돌한 우주선들의 파편들로 뒤덮여있다. 사카아르의 모든 자원, 심지어 식량마저도 이런 웜홀을 통해 흘러들어오는 우주 쓰레기들로부터 얻는 것이다. 이 모든 쓰레기더미 위로 그랜드마스터의 궁전이 자리 잡고 있어 백성들이 누추한 일상을 이어나가는 것을 지켜보고 있다.

그랜드마스터는 가장 총애하는 챔피언 헐크에게 자신의 궁전 탑 내에서 커비 거주용 첨탑이 내려다보이는 호화로운 스위트룸을 하사한다. 헐크는 자신의 방에서 온수가 나오는 욕조와 헐크의 몸 크기에 맞춘 미니바, 운동 기구 그리고 자신의 맞수였던 거대한 무스텔라곤의 해골을 뒤집어서 만든 침대 등 원하는 것은 뭐든지 얻을 수 있었다.

커비 거주용 첨탑

사카아르 경비병 병영

그랜드마스터의 궁전

챔피언의 탑

웜홀

대투기장

끝부분은 그랜드마스터를
실망시킨 자를 '용서'할 때
사용한다.

용해 코일

손잡이에는 동력
충전지가 들어있다.

빛나는 금실로 짠
로브

멜팅 스틱

오늘의 헤어스타일

지혜를 상징하는
푸른색 화장

수수께끼의 보석이
박힌 반지 세트

깜짝 놀랄 만한
것들을 숨겨둔
소맷자락

호화
유람선에서
뜯어온 가구

손톱과 색깔을 맞춰
파랗게 칠한 발톱

장갑에서는 홀로그램 화면이
출력된다.

사카아르식
화장

사카아르에서 발견되거나
만들어진 가장 훌륭한 술들은
모두 그랜드마스터에게 간다.
그랜드마스터에게 호의를 베풀어
얻을 수 있는 최고의 특권 중 하나는
궁전에 널려있는 수많은 미니바를
이용할 수 있다는 것이다.

그랜드마스터

그랜드마스터는 사카아르에 가장 처음 도착한 자이자, 이 행성을 창조해낸
자다. 그랜드마스터는 사카아르의 지도자로서 아주 섬세한 균형을
유지해야 한다. 사카아르의 주민들은 이 거대한 쓰레기장에 영원히 갇힌 채,
머리 위에서 우주 쓰레기가 언제 떨어질지 모르는 위태로운 삶을 살아가기
때문이다. 따라서 백성들을 만족시키고 집단 히스테리가 폭발하는 것을
방지하기 위해 그랜드마스터는 항상 군중들의 주의를 분산시키고 재미에
취해있도록 해야 한다. 그랜드마스터는 검투 시합과 수많은 축제를 통해
이런 어려운 임무를 쉽게 처리하고 있다. 군중들이 반란을 일으킨다고 해도
이들을 진정시킬 수 있는 방법은 남아있다.

그랜드마스터는 자신의 다양한 파티장에서 오랫동안 즐거운 시간을
보낸다. 이곳에 도착한 토르는 로키가 사카아르에서 벌써 몇 주째
파티를 즐기고 있다는 사실을 알아낸다. 사카아르에서는 주변을
둘러싼 웜홀로 인해 시간이 다르게 흘러간다. 그랜드마스터는
사카아르에 정말 오랫동안 있었기 때문에, 다른 행성의 나이로
따지면 벌써 수백만 살이나 먹었을지도 모른다.

쾌락주의의 제왕
우주에서 가장 나이 많은
존재인 그랜드마스터는
지금껏 많은 여가 시간을
보냈지만, 그다지 건전한
유흥을 즐기지는 않았다.

토파즈
토파즈는 그랜드마스터가 가장 신임하는 부관이자 오른팔로,
사카아르 경비병들의 지휘관이다. 그녀는 똑똑하고,
그 누구에게라도 모욕을 받았다면 절대 가만히 있지 않는다.
또 마음에 있는 말은 그대로 다 뱉어버리며, 냉소적인 유머
감각을 가지고 있다. 그녀는 자신의 특별한 지위를
즐기며, 스크래퍼 #142가 그랜드마스터와 함께
다니자 이를 분하게 여긴다.

토파즈는 사카아르 경비병들 중 최고의
조종사다. 그녀는 지시를 따르지 않는
스크래퍼 함선들을 격추하는 일이 정신
안정에 도움이 된다는 사실을 알아냈다.

CONTEST
OF CHAMPIONS 검투 시합

검투 시합은 사카아르의 폭군 그랜드마스터가 고안해낸 것이다. 이 시합에서 검투사들이 서로 죽을 때까지 싸우는 모습을 보며 여흥을 즐긴다. 현재의 챔피언인 '인크레더블 헐크'를 데려온 사람은 바로 스크래퍼 #142이며, 그녀는 다시 토르를 데려와서 또 1천만 유닛을 벌었다. 그랜드마스터는 검투 시합에서 내기를 즐기며, 패배하지 않기 위해 무엇이든 하려 한다. 그는 모든 검투사에게 자신의 챔피언을 이기는 자에게는 자유를 주겠다고 약속했지만, '천둥의 군주'가 자신의 챔피언을 이길 것 같자 경기를 방해한다. 토르는 어쩔 수 없이 자유를 찾기 위해 다른 방법을 찾아야 했으며, 그 과정에서 몇 명의 검투사 친구를 사귀게 된다.

그랜드마스터의 궁전은 가장 위대한 챔피언들의 얼굴을 본뜬 거대한 조각상들로 장식되어있다. 가장 최근에 추가된 챔피언은 바로 헐크인데, 그의 얼굴상은 아직 공사가 진행 중이다.

천둥의 군주

토르는 단 이틀 만에 아버지와 몰니르를 모두 잃고 사카아르에 잡혔다. 그리고 코앞에서 그랜드마스터가 누군가를 녹여서 김이 모락모락 나는 청색의 웅덩이로 만들어버리는 것을 지켜보았다. 그랜드마스터는 토르를 무시하며 그를 '반짝이'나 '천둥의 군주'라고 부르며 검투사 노예로 만들어버렸다.

투구에 달린 날개는 끝이 뾰족하다.

강화 흉갑

칼날은 마디별로 분할되어있어 모양을 바꿀 수 있다.

잃어버린 마법의 허리띠 버클 대신 부착한 일반적인 버클

사카아르어로 '천둥의 군주'라고 적힌 붉은색 전투 그림

투기장의 먼지 덮인 바닥을 밟고 버틸 수 있는 장화

손잡이가 울퉁불퉁해 손에서 미끄러지지 않는다.

토르의 검투용 칼

토르의 검투용 투구

칼집에 넣을 때는 칼날을 압축할 수 있다.

검투사 장비

토르가 선택한 검은 길이를 완전히 늘렸을 경우 90㎝에 달한다. 이 검은 다양한 기능과 기술들을 통해 제작한 것으로, 호전적인 곤충들의 날개를 본떠 만든 변형 칼날이 장착되어있다. 또한 토르의 머리에 딱 맞게 제작한 투구는 아스가르드식으로 디자인한 것이다. 이 투구는 무기로도 사용할 수 있는데, 투구의 '날개'는 날을 날카롭게 세워두었기 때문에 박치기를 할 경우 매우 치명적일 수 있다.

모서리가 뭉툭하여 치명상을 입히는 데는 한계가 있다.

토르는 40만 명의 관중들이 내려다보는 가운데 긴장한 채 상대를 기다린다. 그는 그랜드마스터의 챔피언이 자신의 친구인 헐크라는 사실을 알고는 안도하지만, 이내 헐크가 자신을 공격하자 혼란에 빠진다.

더그의 문양

2차 무장

토르는 자신의 망치를 잃고 상실감에 빠져있었으며, 손에 익지도 않은 무기를 골라 사용하는 것도 힘든 일이었다. 또한 이 무기들은 상당히 독특했다. 관중들에게 즐거움을 주고 상대를 불구로 만들도록 설계된 것이었다. 하지만 빠르게 죽음에 이르도록 만들어진 무기들은 아니었다. 결국 토르는 운이 나빠서 목숨을 잃고 만 검투사 더그가 사용했던 장비들을 고른다.

손잡이는 상당히 무거워 무게의 평형을 맞춘다.

토르의 곤봉

하반신을 보호한다.

토르의 방패

DATA FILE

> 토르가 천둥의 신이지만 전기에 완전한 면역이 있는 것은 아니다. 때문에 자신의 목에 부착된 복종 디스크에서 뿜어내는 강력한 전기 충격에 기절할 수도 있다.

> 브루스 배너는 헐크 속에서 2년 동안이나 잠들어있었다. 그는 자아를 잃고 영원히 헐크로 변해버릴 위기에 처한다.

> 헐크가 투기장에서 사용한 무기는 매우 거대하다. 그의 망치는 대략 134kg에 달하며, 성인 남성 두 명의 무게와 비슷하다.

몸을 구성하고 있는 바위는 외부의 충격에 파손될 수 있다.

코그

우주 곳곳에서 사카아르로 온 자들은 (자신의 뜻은 아니지만) 검투 시합에 참가한다. 모든 검투사의 목에는 복종 디스크가 부착되어있는데, 이 장치는 검투사가 복종하지 않을 경우 강력한 전기 충격을 발산한다. 코그는 이 검투사들을 이끄는 지도자이자 친근한 성격을 지닌 크로난이다. 아스가르드의 보호국인 리아 행성 출신의 크로난 종족은 온몸이 돌로 이뤄져 있다. 코그는 반란을 시도했다 실패한 후, 검투장에서 싸우라는 벌을 받게 되었다.

바위는 마치 각질처럼 계속 몸에서 떨어져나가며, 새로 자라난 돌이 그 자리를 메운다.

토르는 사카아르의 다른 검투사들과 마찬가지로, 검투 시합이 준비되는 동안에는 음침한 검투사 수용소에 갇혀있다. 토르가 알아낸 바에 따르면 이 수용소의 구조는 시공이 고리형으로 봉인되어있어 탈출이 불가능하다.

헐크와의 결투

토르는 지금껏 거대한 적들도 비교적 쉽게 상대했기 때문에 헐크를 상대로도 상당한 승산이 있어 보였다. 관중들은 헐크가 적을 재빠르게 박살내는 데 익숙해져 있었기 때문에 싸움이 헐크에게 불리하게 흘러가자 혼란에 빠진다. 토르가 헐크와의 싸움에서 이기기 직전, 그 순간 그랜드마스터가 끼어들어 토르의 목에 부착되어있는 복종 디스크를 작동시켜 그를 무력화한다.

HELA 헬라

헬라는 토르와 로키의 누나지만, 두 사람은 그녀가 존재하는지 알지도 못했다. 심지어 있었으면 좋겠다고 생각했던 적도 없다. 헬라는 유능한 장군이자 피에 굶주린 전사로, 아홉 세계의 정복 과정에서 오딘의 가장 강력한 전사로 활약했다. 하지만 오딘은 자신의 목표를 달성한 후 양심의 가책을 느껴 평화의 시대를 열었다. 반면 헬라는 스스로를 죽음의 여신이라 칭하며 활동을 멈추길 거부했고, 오딘은 그녀를 유배시켰다. 토르와 로키는 크나큰 대가를 치르고서야 헬라가 사실상 무적의 존재라는 사실을 깨달았다. 그녀는 아스가르드 자체로부터 엄청난 힘을 받아들여 사용하기 때문에 라그나로크의 예언을 실현하여 아스가르드를 파멸시켜야만 그녀를 멈출 수 있었다.

머리 장식의 뿔은 그녀의 의지에 따라 모양을 바꾼다.

헬라의 옷은 그녀가 힘을 되찾으면 자동으로 수리된다.

칼날은 헬라의 몸을 꿰뚫을 수는 있지만, 그녀를 죽이지는 못한다.

오딘이 죽은 후, 헬라는 자신의 왕좌를 되찾기 위해 돌아와 동생들에게 자기 자신을 소개한다. 그녀의 유배 생활은 순탄치 않았기에 머리는 헝클어져 있었고 복장은 너덜너덜해져 있었다. 하지만 헬라는 토르의 강력한 망치인 몰니르를 유리 조각처럼 박살 내는 엄청난 힘을 보여주며 토르의 넋을 빼놓는다.

양손을 펴고 무기들을 소환하는 자세

오딘의 장녀

헬라는 한 치의 거짓도 없는 오딘의 장녀다. 헬라는 로키와 달리 태어나면서부터 왕위 계승권을 타고났기 때문에 왕좌에 도전하기 위해 속임수를 사용할 필요도 없다. 오딘이 그녀를 추방하지 않았더라면 이미 오래전에 자신의 힘으로 왕좌를 빼앗았을 것이다. 헬라에게 있어 아스가르드는 그저 자신에게 힘을 공급해주는 원천이자 다시 빼앗아야 할 왕국이었다. 그녀에게 아스가르드 백성들의 안위는 알 바가 아니었다.

어둠의 망토

헬라는 아스가르드인들이 자신들의 피로 물든 진정한 역사에 대해 그리고 그녀 자신이 직접 이끌었던 정복의 역사에 대해 전혀 모르고 있다는 사실에 격노한다. 하지만 헬라는 우아한 예의를 갖춰 자기 자신을 소개하며 백성들에게 자신을 받들 기회를 제공한다. 그러나 아스가르드의 군대 아인헤르자르가 여전히 물러서지 않자 헬라는 그들을 간단히 전멸시킨다.

헬라의 옷을 타고 흐르는 네크로 에너지

거리카락도 갈라낼
성도로 예리한 칼날

작살 모양의
돌기 때문에
칼에 한번 박히면
뽑기가 어렵다.

네크로 에너지로
빛나고 있다.

네크로소드

발키리의 비행

헬라는 헬이라는 지역에 처음 유배되었을 당시, 포털을 열고 아스가르드 궁으로
되돌아가려 했다. 오딘은 그녀를 저지하기 위해 자신이 거느린 최고의 전사들인
발키리를 보냈다. 발키리들은 암울한 돌투성이의 세계에서 헬라가 쏟아내는
네크로소드 공격으로 모두 쓰러지고 만다. 그중에 단 한 명의 전사만이 살아남아
도망쳤다. 오딘은 차원의 균열을 다시 닫고 자신이 죽을 때까지 헬라를 버려둔다.
하지만 그가 죽자 헬라를 봉인하는 힘도 사라졌다.

DATA FILE

> 헬라가 예전에 이끌었던 군대는
오딘의 보물창고 밑에 숨겨진
거대한 지하 무덤에 묻혀있었다.
헬라는 영원의 불꽃으로 이미 오래
전에 죽은 병사들을 다시 살려낸다.

> 헬라의 좀비 병사들은 데드
가즈나 부처스라는 이름으로
알려져 있다. 이들은 수천 년 전
헬라가 아홉 세계를 정복하는 것을
도왔다.

무스펠헤임의
그릇

영원의 불꽃

영원의 불꽃은 불의
악마 수르트의 힘을
품고 절대 꺼지지 않고
타오르는 신비한 불꽃이다.
이것은 아스가르드의
파멸을 불러올 요소 중
하나로 예언되었다. 그래서
오딘의 보물창고에
보관된 채 엄격한
감시를 받고
있었다.

프리발디의
기둥

무기 소환

헬라가 능력을 발휘하면 유혈이 난무한다. 그녀는
치명적인 무기들을 무한히 소환해낼 수 있다.
이 중에는 도끼와 말뚝도 있지만, 헬라는 다양한
길이의 칼날들을 던지는
것을 좋아한다.

결코 막을 수
없는 칼끝

네크로블레이드

펜리스

펜리스는 헬라가 타고 다니던 몸 길이가 11m나 되는 난폭한 전쟁
늑대다. 헬라는 자신의 언데드 군대와 마찬가지로, 영원의 불꽃을
사용하여 펜리스를 되살려냈다. 하지만 헬라의 병사들과는
달리 펜리스는 자신의 본래 생명력을 모두 회복했다.
펜리스의 가죽은 방탄이며 이빨은 칼날처럼 날카로워
힐크의 다리도 뚫을 수 있다.

거친 털가죽에서는
죽음의 냄새가
난다.

헬라는 바이프로스트에서
최후의 결전에 대비하는
토르와 로키에게 다가간다.
그녀는 거의 무한한 힘을
가졌고, 오만한
성격이었다. 하지만 토르
일행이 자신을 파멸시키기
위해 라그나로크를
일으킬 것이라고는
상상하지 못했다.

VALKYRIE 발키리

발키리 혹은 사카아르에서 사용하는 이름으로 '스크래퍼 #142'는 검투사로 쓸 만한 인재들을 사로잡아 그랜드마스터에게 팔아넘기는 현상금 사냥꾼이다. 그녀는 한때 구성원 전원이 여성으로 이루어진 아스가르드 군대인 발키리의 일원이었으며 아스가르드의 왕좌를 지키겠다고 맹세했었다. 오딘의 무시무시한 딸 헬라는 아버지의 통제를 벗어나 반란을 일으켜 궁전에 있었던 모든 사람을 학살했다. 오딘은 헬라를 추방했지만, 그녀는 (결국 실패하기는 했지만) 다시 아스가르드로 돌아오려고 시도하던 과정에서 발키리들을 모조리 처치해버린다. 자신의 동료들을 모두 잃은 발키리는 깊이 상심하여, 아스가르드를 떠나 사카아르의 스크래퍼 #142가 되어 정착한다.

스크래퍼 #142는 검투사 무기고의 술집에서 파티 로봇 바텐더들이 상상도 못할 재료로 만들어주는 술을 마시면서 시간을 보낸다. 그녀는 과거를 잊기 위해 술을 마시며, 토르의 곤경이나 다른 검투사들의 운명에 아무런 동정심도 느끼지 않는다.

발키리는 토르와 가까워지길 꺼린다. 토르와 엮이면 자꾸 과거의 불편한 기억이 떠오르기 때문이다. 토르의 간곡한 부탁에도 발키리는 그를 돕지 않겠다며 거절한다. 그녀는 이제 오딘의 가족 문제로 사람들이 죽어나가는 게 지긋지긋했다.

드래곤팽

발키리의 검은 전설적인 명성을 가지고 있으며, 발키리들은 제각기 독특한 특색을 가진 검을 사용한다. 발키리의 검 드래곤팽은 오딘의 아홉 세계 정복 당시, 아스가르드 초기의 무기 양식을 따르고 있다.

용가죽 고정띠

칼자루에는 사파이어를 장식으로 넣을 수 있다.

용의 이빨을 깎아 만든 칼자루

흑색 세라믹 칼집

사카아르식 스크래퍼 화장 표식

청색을 띤 강철 칼날

너덜너덜해진 발키리의 망토

칼집

검

장갑은 우주선 워송의 기관총을 원격조종할 수 있다.

은으로 도금한 가죽 벨트

현상금 사냥꾼

발키리는 사카아르에 도착했을 때 이곳에 정착하고 싶었다. 그녀는 누군가 자신을 알아보는 것도 싫었고, 옛 삶이 생각나는 것도 싫었다. 때문에 사카아르의 스크래퍼처럼 소속을 알 수 없는 모습을 하고 다니기로 했다. 하지만 전사로서 갈고 닦았던 기술은 여전히 남아있었기에, 매우 유능한 현상금 사냥꾼이 될 수 있었다. 그녀는 사카아르에서 업계 최고의 실력을 자랑하며 그에 걸맞은 높은 가격을 요구한다. 그렇게 받는 돈 대부분은 과거 자신의 모든 것을 완전히 잊기 위해 파티에 탕진한다.

허벅지까지 내려오는 가죽 갑옷

두 자루 중 한 자루

값비싼 추적용 신발

쓰레기더미를 오르내릴 수 있는 튼튼한 신발 바닥

그랜드마스터는 스크래퍼 #142가 '베스트'라고 생각한다. 그는 스크래퍼 #142가 자신의 검투 시합에 최고의 재능을 가진 검투사들을 계속 데려다줄 것이라 믿고 있다. 이런 신뢰 덕분에 그녀는 자신이 원하는 거의 모든 것을 할 수 있다.

활발한 활동을 위한 유연한 바지

헐크와 토르가 도망친 후, 로키와 스크래퍼 #142는 그랜드마스터로부터 두 사람을
책임지고 찾아내라는 명령을 받게 된다. 두 사람은 서로를 그다지 좋아하지 않았으며,
로키가 스크래퍼 #142의 아스가르드식 문신을 지적하자 곧바로 싸움을 시작한다.
로키는 그녀가 발키리라는 사실을 알아내고는 매우 놀란다.

DATA FILE

> 발키리는 자신의 우주선에서 토르와
헐크의 검투 시합을 쌍안경으로 지켜본다.
인정하기 싫었지만 토르의 싸움 실력에
상당히 감명을 받았다.

> 발키리가 조종하는 워송은 사카아르 최고의
스크래퍼 우주선이다. 이 우주선에는 거대한
기관총과 회전식 조종석이 장착되어있다.

> 워송이 그랜드마스터의 반란 진압
함대와 격돌하자, 발키리는 함선과
함선 사이를 뛰어다니면서
아스가르드인의 초인적인 전투력과
싸움 실력을 보여준다.

되찾은 명예

발키리는 스스로를 잊기 위해 사카아르로 왔다. 하지만 그녀는 토르와 로키로 인해
자신의 과거와 강제로 마주하게 되었고, 더 이상 과거를 잊으려 할 수만은 없다는
것을 깨닫는다. 자신이 반드시 희생해야 한다면 차라리 헬라를 죽여서 먼저 떠나간
동료들의 복수를 하는 데 목숨을 거는 쪽이 더 마음에 들었다. 발키리는 토르와 함께
아스가르드로 돌아가기로 하고, 두 사람은 그랜드마스터의 파티용 우주선
'코모도어'를 훔친다. 아스가르드로 돌아온 발키리는 옛 발키리 갑옷을 다시 입고
아스가르드 스키프 함선에서 뜯어온 주포로 무장한다. 그녀는 헬라와의 전투에서
유용한 화력을 지원해준다.

유배지에서 탈출하려는 헬라와 처음으로 맞붙은 발키리
부대는 아스가르드로부터 추방된 공주에게 돌격한다.
하지만 헬라가 쏟아내는 네크로소드 앞에 정예 발키리들과
이들이 탄 비행마들은 속절없이 쓰러진다. 발키리는 자신의
전우들이 모두 죽자 완전히 무력해졌다.

백금 재질의
어깨 갑옷

방탄 은사로 만든
전신 갑옷

위풍당당한
푸른색 망토

방아쇠가 달린 손잡이

자동 유도형 조준경

레이저 생성 약실

레이저 집중 렌즈
보호대

8중 회전 총열

백금 재질의
판금
정강이받침

받침대는 코모도어의
바닥에 고정되어있다.

그랜드마스터가
가장 좋아하는
회전의자

SKURGE 스커지

스커지는 석공의 아들로 태어나 누구에게도 주목받지 못했지만, 아스가르드 최후의 날에는 매우 중요한 역할을 수행한다. 스커지는 상당한 완력과 엄청난 생존 의지를 가지고 있으며, 아스가르드의 군대에서 토르와 함께 싸웠다는 자부심을 가지고 있다. 오딘으로 변장한 로키와 헬라는 명령을 잘 따르고 순종적인 스커지의 성격을 이용하여, 그에게 바이프로스트 다리의 수호자와 집행관이라는 막중한 책무를 맡겼다. 스커지가 항상 선한 모습을 보여주지는 않았지만 그 역시 자신이 넘어서는 안 될 도덕적 한계가 있다는 점은 알고 있었으며, 결국 영웅으로 죽음을 맞이한다.

스커지는 이 문신이 자신의 외모를 더욱 빛내준다고 믿는다.

독특한 색상을 선택하는 것을 보면 고상한 취향을 가졌음을 엿볼 수 있다.

스커지는 출세를 원했지만, 무엇보다도 중요한 것은 바로 자신의 생존이었다. 그는 겁쟁이처럼 헬라가 내리는 모든 명령을 아무 말 없이 따르고, 라그나로크가 벌어졌을 때는 아스가르드 피난민들 사이에 숨어든다. 하지만 그는 마지막 순간 마음을 바꿔 아스가르드 백성들을 지키기 위해 자신의 목숨을 바친 반격을 가하면서 악명 대신 칭송을 얻게 된다.

우르 재질의 판금을 맞물려 제작한 갑옷을 받쳐입었다.

열정적인 집행관

헬라가 바이프로스트를 통해 아스가르드에 도착하자, 스커지는 살아남기 위해 본능적으로 죽음의 여신 앞에 무릎을 꿇는다. 헬라는 스커지가 가진 잠재력을 알아보고는 그를 자신의 집행관으로 임명한다. 이 집행관 직위는 오딘이 자애로운 군주가 된 이후 사라졌으나, 스커지는 헬라의 명령에 따라 그녀가 원한다면 누구든 처단해야만 하는 역할을 맡게 되었다.

스커지의 인장은 희귀한 보석으로 장식되어있다.

염색한 소가죽 바지

드워프들이 제련한 갑옷

흑요석을 깎아 만든 날은 끔찍한 상처를 남긴다.

스커지의 도끼
헬라는 아버지 오딘이 자신에게 집행관으로서 사용할 무기인 몰니르를 만들어주었던 것처럼, 스커지에게 귀중한 무기를 만들어준다. 이 무시무시한 도끼는 흑요석으로 만들어졌으며 아스가르드 백성들에게 공포를 심어주었다.

마법으로 강화한 흑요석으로 엄청난 강도를 지녔다.

스커지는 바이프로스트의 전임 수호자인 헤임달과는 정반대의 인물이다. 이 후임자는 헤임달처럼 우주적 시야도 가지고 있지 않으며, 방문자들을 신속하게 이동시키는 본연의 임무보다 거들먹거리는 것을 더욱 중요하게 여긴다.

호펀드

스커지는 바이프로스트의 수호자로서 헤임달의 검인 호펀드로 이 마법의 다리를 열고 닫는 책무를 맡고 있다. 하지만 이 상징적인 검에 가져야 할 존경심은 없어서, 아홉 세계에서 찾은 보물더미에 대충 던져놓는다.

석공소에서 아버지를 도우며 단련된 강력한 어깨

DATA FILE

> 스커지는 바나헤임 전투 당시 머로더들에 맞서 싸웠던 아인헤르자르 부대 소속이었다.

> 라그나로크가 벌어지자, 스커지는 헬라에게 등을 돌려 그녀의 군대를 공격한다. 스커지의 공격 덕분에 아스가르드 백성들은 탈출할 수 있었다.

수르트

수르트는 용암으로 뒤덮인 무스펠헤임의 세계를 지배하는 거대한 불의 악마다. 이 불의 군주는 자신의 궁정을 불의 악마 군대로 가득 채운 후 언젠가 오딘이 자신의 세계를 공격했던 것을 그대로 되갚아줄 날만을 기다리고 있다.

눈썹 모양을 닮은 뿔장식

용암 벌레와 애벌레를 씹어먹다 닳아버린 이빨

스커지의 보물

바이프로스트의 전임 수호자와 달리, 스커지는 자신이 맡은 책무의 특성을 악용했다. 그는 아홉 세계를 돌아다니며 자신을 부유하게 만들어줄 만한 보물들을 훔친다. 스커지는 관측소를 방문하는 아스가르드인들에게 자신의 보물을 자랑스럽게 보여주며, 그토록 간절히 바라는 칭찬을 기대한다.

스커지가 가장 자랑스러워하는 보물은 미드가르드의 텍사스에서 가져온 한 쌍의 M16 돌격소총으로, 각각 '데스'와 '트로이'라는 이름을 붙였다. 아인헤르자르는 돌격소총 훈련을 하지 않지만, 스커지는 이 소총들을 전투에서 매우 능숙하게 사용한다.

스커지는 자신의 보물들을 자랑하길 좋아한다.

이게 무엇인지는 스커지도 모른다.

유래를 알 수 없는 투구

스커지가 가장 좋아하는 술을 담은 술통

바니르의 전투용 긴 도끼

요툰하임에서 가져온 희귀한 옥 원석

미드가르드에서 가져온 최첨단 미사일 발사기

알프헤임에서 가져온 나무 지팡이

미드가르드의 일본도 와키자시

그 외 작은 보물들로 가득 찬 상자

THE AVENGERS 어벤져스

우주는 매우 위험한 곳이다. 강력한 외계 제국들은 우주 너머로
영토를 넓히려 하고, 폭군들은 지배할 행성들을 늘리기 위한 전쟁을
벌이고 있다. 또한 사악한 존재들은 지구가 가진 보물들을 질투심
어린 눈길로 바라보고 있다. 이런 존재들은 제 아무리 강력한 힘을
가진 그 어떤 슈퍼 히어로라도 결코 홀로 맞설 수 없다. 지구의 유일한
희망은 최강의 영웅들이 서로 힘을 합쳐 함께 적에 맞서 싸우는
것이다. 그 팀이 바로 어벤져스다.

"어벤져스, 그렇게 부르기로 했지.
일종의 팀이랄까."

아이언맨

THE AVENGERS 어벤져스

어벤져스는 일종의 팀을 결성하자는 아이디어로, 인류에 전례 없는 위협이 닥쳐올 경우를 대비해서 전략적으로 선별한 인원들로 대응 팀을 결성하자는 쉴드의 계획에서 탄생한 것이다. 이 팀의 구성원들은 그 위협이 지구에서 발생한 것이든, 외계에서 발생한 것이든 아니면 다른 차원에서 발생한 것이든 어떠한 상황이라도 대응할 수 있다. 그리고 매드 타이탄 타노스가 우주 모든 생명체의 생명을 위협하자, 어벤져스는 다양한 영웅 집단이 함께 우주 최후의 방어선을 형성하여 타노스에 맞서 싸울 수 있도록 구심점 역할을 했다.

로키와 치타우리 병사들에 맞선 전투로 심각한 피해를 입은 스타크 타워는 어벤져스를 위한 최첨단기술을 갖춘 본부인 어벤져스 타워로 재건된다. 어벤져스 타워는 스타크의 A.I.인 자비스에 의해 운영되며, 최신기술을 적용한 연구실과 의료시설, 맞춤형 훈련 장비, 퀸젯 이착륙장, 토니 스타크의 아이언 리전 드론 보관고, 생활 공간 및 멋진 라운지 바 등을 갖추고 있다.

어벤져스 계획은 지구의 정규군이 도저히 상대하지 못할 적들이 출현할 경우 초인적인 힘을 가진 존재들을 영입하여 맞서자는 비밀 계획으로, 쉴드 국장 닉 퓨리가 제안했다. 이 계획은 세계안전보장이사회에 의해 묵살되었으나, 로키가 쉴드로부터 외계 장치 테서랙트를 훔쳐가는 사태가 발생하자 닉 퓨리는 어벤져스 계획을 다시 강행한다.

쉴드의 상징

'세계'를 형상화한 독수리 로고

지구 최강의 영웅들

어벤져스의 시작은 순탄하지 못했다. 쉴드(전략적 국토 개입 및 집행 병참국)의 후원하에 한자리에 모인 괴팍한 초인들은 서로를 경계하는 태도를 취했다. 하지만 이들은 아스가르드인 로키와 치타우리 군대와 전투를 하면서 하나의 팀으로 거듭난다. 전설적인 슈퍼 솔져 캡틴 아메리카가 이끄는 어벤져스의 초기 멤버로는 슈트 입은 천재 아이언맨, 아스가르드 출신의 신적인 존재 토르, 감마선을 통해 괴력을 얻은 헐크, 슈퍼 스파이 블랙 위도우 그리고 특급 사수 호크아이가 있다. 이들은 한 팀이 되어 단순히 자신들의 능력을 합친 것보다 더욱 뛰어난 효과를 보여주었다. 그리고 지구를 위협하는 존재들이라면 무엇이든 격퇴할 수 있는 준비가 되어있다.

블랙 위도우

토르

캡틴 아메리카

호크아이

DATA FILE

> 어벤져스라는 이름은 치타우리의 뉴욕 침공 직전에 토니 스타크가 로키와 독대하면서 처음으로 밝혀졌다. 어쩌면 어느 정도 농담이겠지만, 토니는 어벤져스를 '지구 최강의 영웅들'이라고 선언했다.

> 토르가 지구에 도착한 뒤 얼마 지나지 않아 세계안보장이사회는 어벤져스 계획을 철회하는 대신, 쉴드가 '2단계'에 집중해 테서랙트를 무기화할 방법을 연구하길 원했다.

퀸젯

퀸젯은 최첨단 수송기이자 전투기다. 이 전투기는 국제적 위기가 점점 증가하고 있는 추세에 대응하기 위해 쉴드에서 개발한 것으로, 독특한 수직 이착륙 기능(VTOL)과 터빈 동력식 복합날개, 강력한 무기 그리고 역반사를 응용한 스텔스 은폐 기술로 무장하고 있다. 퀸젯은 기동성을 극대화하기 위한 설계로 이동거리를 최소화한 선회나 급정지 혹은 공중 정지 체류 등의 기동이 가능하다.

수송실　　　　트윈 제트 엔진

1인 조종실

각도 조절이 가능한 로터 한 쌍

GAU-17/A 개틀링 포

어벤져스의 퀸젯은 자비스가 통제하는 자동 조종 시스템까지 구비한 개조형으로, 어벤져스 대원 전체와 오토바이 한 대를 실을 수 있는 수송실을 갖추고 있다.

헐크

아이언맨

어벤져스의 핵심 멤버로는 캡틴 아메리카 (전략가), 아이언맨(발명가) 그리고 토르 (전사)가 있다. 이 세 사람은 서로의 능력을 존중하지만, 서로 다른 문제 접근방식과 성격을 가지고 있기 때문에 가끔씩 격렬한 내분이 일기도 한다. 이런 분열은 당장 예상할 수 없지만 나중에 엄청난 영향을 끼칠 결과로 이어지기도 한다.

뉴 어벤져스

시간이 흐르면서 어벤져스의 구성원은 많은 변화를 겪는다. 초기 멤버 일부는 떠났고, 그 자리는 염력 능력자 스칼렛 위치나 신디조이드 비전, 슈트 입은 군인 워머신 그리고 윙 슈트로 무장한 팔콘 등으로 채워진다. 또한 어벤져스는 마법사 닥터 스트레인지나 전사이자 왕인 블랙 팬서, 크기 조절 능력을 가진 앤트맨 그리고 10대 소년 슈퍼 히어로 스파이더맨 등 다른 조력자들을 불러모으는 역할을 하면서, 크나큰 위기가 닥쳤을 때는 이들을 결집하는 중심이 된다. 타노스가 우주의 생명체 절반을 쓸어버리려 할 때 모든 슈퍼 히어로는 '어벤져스 어셈블!'이라는 소집 명령에 응할 것이다.

악당 A.I. 울트론을 물리친 후 어벤져스는 뉴욕주 북부로 근거지를 옮긴다. 새로운 본부는 스타크 인더스트리의 창고를 개조한 건물로 눈에는 덜 띄지만 어벤져스 타워와 비슷한 시설과 전 쉴드 요원인 마리아 힐과 유명한 과학자 에릭 셀빅 박사 그리고 헬렌 조 박사 같은 지원 스태프가 참여한다. 이 본부에서는 훈련, 과학 연구 그리고 수송기 및 무기 개발이 이뤄진다.

NICK FURY 닉 퓨리

전직 CIA 요원 니콜라스 '닉' 조셉 퓨리는 초인적인 존재들을 감시하는 정부 조직 쉴드의 국장이다. 퓨리는 아스가르드인 로키가 지구를 위협했을 당시 처음으로 어벤져스를 소집했다. 이후 쉴드가 해체된 후에도 계속해서 감시, 조언 및 보조 활동을 지원해주고 있다. 닉 퓨리는 결과를 중시하는 인간이다. 그는 부하 요원들이나 자신의 생명이 걸린 일이라 할지라도 망설임 없이 결정을 내리거나 전투에 뛰어든다. 닉 퓨리는 무수히 발생하는 초자연적인 위협이나 외계의 위협들에 맞서 자신의 조국뿐만 아니라 지구 전체를 지켜야 한다는 사실에 집중한다. 그는 히드라 부활 당시 자신이 죽었다고 위장한 뒤 숨어지내고 있지만, 여전히 어벤져스에게 매우 중요한 지원을 해주고 있다.

부국장 마리아 힐과 언제나 직통 연결되어있는 쉴드 통신기

시력을 잃고 흉터가 남은 왼쪽 눈은 안대로 가렸다.

암살 시도를 당했을 당시 부상을 입었던 부위

케블라 조끼

테서랙트는 하워드 스타크가 북극해에서 찾아낸 정육면체 모양의 외계 물체로, 하워드는 이 물건을 닉 퓨리에게 넘겼다. 쉴드는 이 물체를 잠재적 동력원으로 삼아 테스트를 진행하면서, 자신들도 모르는 사이에 로키가 지구를 침공할 수 있는 토대를 마련하고 말았다.

쉴드의 국장

닉 퓨리는 미국과 그 동맹국의 안보와 이익을 가져올 수 있는 수많은 프로젝트를 관리하는 부서인 쉴드의 국장이다. 이 프로젝트들 중 가장 중요한 것은 일명 어벤져스 계획으로, 초인 정예 부대를 활용해 지구의 위협에 대응한다는 것이다. 외계의 위협을 가장 걱정한 닉 퓨리는 어벤져스를 방어용으로 활용하면서도, 전투용으로 활용하기 위한 무기기술의 개발에 집중한다.

에너지 흡수 경로

테서랙트 가속기

테서랙트 억제장

보조 권총집

레이저 빔 투사기

레이저 공진기

아래쪽을 비틀어 작동시킨다.

장화에는 단검이 숨겨져 있다.

제한 구역에 진입할 수 있는 보안 마이크로 칩이 든 쉴드 지급 장화

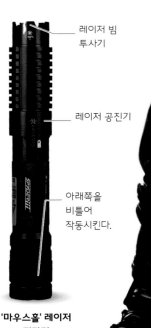

'마우스홀' 레이저 절단기

DATA FILE

> 닉 퓨리는 전략의 천재로, 기만과 속임수를 포함한 전술 전반에 매우 능숙하다.

> 유능한 조종사이기도 한 닉 퓨리는 헬기와 쉴드 퀸젯을 조종할 수 있다.

> 닉 퓨리는 힘든 상황에서 긴장을 풀기 위해 자신의 눈과 관련된 농담을 한다.

닉 퓨리는 쉴드의 내부에서 히드라가 다시 출현하여 자신을 암살하려 하자 경악한다. 하지만 닉 퓨리는 자신이 진정으로 믿을 수 있는 사람들은 캡틴 아메리카와 블랙 위도우 같은 부하라는 사실을 깨닫지 못한 채, 여전히 쉴드의 지도부를 신뢰하고 있었다.

어벤져스에 누구를 포함시킬지는 닉 퓨리가 단독으로 결정할 문제였으며, 닉 퓨리는 자신이 가치가 있다고 믿는 자들을 개인적으로 만나 영입했다. 억만장자 천재 토니 스타크가 알아낸 바에 따르면, 단순히 초능력을 가졌거나 최첨단기술을 활용할 수 있다고 해서 모두 어벤져스에 들어갈 수 있는 것은 아니었다. 닉 퓨리의 기준은 정말 엄청나게 까다로웠다.

닉 퓨리는 더 이상 쉴드의 국장도 아니며 어벤져스를 지휘하고 있지도 않지만, 여전히 어벤져스를 예의주시하다가 가장 도움이 필요한 때가 되면 어김없이 나타난다. 닉 퓨리는 어벤져스가 울트론의 공격을 받아 호크아이의 농장으로 후퇴했을 때에도 제때 나타났다.

닉 퓨리는 헬리캐리어를 자신의 집같이 느끼며, 뉴욕 전투와 소코비아 전투 당시 이곳을 본부로 활용했다. 그는 지휘에 불복하는 자는 결코 용납하지 않으며, 자신의 명령을 어기고 출격한 조종사를 직접 격추시키기도 했다.

헬리캐리어

쉴드의 기함은 헬리캐리어로 알려진 비행 지휘소이자 기체 발사대다. 이 전함은 하워드 스타크가 개발한 기술을 부분적으로 도입하여 설계한 것으로, 총 4기의 대형 터빈엔진을 활용하여 9,140m 상공까지 비행할 수 있다. 이 함선은 크기가 거대하지만 아래쪽에서는 선체가 전혀 보이지 않게 하는 홀로그래픽 스텔스 기술 덕분에 다른 사람들의 눈을 피할 수 있다. 헬리캐리어는 언제든지 출격 준비가 되어있는 퀸젯과 F-35 라이트닝 II 제트기 그리고 대규모 헬리콥터 편대를 수송한다.

헬리캐리어는 항해도, 비행도 모두 가능한 전함이다. 토니 스타크는 뉴욕 전투 이후 자신의 리펄서 기술을 응용하여 헬리캐리어의 엔진을 개조하여 비행 능력을 획기적으로 향상시켰다.

함교(지휘, 비행 그리고 통신이 이루어진다.)

착륙을 위해 각도를 측면으로 튼 후방 갑판

격납고로 통하는 기체용 승강기

이륙용 전방 갑판

뱃머리 부분에는 선원들의 숙소가 있다.

비행 로터(총 4개)

PHIL COULSON 필 콜슨

필립 J. 콜슨 요원은 쉴드 국장 닉 퓨리의 최고 요원 중 한 명이자, 매우 헌신적인 쉴드의 요원이다. 콜슨은 붙임성 있는 성격으로 사람들을 겸손하게 대하기 때문에 쉴드의 동료들은 물론 그를 만난 모든 사람에게서 긍정적인 평가를 받는다. 하지만 그는 쉴드 요원답지 않게 가끔씩 공적인 일과 사적인 일을 구분하지 못해 권위적인 모습을 보여주지 못할 때도 있다. 콜슨은 닉 퓨리를 도와 어벤져스의 창설 멤버들을 모으고 팀으로 결성하는 프로젝트에 참여했다. 그는 쉴드에 억류되어있던 로키가 헬리캐리어에서 탈출할 때 그의 손에 사망한다.

캡틴 아메리카의 오랜 팬이었던 콜슨은 그를 처음 만나는 자리에서 매우 설레는 모습을 보여주었다. 심지어 캡틴이 현대에서 처음 착용했던 슈트의 디자인 작업에도 참여했다. 또한 콜슨은 거의 새것이나 다름없는 캡틴 아메리카 카드도 10장이나 수집하고 있었는데, 캡틴에게 사인을 부탁했다.

망원 조준경

보조 조준경

원래 디스트로이어 갑옷이었던 것을 도금했다.

귀에 장착하는 쉴드 통신기

상당한 반동을 견뎌내는 큼직한 개머리판

표준 소총 손잡이

디스트로이어 기관포
이 강력한 무기는 아스가르드의 로봇 디스트로이어의 잔해를 연구하여 만들어낸 시제품이다. 망막 인식을 통과해야만 열 수 있을 정도로 보안이 철저한 보관함에 넣어둔다. 콜슨은 로키를 상대하기 위해 이 무기를 사용하지만, 사실 처음 쏴보기 전까지는 그 위력이 얼마나 될지 잘 모른다고 인정했다.

쉴드 요원
필 콜슨은 노련한 쉴드 요원이다. 그는 토니 스타크가 아프가니스탄에서 돌아왔을 당시 어벤져스 후보로서 처음 접촉하게 된다. 쉴드는 토니가 새로 개발한 슈트 기술에 관심이 있었으며 토니를 직접 만날 사람으로는 콜슨이 선정된 것이다. 콜슨은 자신의 상사인 닉 퓨리를 위해 어벤져스 후보들을 매우 유능하게 심사했으며 토니와 토르의 어벤져스 영입 검토를 직접 진행했다. 여기에 블랙 위도우, 호크아이와도 동료 요원으로서 함께 활동했던 경험까지 있어서, 콜슨은 어벤져스 계획을 실현시킬 적임자였다.

행방불명 상태인 친구가 선물로 준 아날로그식 손목시계

DATA FILE

> 콜슨은 토르의 망치인 몰니르가 추락한 장소를 조사하기 위해 뉴멕시코로 파견되었을 당시, 토르를 처음으로 만났다.

> 몰니르를 옮길 방법이 없었기 때문에, 콜슨은 추락한 장소 주위에 임시 쉴드 기지를 건설한다.

> 토르는 지구에서 이름을 짓는 방식도 아스가르드와 똑같다고 생각해, 콜슨을 '콜의 아들'이라고 불렀다.

콜슨은 닉 퓨리의 오른팔로, 닉 퓨리와 어벤져스는 모두 콜슨을 좋아한다. 콜슨이 사망하자, 닉 퓨리는 그의 죽음을 이용하여 어벤져스를 한데 결집시켜 로키를 저지하려 한다.

MARIA HILL 마리아 힐

마리아 힐은 쉴드의 부국장이자 닉 퓨리의 신뢰받는 조력자다. 그녀는 이성적이고 규칙을 철저히 따르는 요원으로, 가끔 닉 퓨리의 유연한 문제 접근법으로 인해 혼란을 겪기도 한다. 닉 퓨리의 명령에 이의를 제기할 때도 있지만, 어디까지나 그에게 대안을 제시하기 위해서다. 그녀는 자신의 상사를 전적으로 믿고 따른다. 다른 모두가 닉 퓨리에 대한 신뢰를 잃더라도 그녀만큼은 여전히 충성을 다한다. 힐은 쉴드가 해체된 후에도 여전히 닉 퓨리와 가까운 관계를 유지하면서 어벤져스와 닉 퓨리 사이를 비밀리에 연결해주는 역할을 했다.

변형 재질의 귀 삽입형 어댑터

통신기 본체 및 배터리 부품

마이크가 달린 안테나

암호 통신기

힐이 귀에 착용하고 있는 쉴드가 지급한 통신기는 스타크 인더스트리에서 개발했다. 통신기 본체를 손가락으로 가볍게 두드리면 기본 설정되어있는 통신 채널들을 탐색할 수 있다.

소매에는 추적 장치가 숨겨져 있다.

방염 재질의 일체형 쉴드 점프슈트

마리아 힐은 쉴드 헬리캐리어의 지휘부를 자기 집처럼 편안하게 여긴다. 이곳에서 그녀는 로키를 생포하고 억류하는 작전과 그 후에 벌어진 뉴욕 전투를 지휘했다.

조절식 권총집에 찬 글록 19 권총

마리아 힐은 어벤져스와 좋은 관계를 유지하고 있지만, 그들을 놀리는 것도 정말 좋아한다. 그녀는 공적인 일 외에도 어벤져스와 사적인 교류를 즐긴다. 울트론이 자아를 자각했을 당시에도 어벤져스 타워에서 파티를 즐기고 있었다.

명사수

힐은 흔들림 없는 손과 눈 덕분에 전설에 가까운 사격 실력을 가지고 있다. 그녀는 자신과 목표물이 모두 움직이는 상황에서도 엄청난 명중률을 자랑하는 사격 실력으로 유명하다.

두 손으로 권총을 잡는 자세로 명중률이 높다.

쉴드의 부국장

힐은 쉴드에서 닉 퓨리 다음으로 이인자로서 책임을 지고 있다. 그녀의 임무는 현재 발생할 수 있는 모든 문제를 예측하여 닉 퓨리에게 보고하는 것이다. 힐은 지극히 요원다운 생각을 가지고 있기 때문에 두 사람의 의견이 항상 일치하지는 않지만, 언제나 닉 퓨리의 명령을 따른다. 닉 퓨리가 죽음을 위장했을 당시, 모든 진실을 알려줘도 괜찮을 정도로 신뢰한 사람은 오직 마리아 힐뿐이다. 하지만 쉴드의 부패가 드러나면서 정부의 공식적인 압박이 거세지자, 힐은 법적인 보호를 받기 위해 스타크 인더스트리에 합류한다.

쉴드가 히드라에 의해 내부에서부터 붕괴한 후, 힐은 스타크 인더스트리에 입사한다. 그녀는 토니 스타크의 자원을 활용해 안보 상황을 감시하고 닉 퓨리에게 정기적으로 보고한다. 또한 힐은 어벤져스가 소코비아에 위치한 히드라의 기지에서 로키의 창을 탈환하는 임무를 지원하기도 했다.

부츠에도 무기를 휴대하고 있다.

HULK 헐크

브루스 배너 박사는 의학을 비롯한 각종 분야에서 박사 학위를 취득했으며, 지성도 출중하고 성격도 온화한 과학자다. 하지만 그는 미군에 의해 (자신도 모르는 사이에) 캡틴 아메리카를 만들었던 슈퍼 솔져 혈청 재현 프로그램에 합류하면서 인생에 크나큰 굴곡을 겪게 된다. 실험 도중 스스로를 감마 방사선에 노출시킨 브루스는 예측하지 못했던 결과를 얻게 된다. 즉 분노에 가득 차면 괴력을 발휘하는 녹색 괴물 '헐크'로 변신하는 능력을 갖게 된 것이다.

덥수룩하고 헝클어진 머리카락

컴퓨터 작업대

감마 방사선 감지기

가장 똑똑한 지성

브루스 배너는 어벤져스의 두뇌나 다름없다. 쉴드의 필 콜슨 요원은 그를 스티븐 호킹 박사에 빗대기도 했다. 브루스는 토니 스타크보다 좀 더 체계적이고 덜 충동적인 성격을 지니고 있으며, 토니와 협력해 자신의 가장 위대한 발명품들을 만들어낸다.

괴물이 되다

브루스 배너의 변신은 부정적인 감정에 의해 촉발된다. 그런 감정들에는 좌절, 불안, 걱정, 공포, 고통 그리고 무엇보다도 분노가 있다. 브루스는 언제나 어느 정도 분노한 상태지만 자신의 감정을 통제하고 필요할 경우 분노를 받아들이는 방법을 배웠다. 헐크로 변신한 상태에서 다시 브루스로 돌아가려면 평온, 평정 그리고 사랑과 같은 정반대의 감정을 가져야 한다.

브루스 배너 박사

브루스 배너는 핵물리학, 방사선 물리학, 생화학, 공학, 로봇 공학, 컴퓨터 공학 그리고 수학 등 총 7개 분야의 박사 학위를 가지고 있다. 그는 자신의 또 다른 인격인 헐크와 달리, 침착하고 온화하며 유머 감각을 지니고 있다. 브루스는 세상을 등지고 혼자 살아가고 있었지만, 쉴드가 다시 그를 세상의 갈등 속으로 끌어들인다.

고통으로 인해 뒤로 젖혀진 머리

팽창하는 대흉근으로 인해 찢어지는 셔츠

로스 장군

근무 약장

새디어스 E. '썬더볼트' 로스는 미국의 생물공학 전력 강화 프로젝트의 책임자로, 어스킨 박사의 슈퍼 솔져 혈청을 재현하는 임무를 맡고 있었다. 그는 브루스 배너를 이 프로젝트에 영입한 장본인이다. 로스가 품은 전문가적인 강박 관념은 나중에 어벤져스와도 불편한 관계를 맺는 요인이 된다. 국무장관의 지위에 오른 로스는 어벤져스가 소코비아 합의를 준수하는지에 대해 무자비하게 감독한다.

로스는 헐크를 저지하기 위해서라면 무엇이든 할 각오가 되어있다. 슈퍼 솔져 혈청을 구한 그는 영국 왕립해병대원 에밀 블론스키에게 주사하여, 헐크의 숙적인 '어보미네이션'을 만들어낸다.

두꺼운 두개골

헐크의 얼굴은 배너의 초록색 얼굴을 크게 키워 잔뜩 찡그린 것처럼 생겼다.

헐크 부순다

브루스 배너 박사의 표현에 따르면 '다른 놈(헐크)'은 폭력을 통해 분노를 표출하겠다는 단 한 가지 욕구밖에 없다. 여기에는 건물을 부수고, 차량을 집어던지고, 괴물들을 때려눕히고, 난장판을 만드는 등의 행동이 포함된다. 이런 행동은 어벤져스가 헐크에게 기대할 수 있는 가장 우수하고 유용한 가치. 헐크가 모든 것을 박살낼 수 있는 괴력은 치타우리의 외계 군대와 히드라 잔당 그리고 안드로이드 울트론을 상대로 한 전투에서 어벤져스에게 큰 도움을 주었다. 헐크를 진정시켜 다시 브루스 배너로 되돌리는 것은 어려운 일이며, 매번 변신할 때마다 점점 힘들어한다.

방탄 피부를 갖고 있으며 뼈 역시 거의 부러뜨릴 수 없는 수준이다.

일반인 남성의 허리보다도 굵은 근육

치타우리가 지구를 침공했을 당시, 호크아이와 어벤져스는 헐크와 협력해야 한다는 점을 불안해했다. 하지만 치타우리처럼 명확하게 적대적인 대상이 있을 경우 헐크도 집중할 수 있는 상대가 있으므로 민간인이 겪는 위험과 피해는 줄어든다.

수십 미터를 도약할 수 있는 강력한 다리

처음에는 쉴드와 어벤져스 역시 헐크가 괴력을 악용해 대규모 파괴를 저지를 수 있는 생체 병기로 보고 그를 자극하는 것을 두려워했다. 하지만 어벤져스는 시간이 지날수록 헐크의 능력을 활용할 수 있는 방법을 알게 되었다.

DATA FILE

> 브루스 배너는 컬버대학의 생화학 및 방사선 물리학 교수였으며, 저명한 과학자 에릭 셀빅 박사의 동료였다.

> 브루스가 도피 생활을 하던 시절 쉴드는 총 10건 발생한 '감마 사고'를 따라 그를 아이다호부터 파라과이까지 추적했으며, 결국 블랙 위도우가 인도에 있던 브루스를 찾아낸다.

발로는 시멘트 바닥을 박살 내고 구멍을 낼 수 있다.

HULK:
LOSING CONTROL 헐크: 통제 불능

브루스 배너는 항상 헐크의 파괴적인 힘을 두려워했지만, 이 힘을 어벤져스의 일원으로서 좋은 목적에 사용하는 방법을 배웠다. 하지만 요하네스버그에서 헐크가 폭주하면서 도시의 대부분을 파괴하는 사고가 발생한다. 이 사고로 인해 세계는 어벤져스에게 등을 돌린다. 악당 A.I. 울트론을 물리친 후, 헐크는 지구의 문제들을 뒤로한 채 자신이 마음대로 부술 수 있는 장소를 찾아 우주로 떠난다.

요하네스버그에서의 격돌

울트론과 함께 행동하고 있던 스칼렛 위치는 자신의 능력을 브루스 배너에게 사용하여 헐크를 폭주시킨다. 토니 스타크는 헐크를 진정시키기 위해 위성 플랫폼 베로니카를 호출해 '헐크버스터(마크 44)'를 전달받는다. 거의 전차 크기에 육박하는 이 슈트는 토니와 브루스가 함께 설계한 것이다.

헐크와 헐크버스터의 전투는 도시의 상당 부분을 파괴한다. 헐크는 완전히 탈진하여 기절한 후에야 진정할 수 있었다.

울트론이 빚어낸 사태에 대한 비난과 그 끔찍한 결과에 대한 책임은 모두 토니 스타크에게 돌아갔다. 하지만 브루스 역시 울트론의 탄생에 어느 정도 책임이 있다. 두 사람은 수많은 프로젝트에서 서로 협력했지만, 울트론만큼 심각하게 실패한 것은 없다.

나타샤 로마노프(블랙 위도우)와 브루스 배너는 서로에게 끌린다. 두 사람은 자신들이 괴물이 되었다고 생각하며 사회로부터 고립감을 느끼고 있었다. 나타샤는 좋은 관계를 맺을 수 있을 것이라고 생각하지만, 브루스는 혹시나 자신이 그녀를 실망시킬까 두려워한다.

비상 진입용 해치

수면 가스 보관통

짜증나고 피곤한 상태의 헐크

헐크를 진정시키다

나타샤와 브루스는 헐크를 진정시키기 위한 방법을 만들었다. 나타샤가 "이봐요 덩치, 곧 해가 떨어져요" 라고 말하면서 헐크 쪽으로 손바닥을 펴보인다. 그러면 헐크가 나타샤의 손에 자신의 손바닥을 맞댄다. 마지막으로 나타샤가 손바닥을 위쪽으로 펴보이면 헐크 역시 손바닥을 위로 한 채 자신의 손을 그 위에 얹는다. 그리고 나타샤는 헐크의 손을 위 아래로 쓰다듬는다.

나타샤의 가벼운 손길은 난폭한 헐크를 진정시키고 다시 브루스로 되돌아가도록 만든다.

팔은 아래로 축 늘어뜨린 채 순한 태도를 보이고 있다.

헐크를 달래는 듯이 앞으로 뻗은 손바닥

헐크는 사카아르에서 얻은 인기를 즐긴다. 자신의 파괴적인 성격은 지구에서는 불청객 대접을 받는다는 걸 알고 있기 때문에 굳이 지구로 돌아가고 싶어 하지 않는다. 헐크는 토르를 죽이고 싶지 않았지만, 토르가 현재 자신이 누리고 있는 삶을 망치는 것도 원하지 않았다.

엔진 부품을 재활용해 제작한 망치

장식용 볏은 헐크의 큰 덩치를 더욱 거대해 보이도록 만든다.

망치에 이빨 모양으로 찍혀 있는 장식

사카아르의 챔피언

소코비아에서 울트론이 타고 있던 퀸젯을 빼앗은 헐크는 우주로 떠난 다음 웜홀에 휘말려 사카아르 행성에 떨어진다. 이후 헐크는 사카아르에서 벌어지는 잔혹한 검투 시합의 새로운 챔피언으로 등극한다. 헐크는 2년 동안 브루스의 간섭 없이 헐크 상태를 유지했으며, 투기장에서 토르를 다시 만났을 때 아무 망설임 없이 옛 동료를 날려버린다.

우주선의 선체를 재활용해 만든 어깨 갑옷

외골격과 갑옷도 갈라버리는 칼날

날개 달린 말의 갈기로 제작한 장식용 볏

투구는 길게 연장되어 헐크의 턱까지 보호해준다.

헐크의 투기장 투구

'부숴버린' 적이 사용했던 불꽃 문양

DATA FILE

> 헐크는 자신감이 넘치는 전사로 패배를 두려워하지 않는다. 헐크가 유일하게 두려워하는 것은 약해빠진 브루스로 다시 돌아가는 것이다.

> 헐크는 블랙 위도우를 잊으려 했지만, 퀸젯에서 재생된 영상을 통해 그녀를 본 헐크는 크게 상심하여 브루스로 돌아간다.

헐크의 정강이를 보호하기 위해 맞춤형으로 제작한 정강이 보호대

적의 방패
(전리품으로 가지고 있는 것)

결투가 끝난 후 토르와 헐크는 사카아르에서 다시 만나 뭉친다. 헐크는 토르가 가건 말건 상관없다는 듯이 굴었지만, 마음속으로는 많이 외로웠다. 때문에 두 사람 사이에 우정이 새롭게 싹트고 있었다.

퀸젯의 타이어로 제작한 샌들 바닥

BLACK WIDOW 블랙 위도우

나타샤 로마노프는 한때 소련의 비밀 정보기관 KGB의 요원이자, 최고의 러시아 첩보원 블랙 위도우였다. 그녀는 미국의 안보에 중대한 위협이었기 때문에 쉴드의 요원 클린트 바튼은 그녀를 제거하라는 명령을 받는다. 하지만 클린트는 나타샤가 가진 암살자로서의 능력을 귀중한 자산으로 활용할 수 있다는 것을 알고, 그녀를 제거하는 대신 쉴드에 영입시킨다. 그리고 나타샤는 이후 어벤져스에 합류하게 된다.

레드 룸

나타샤 로마노프는 어린 시절 KGB의 비밀 프로젝트 '레드 룸'에 참여하여, 철저한 훈련을 통해 신체 능력과 그 누구도 따라올 수 없을 만큼 강인한 정신력을 가지게 되었다. 이후 나타샤는 '블랙 위도우', 즉 엄청난 맹독을 지닌 검은과부거미라는 암호명에 걸맞게 세계에서 가장 무자비한 첩보원이자 암살자가 된다.

나탈리 러시맨

블랙 위도우는 스타크 인더스트리에 잠입하여 토니 스타크가 어벤져스 계획에 알맞은 후보인지 평가하라는 쉴드의 명령을 받는다. 그녀는 '나탈리 러시맨'이라는 신분으로 토니의 법무팀에 고용된다. 페퍼 포츠가 스타크 인더스트리의 CEO로 승진하자, 블랙 위도우는 토니의 새로운 비서가 되면서 그를 더욱 밀착 감시할 수 있게 된다.

블랙 위도우는 악당 물리학자 이반 반코를 생포하기 위해 해머 인더스트리에 침투한다. 이때 채 1분도 되지 않아 열 명이 넘는 경비원들을 모조리 제압한다.

쉴드 요원

블랙 위도우의 임무는 크게 두 부류로 나눌 수 있다. 바로 침투와 전투다. 침투의 경우 사람들의 주의를 끌지 않고 목표물에 접근할 수 있도록 최첨단 장비와 무기 없이 간단한 복장만을 착용한다.

개방적이고 간편하게 입는 가죽 재킷

언제든지 보조 무기를 뽑아들 준비가 되어있는 왼손

튼튼한 부츠

어깨에는 쉴드의 표식이 붙어있다.

뉴욕 전투

나타샤는 새롭게 구성된 어벤져스의 멤버이자 쉴드의 요원으로 뉴욕에서 벌어진 혼란스러운 시가전에 뛰어든다. 그녀의 다용도 요원복은 다양한 임무에 맞춰 디자인된 것이며, 심각한 교전을 치를 수 있도록 만들어졌다.

글록 26 권총 두 정 중 하나

더욱 강력한 발차기 공격을 할 수 있도록 강화한 신발 앞굽

쉴드 해체 직전

쉴드가 해체되기 직전 블랙 위도우는 쉴드의 정예 전투부대인 스트라이크 팀에 잠깐 합류하여 새로운 전투복을 입었다. 이 전투복은 야간 비밀 작전을 위해 매끄럽고 은폐에 특화되도록 디자인되었다.

블랙 위도우를 상징하는 붉은색 모래시계 표식

무기 '위도우즈 바이트'

살상이 필요할 경우 사용하는 권총

근접전에서 적에게 쉽게 잡히지 않도록 매끄러운 재질로 제작한 전투복

웨지 힐

블랙 위도우는 상당한 전투 능력을 가지고 있어 상대하기 만만치 않다. 하지만 그 전투력을 자주 사용할 필요도 없다. 그녀는 조직에 침투하여 자신의 목표물을 조종해 비밀 정보들을 실토하게 만드는 데 매우 능숙하다.

침착하고 집중된 표정

전기로 작동하는 '위도우 스팅' 방어 시스템이 슈트를 타고 흐르고 있다.

추격전
블랙 위도우는 오프로드 주행 능력과 곡예에 가까운 운전 실력을 갖추고 있다. 매우 빠른 속도로 질주하면서 장애물이나 적의 공격을 피하는 동시에 공격을 가하는, 눈으로 보고도 믿을 수 없는 묘기를 부린다.

완벽한 균형

살상 능력
블랙 위도우는 지구에서 가장 위험한 인물 중 한 명이다. 그녀는 다른 사람과 비교할 수 없을 정도의 수준 높은 무술 실력을 가지고 있다. 여기에 최고의 올림픽 대표 선수들을 능가하는 신체 능력까지 보유하고 있다. 블랙 위도우는 자신보다 훨씬 크고 강한 목표물도 손쉽게 무장해제한 다음 제압할 수 있다.

슈트 충전팩

위도우즈 바이트 통제 인터페이스

업그레이드된 위도우즈 바이트

절연 처리된 장갑

DATA FILE

> 블랙 위도우는 러시아어, 영어, 프랑스어, 베트남어, 이탈리아어, 중국어 그리고 라틴어 등 많은 언어를 구사한다.

> 블랙 위도우는 유능하고 노련한 조종사로, 거의 모든 항공기를 자신있게 몰 수 있다.

전기 충격 진압봉

케블라와 신축성 있는 섬유를 혼합한 재질

신속 정확하게
블랙 위도우는 '레드 룸'에서의 훈련 덕분에 먼 거리에서도 목표물을 신속하게 타격할 수 있다. 그녀는 숙련된 명사수이며, 히드라의 에너지 블라스터와 같은 외계기술에도 익숙하다.

무릎으로 공격할 때 강력한 전기 충격도 함께 방출하는 무릎 보호대

에너지 탄환의 탄도를 안정시켜주는 자성 레일

치타우리-히드라 기술이 결합된 무기

에너지 셀

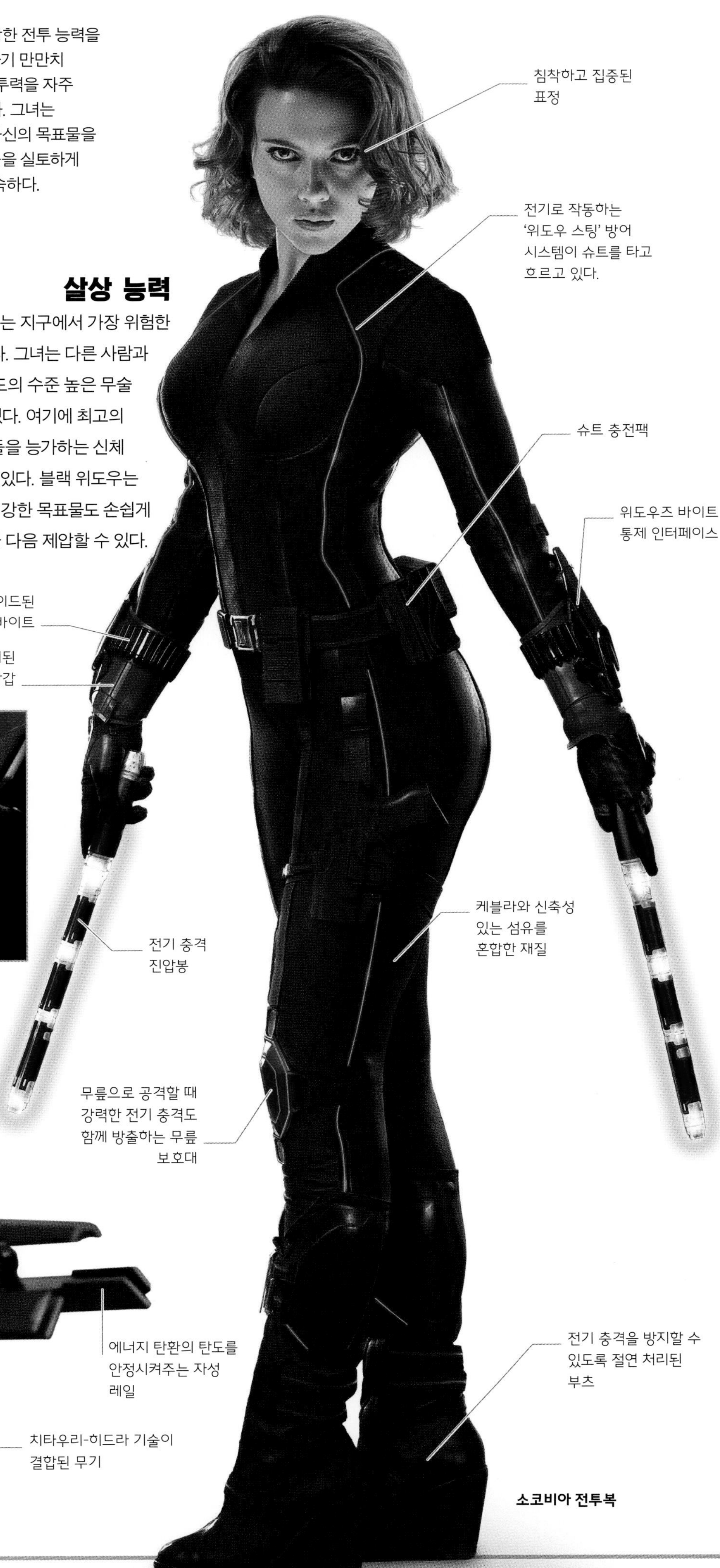

전기 충격을 방지할 수 있도록 절연 처리된 부츠

소코비아 전투복

BLACK WIDOW: DIVIDED LOYALTIES 블랙 위도우: 흔들리는 마음

블랙 위도우의 가족들은 모두 죽었고, 쉴드는 해체되었으며, 친구 브루스 배너는 실종되었다. 이제 그녀의 가족은 어벤져스의 팀원들뿐이다. 그렇기 때문에 어벤져스가 소코비아 협정와 바키 반조 추적 등의 문제로 인해 내분을 일으켜 대립하는 모습을 나타샤의 가슴을 너무나 아프게 했다. 그녀는 어벤져스를 한데 모으기 위해 최대한 노력하지만, 결국 그녀조차도 어벤져스에 등을 돌리고 스스로 도망자의 길을 택한다.

위도우즈 바이트는 블랙 위도우의 가장 강력한 무기 중 하나다. 이 무기는 쉴드에서 개발한 것으로, 블랙 위도우의 장갑에 장착된 전기 충격기다. 그 위력은 블랙 팬서마저 제압할 수 있을 정도로 강력하다.

자성을 띤
진압봉의 손잡이

접이식 전기
충격 진압봉

맞춤 제작한 케블라
재질의 점프슈트

블랙 위도우의 상징

유틸리티
벨트의 황동
버클

장거리 발사형으로
개조된 위도우즈
바이트 장갑

진영의 사이에 끼다

나타샤는 어벤져스가 친구들서 그리고 팀으로서 계속 남아있는 것이 가장 중요하다고 믿는다. 따라서 어느 한쪽 편을 선택해야 한다는 문제는 그녀에게 엄청난 고통이었다, 소코비아 협정에 동의한다면 어벤져스는 구할 수 있을 것이다. 하지만 이는 동시에 토니 스타크와 한편이 되는 것이기도 했다. 나타샤는 자신의 친구인 스티브 로저스와 완전히 누명을 쓴 것이 분명한 바키 반즈를 고발하고 잡으러 쫓는 것을 돕고 싶지 않았다. 나타샤는 도저히 버틸 수 없는 상황에 빠졌다고 생각한다.

라고스에서 벌어진 어벤져스 작전에서 블랙 위도우는 생물 병기를 훔치려는 크로스본즈와 그 부하들의 정황을 시장에서 감시하는 임무를 맡았다. 여기서도 그녀의 위장 능력이 임무에 큰 도움이 되었다.

스티브 로저스와 나타샤는 하이드라의 부활 당시 함께 도주 생활을 하면서 서로 유대감을 가지게 된다. 나타샤는 런던에서 가행된 페기 카터의 장례식이 끝난 후 친구 스티브를 위로한다.

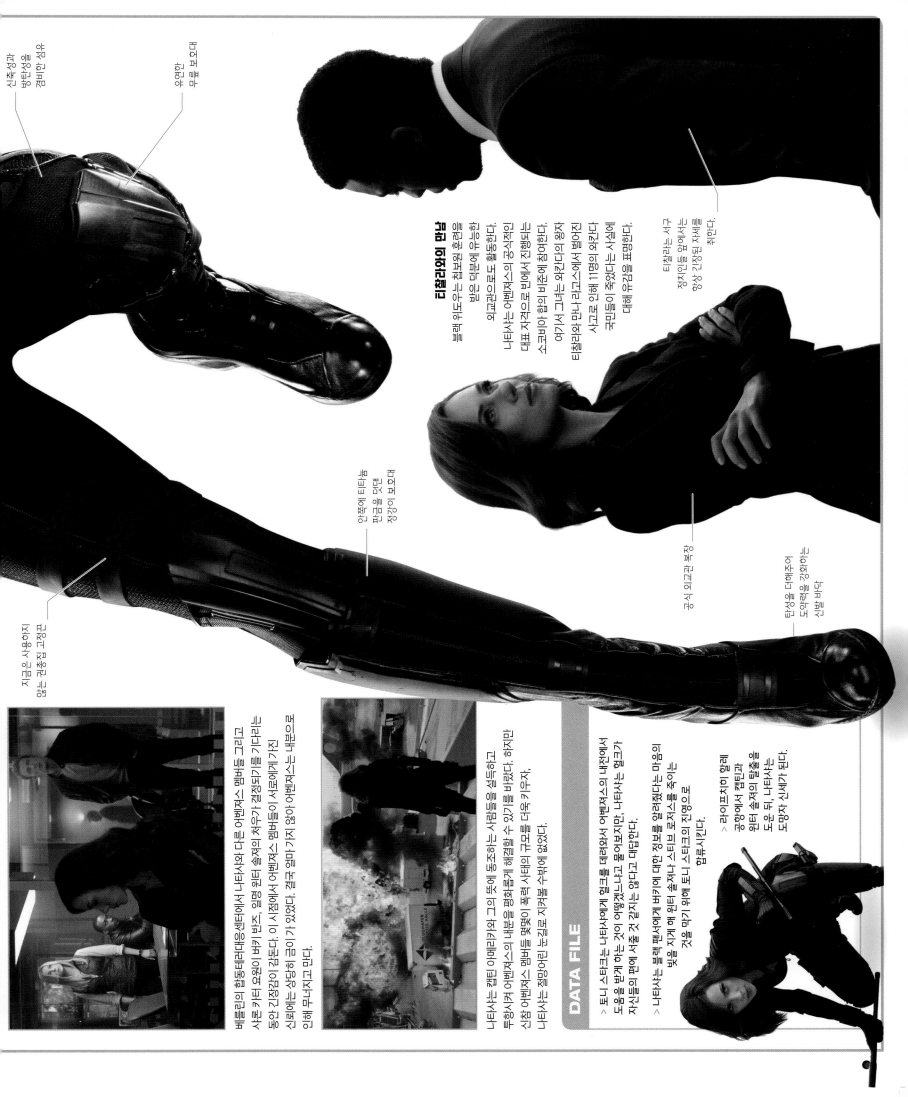

신축성과 반탄성을 겸비한 섬유

유연한 무릎 보호대

디첸코와의 만남

블랙 위도우는 첩보원 훈련을 받은 덕분에 유능한 외교관으로도 활동한다. 나타샤는 어벤져스의 공식적인 대표 자격으로 빈에서 진행되는 소코비아 협약 비준에 참여했다. 여기서 그녀는 와칸다의 왕자 티찰라와 만나 라고스에서 벌어진 사고로 인해 11명의 와칸다 국민들이 죽었다는 사실에 대해 유감을 표명한다.

티찰라는 서구 정치인들 앞에서는 항상 긴장된 자세를 취한다.

공식 외교관 복장

안쪽에 티타늄 판금을 덧댄 장갑이 보호대

지금은 사용하지 않는 권총집 고정근

탄성을 더해주어 도약력을 강화하는 신발 바닥

베를린의 합동테러대응센터에서 나타샤와 다른 어벤져스 멤버들 그리고 샤론 카터 요원이 바키 반즈, 일명 원터 솔저의 처우가 결정되기를 기다리는 동안 긴장감이 감돈다. 이 시점에서 어벤져스 멤버들이 서로에게 가진 신뢰에는 상당히 금이 가 있었다. 결국 얼마 가지 않아 어벤져스는 내분으로 인해 무너지고 만다.

나타샤는 캡틴 아메리카와 그의 뒤에 동조하는 사람들을 설득하고 투항시켜 어벤져스의 내분을 평화롭게 해결할 수 있기를 바랐다. 하지만 신참 어벤져스 멤버 몇몇이 폭력 사태의 규모를 더욱 키우자, 나타샤는 절망어린 눈길로 지켜볼 수밖에 없었다.

DATA FILE

> 토니 스타크는 나타샤에게 헐크를 데려와서 어벤져스의 나친에서 도움을 받게 하는 것이 어땠겠느냐고 물어보지만, 나타샤는 헐크가 자신들의 편에 서줄 것 같지는 않다고 대답한다.

> 나타샤는 블랙 팬서에게 바키에 대한 정보를 알려줬다는 마음의 빚을 지게 돼 엠버 원터 솔저를 죽이는 것을 막기 위해 토니 스타크의 진영으로 합류시킨다.

> 라이프치히 할레 공항에서 캡틴과 원터 솔저의 탈출을 도운 뒤, 나타샤는 도망자 신세가 된다.

HAWKEYE 호크아이

쉴드 요원 클린트 바튼(호크아이)은 놀라운 사격 실력을 지닌 명사수이자 오랫동안 어벤져스에 참여한 멤버다. 그는 뉴멕시코에 추락한 토르의 망치 몰니르를 확보하는 임무에 배정되었다가 토르와 함께 어벤져스 계획에 얽히게 된다. 토르의 남동생 로키가 지구를 침공하던 당시, 이 장난의 신은 호크아이를 세뇌하여 쉴드와 어벤져스를 배신하고 맞서 싸우도록 만들었다. 호크아이는 엄청난 혼란을 야기했지만, 결국 로키의 통제에서 벗어나 뉴욕 전투에서 어벤져스에 합류하게 된다. 그는 안드로이드 울트론과의 전투에서 핵심적인 역할을 한 후 은퇴하지만, 애석하게도 이 은퇴 생활은 오래가지 못했다.

두 칸으로 나눠져 있는 화살통

다음에 쏠 화살

소코비아 전투 도중 호크아이와 스칼렛 위치는 울트론의 드론들을 격퇴하고 민간인들을 대피시키기 위해 서로 협력한다.

소코비아 전투

호크아이는 소코비아에 있다는 히드라 잔당을 단번에 소탕하려는 어벤져스와 함께 다음 임무를 수행하기 위해 떠난다. 이번 작전에서 호크아이는 활과 복장을 추운 기후에 알맞도록 새롭게 개조한다. 그는 전투 중에 부상을 입지만, 울트론이 소코비아를 장악했다는 소식을 듣고는 이 과대망상에 빠진 안드로이드로부터 소코비아를 구하기 위해 복귀한다.

소코비아에서 사용한 화살

로키의 지구 침공이 시작되려고 할 때 호크아이는 쉴드가 진행하던 테서랙트 프로젝트의 보안 책임자였다. 테서랙트가 심상치 않은 방사선 반응을 보이자 호크아이는 이 사실을 닉 퓨리에게 알린다. 하지만 포털에서 로키가 나타나 손쓸 틈도 없이 그의 정신을 세뇌한다.

팽팽하게 당겨진 활시위

조준기

고정점(시위를 당겨서 턱까지 닿은 부분)

화살 받침대

신축성 있는 옷깃

활의 달인

호크아이는 놀라운 반사신경을 활용하기 위해 활이라는 무기를 선택했다. 그는 다양한 종류의 활을 보유하고 있으며, 임무마다 알맞은 활을 들고 나선다. 예를 들어 뉴욕 전투에서는 레이저 조준기가 장착된 접이식 리커브 보우를 사용했다. 모든 활에는 장전 보조 장치가 달린 화살통에서 특수 화살촉을 준비할 수 있도록 원격 조종 장치가 부착되어있다. 이런 화살촉으로는 하강용 줄 화살이나 전자기 펄스, 시한폭탄 그리고 섬광탄 등이 부착된 화살 등이 있다.

방탄 조끼

팔 보호구 겸 아대

웃옷 속에는 가족 사진을 가지고 다닌다.

슈팅 글로브

소코비아의 추운 기후에 맞춰 입은 재킷

뉴욕에서 호크아이는 스타크 타워 건너편의 빌딩 옥상에 있었다. 그는 팀원들에게 시야 정보를 제공하고 폭탄 화살로 치타우리 비행정을 격추시키는 임무를 맡았다.

탄소 섬유 재질의 활 날개

히드라 기지 전투에서 부상을 입은 부위

뉴욕 전투에 사용했던 장비

클린트에게 아내와 아이들이 있다는 사실은 오직 소수만이 알고 있으며, 어벤져스 중에서도 단 한 명만이 알고 있다. 클린트의 가족은 쉴드의 그 어떤 기록에도 나와있지 않은 소박하고 오래된 농장에서 살고 있다. 덕분에 어벤져스는 헐크가 요하네스버그를 초토화시키는 사고를 낸 후에 이곳으로 안전하게 피신할 수 있었다.

복장은 145종류의 안감과 겉감으로 이루어져 있다.

발목에 보조 무기로 단검과 화살을 휴대할 수 있는 고정끈

소코비아 전투에서 사용했던 장비

호크아이는 어벤져스의 내전에서 캡틴의 편에서 선다. 이번에는 근접 무기로도 사용할 수 있는 접이식 활을 들고 나온다. 하지만 호크아이는 자신의 친구들을 다치게 하고 싶지는 않았으며, 결국 스칼렛 위치에게 상대를 봐주지 말라는 일침을 받는다.

DATA FILE

> 호크아이는 왼손잡이 궁수로 활은 오른손으로 잡고 시위는 왼손으로 당긴다.

> 블랙 위도우와 호크아이는 쉴드 요원으로서 오랫동안 함께 임무를 수행한 가까운 친구다. 어벤져스 중에서 호크아이에게 가족이 있다는 사실을 아는 것은 블랙 위도우뿐이다.

화살통에 안정적으로 고정되어있는 화살들

은퇴 철회

호크아이는 어벤져스 활동과 가족에 대한 헌신 사이에서 갈등한다. 울트론을 물리친 후, 클린트는 은퇴해 가족과 더 많은 시간을 보내기로 결심한다. 하지만 캡틴이 토니 스타크를 상대로 한 싸움에서 도움을 요청하자 다시 전장으로 복귀한다. 클린트는 토니에 의해 가택연금 상태에 있던 어벤져스 멤버인 완다 막시모프를 구출한다. 이런 행동에는 완다의 쌍둥이 오빠가 스스로를 희생해가면서 자신을 구해주었다는 마음의 빚도 어느 정도 작용했다. 클린트는 완다와 캡틴 편에 서서 라이프치히 할레 공항에서 벌어진 어벤져스 내전에서 싸운다. 하지만 결국 생포 당해 래프트 감옥에 갇히고, 그 뒤 캡틴의 도움으로 탈옥한다.

호크아이의 시력은 매우 좋다.

자동 조정형 화살통 어깨 고정끈

알루미늄 - 탄소 합금 재질의 화살대

화살대는 고정된 상태에서 아래에 있는 다양한 화살촉들이 회전하며 호크아이에게 필요한 화살로 결합된다.

화살을 활시위에 메기는 위치

리커브 보우는 컴파운드 보우보다 큰 위력을 내지만, 사용하기가 어렵다.

근육이 과도하게 사용됨이 감지될 경우 장갑이 진동하여 알림 신호를 준다.

화살촉 회전대

라이프치히 할레 공항 전투에서 사용한 화살통

쉴드에서 제공되는 부츠

활이 접히는 부위

전자장치로 조립되는 화살촉

CHITAURI 치타우리

||||||||||||||||||||||||||||||||||||||||||

치타우리는 집단 지성을 공유하는 사이보그 병사들로 이루어진 흉측한 외계 종족이다. 타노스는 아스가르드의 왕자 로키에게 지구를 침공할 치타우리 군대를 제공했으며, 이들은 뉴욕에서 파괴적인 전투를 벌인다. 치타우리 군대가 엄청난 전투력을 지니고 있기는 하지만 한 가지 약점이 있다. 어벤져스가 치타우리 모선을 파괴하자, 지구와 본진과의 연결이 끊기는 바람에 지구에서 활동 중이던 모든 병력이 전멸한 것이다. 이후 전투 현장에 남아있던 치타우리 무기들은 범죄자와 테러리스트들의 손에 들어간다.

모선

치타우리 모선은 거대하지만 속도가 느린 단점이 있다. 따라서 지구와 연결되어있는 웜홀 너머 전장 바깥에 머물고 있었다. 이 함선은 전쟁에서 매우 중요한 역할을 수행한다. 단순히 치타우리의 전술을 지휘하는 것이 아니라, 치타우리 병사들에게 이식되어있는 임플란트 장치를 통해 그들을 직접 조종한다.

근접전용 총검

소총 총열

손을 넣는 부분

충전 입자장

불활성 표면 도금

충전 증폭 약실

보병용 기관포

기폭 코어

단단하게 강화한 두개골 갑옷

감지 기능을 가진 센서 모듈

외골격으로 융합된 갑옷

작동 여부 알림등

두 개의 엄지

입자 불안정화 장치

수류탄

치타우리 보병

치타우리는 냉혹하며 기술적으로 진화한 종족이다. 치타우리는 완전한 유기체로 태어나지만, 병사들은 유년기에 사이보그 기술을 활용한 전기 신경 네트워크와 갑옷을 삽입하여 신체를 강화한다. 또한 보병들은 자신들의 근력과 민첩성을 강화하기 위해 화학적 약물에 의존하며, 사이보그 임플란트 부품의 동력은 신체 내장형 반응로에서 공급받는다.

방아쇠

장거리 소총

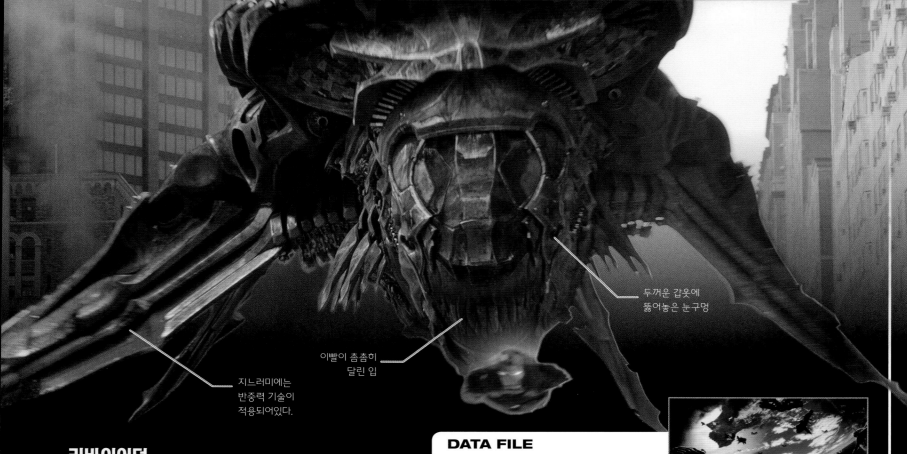

두꺼운 갑옷에
뚫어놓은 눈구멍

이빨이 촘촘히
달린 입

지느러미에는
반중력 기술이
적용되어있다.

리바이어던

치타우리는 '리바이어던'이라는 거대한 비행 괴수를 타고 지구에
도착한다. 이 괴수는 치타우리 보병들처럼 사이보그 강화를
거쳤다. 이들은 지구의 대기에서 날아다닐 수 있는 반중력
시스템을 갖추고 있으며, 몸에는 거대한 갑옷이 이식되어있다.
치타우리 보병 부대는 리바이어던의 비늘 밑 수송 칸에서
대기하다가 전장으로 투입된다.

DATA FILE

> 뉴욕 전투가 끝난 뒤 뉴욕시에는 민간인
희생자들을 기리는 기념비가 세워진다.

> 완다 막시모프가 자신의 능력을 이용해서
토니 스타크에게 그가 가장 두려워하는 장면을
보여준다. 토니는 미래에 치타우리를 상대로
벌어진 훨씬 더 큰 규모의 전쟁을 보게 된다.

무릎을 꿇고 방패로
몸을 가려 방어하는
캡틴 아메리카

뉴욕 전투

치타우리 침공과 이어진 뉴욕 전투는 어벤져스의
정체성을 확실하게 한 사건이었다. 이들은 미국 최대의
도시에 외계인이 대규모로 침공해온 데다, 공황 상태에
빠진 세계안전보장이사회 측에서 발사한 핵미사일까지
날아온다는 상상도 하지 못할 상황에 맞닥뜨렸다. 결국
어벤져스가 승리하기는 했지만 이 전투는 뉴욕시와
전 세계 그리고 어벤져스에게 깊은 상처를 남겼다.

치타우리는 초인들이
저항할 것이라고 전혀
예상하지 못했다.
로키는 치타우리의
군사 지도자들에게
인류는 나약하고
쉽게 정복할 수 있는
종족이라고 설득했다.

모두가 거둔 승리

뉴욕 전투로 인해 어벤져스는
갑작스럽게 세계의 주목을 받게
된다. 세계를 구해주어서 고맙다는
여론도 있었지만, 외계인과 초인
전사들이 전투를 벌인다는 새로운
공포도 널리 퍼져나가기 시작한다.

WAR ON HYDRA 히드라 소탕전

쉴드가 해체된 이후 스트러커 남작의 지휘하에 쉴드 내에서 은밀하게 활동 중이던 히드라 조직은 소코비아 성에 위치한 비밀 시설로 도주한다. 이 시설에서 히드라는 뉴욕 전투에서 회수한 치타우리 장비들을 기반으로 새로운 무기들을 개발한다. 이 외계기술 덕분에 엄청난 동력원과 치명적인 무기 그리고 탄력 있는 건축 소재 등을 만들어낼 수 있었다. 하지만 히드라는 전 세계 히드라 잔당들을 소탕하고 있는 어벤져스와의 필연적인 전투에 대비해야만 했다.

DATA FILE

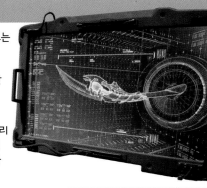

> 스트러커 남작은 기만에 능숙하다. 그는 소코비아에 있는 자신의 기지로부터 어벤져스의 주의를 분산시키기 위해 일부러 다른 곳에 위치한 시설들에 대한 정보를 어벤져스에게 흘린다.

> 스트러커 남작은 자신의 데이터가 어벤져스의 손에 들어가지 않도록 모조리 삭제하라는 명령을 내렸다. 하지만 토니 스타크는 데이터 삭제 과정을 멈춘 다음 대부분을 복구했다.

히드라 과학자들은 스트러커 성의 지하실에서 치타우리 장비들을 역설계하는 작업을 진행한다. 리바이어던의 시신을 천장에 매달아둔 연구실의 탁자 위에는 손상된 치타우리 에너지 무기, 전투복 그리고 비행정의 추진 장치 부품들이 분해된 채 나열되어있었다.

증강현실 정보를 보여주는 외알 안경

소박한 저

스트러커 남작

볼프강 폰 스트러커는 히드라의 간부이자 높은 지성을 활용해 쉴드에서 활동했던 인물이다. 그는 뛰어난 지능의 공학자, 과학자 그리고 군사 전략가로서 세계 최악의 테러리스트는 물론, 지하세계의 범죄자들과도 비밀리에 인연을 맺고 있었다. 그는 치타우리 기술뿐만 아니라 로키의 창도 훔쳐 인간을 대상으로 한 실험을 자행했다. 막시모프 쌍둥이는 이 실험에서 유일하게 살아남은 생존자들이다. 어벤져스가 스트러커 남작을 생포했지만, 그는 결국 독방에서 악당 안드로이드 울트론에게 살해당한다.

리스트 박사

리스트 박사는 쉴드가 해체될 당시 이미 스트러커의 소코비아 성에서 비밀 연구를 진행하고 있었다. 그가 첫 번째로 맡았던 프로젝트는 로키의 창을 이용하여 실험용 무기에 동력을 공급하는 것이었다. 그다음 창의 능력을 인간 실험체들에게 사용하라는 스트러커의 지시에 따랐다.

곧 패배가 닥쳐온다는 것을 예감하고 매우 긴장했다.

히드라 보병

히드라 정예 보병은 극지대 전투복에 치타우리 기술을 합한 외골격 슈트를 착용한다. 이 슈트는 힘을 강화하고 신체를 보호하며, 신경 인터페이스를 통해 양 주먹에 달린 에너지 방출기를 조종할 수 있다. 이 보병들의 소총에서는 단순한 탄환이 아니라 치타우리의 에너지를 발사한다. 어벤져스가 쳐들어왔을 당시 스트러커 남작의 공학자들은 치타우리 기술이 가진 잠재력을 이제 막 알아내기 시작했다.

어벤져스는 소코비아에 위치한 히드라 기지를 둘러싸고 있는 눈 덮인 숲에 침투한다. 이들은 히드라의 미래 무기의 포격은 물론, 숲에서 보이지 않는 속도로 달리며 공격을 가해오는 피에트로 막시모프까지 모두 상대해야 했다.

히드라의 무기는 기존의 차량과 화기들을 외계 기술로 강화했다. 스트러커 남작의 공학자들은 냉전 시대의 야포를 파괴적인 대공 포대로 개조했다.

민첩성을 강화시켜주는 사이보그 임플란트

등에는 치타우리 동력원을 메고 있다.

헬멧 렌즈에서는 전방에 대한 정보를 알려주는 디스플레이가 장착되어있다.

통신 인터페이스

전투용 헬멧

에너지로 충전된 팩으로 강한 펀치를 날릴 수 있다.

강화한 관절

접이식 개머리판

에너지 탄환의 궤도를 안정시켜주는 자성 레일

히드라 H3L-A 에너지 소총

교체 가능한 에너지 부품

강화 외골격

종아리 보호대

사용자가 원할 때 자성을 띠는 전투화

쌍열 포신 주포

첨단기술로 맞춤 제작한 포대

포수가 사용하는 조준경

반응성 장갑 도금

히드라 탱크

히드라의 기술 결합형 탱크는 러시아산 장갑차에 전투차량, 감지 장치, 전자기 펄스 발생기 그리고 강력한 치타우리 펄스 무기로 개조한 것이다. 내부에는 10여 명의 병사들을 넉넉하게 태울 수 있다.

SCARLET WITCH 스칼렛 위치

완다 막시모프는 염력 등 신비한 마법 능력을 가지고 있어 '스칼렛 위치'라는 별명을 얻었다. 한때 어벤져스의 숙적이었지만, 완다는 울트론을 상대로 한 싸움에서 어벤져스에 합류한다. 완다는 굴곡 많은 삶을 살아왔다. 그녀는 아직도 자신의 힘이 어느 정도인지 완전히 파악하지 못했으며, 그 능력은 지금도 계속해서 성장 중이어서 가끔씩 통제하기 힘들 때도 있다. 대중들은 그녀의 능력을 두려워하기 때문에 완다는 우울하고 외롭다는 느낌을 자주 받는다. 특히 자신으로 인해 비극적인 사고가 발생하자 이런 고립감은 극에 달한다. 하지만 완다는 이런 좌절에도 굴하지 않고 어벤져스가 자신을 필요로 할 때마다 꿋꿋하게 추스리고 일어난다.

염력 에너지의 파장

파문을 그리듯이 빙글빙글 돌리는 손가락

코르셋 형식의 블라우스 위에 걸친 가죽 재킷

폭넓은 움직임이 자유롭도록 유연한 재질로 만든 옷

소코비아에서 태어난 완다와 피에트로 막시모프는 쌍둥이 남매로, 12분 먼저 태어난 피에트로가 오빠다. 두 사람은 자원하여 스트러커 남작의 히드라 시설에서 생체실험을 받아 인생이 바뀌게 되었고, 로키의 창을 통해 특별한 능력을 부여받는다.

완다의 능력은 감정으로 조절한다. 울트론과의 싸움에서 오빠가 죽었다는 사실을 감지한 완다는 비통한 감정으로 능력을 과부시키면서 주위에서 몰려드는 울트론 센트리는 물론, 주변에 있는 모든 것을 증발시킨다.

DATA FILE

> 불만에 찬 소코비아 시민들은 자신들의 삶의 터전을 망쳐놓은 내전에서 스타크 인더스트리의 무기가 사용된 점에 항의하는 그래피티를 그려놓았다.

> 울트론이 패배한 후 소코비아인들은 자신들의 도시가 파괴된 원인을 울트론이 아니라 어벤져스 탓으로 돌렸다.

무릎 높이까지 올라오는 소코비아 스타일의 가죽 부츠

"그 여자는 소름끼쳐요"

완다가 스칼렛 위치라는 별명으로 불리기는 하지만, 그 능력은 사실 마법으로부터 파생된 것이 아니다. 로키의 창 속에 들어있던 인피니티 스톤이 완다의 본질을 바꿔놓았든, 아니면 완다의 내면에 잠재되어있던 무언가를 발현시킨 것이든, 그녀에게 마음을 활용해 엄청난 힘을 발휘할 수 있는 능력을 제공했다. 완다는 신체 내부에 있는 신경-전기적 접점으로 붉은색의 염력 에너지를 방출해낼 수 있다. 이 에너지를 사용해 보호막을 만들거나, 비행하거나, 물체를 움직일 수도 있다. 또한 텔레파시로 의사소통하거나 마음을 읽을 수도 있고, 타인의 마음까지도 조종할 수 있다.

예상치 못한 공격을 당한 아이언맨이 하늘에서 떨어져 내리는 물체를 피하고 있다.

자동차들을 끌어당기는 듯한 동작을 하고 있는 완다

라고스에서의 사고

나이지리아 라고스에서 용병 크로스본즈를 상대로 전투를 벌이던 도중, 완다는 폭발하는 폭탄을 공중으로 띄워 캡틴 아메리카의 목숨을 구한다. 하지만 의도치 않게 완다가 띄운 폭탄은 고층 건물 근처에서 폭발하게 되고 11명의 와칸다 구호 단체 노동자들을 포함해 26명이 사망하는 안타까운 사고가 발생한다. 이 비극은 어벤져스 내분을 촉발하는 원인이 된다.

완다는 아직 어리고 자신의 힘을 완벽하게 통제하지 못했다. 라고스 사고 이후, 비전과 토니 스타크는 더 이상의 사고가 발생하는 것을 막기 위해 그녀를 어벤져스 본부에 연금시킨다. 어벤져스 본부에는 오락거리가 많았지만, 완다는 외롭다는 느낌을 받았고, 통제받는다는 것을 좋아하지 않았다.

라이프치히 할레 공항에서 발생한 어벤져스 내전에서 스칼렛 위치는 자신의 능력으로 인근의 주차장에서 자동차들을 끌어내려 공격하는 지형지물을 응용하는 능력을 선보인다. 아이언맨을 향해 떨어져 내리던 자동차들은 결국 그를 깔아 뭉개버린다. 다른 어벤져스와 달리 완다는 상대를 봐줄 생각이 없다.

퀵실버

피에트로는 자신의 새로운 능력에 적응하기 위해 힘든 시간을 보내야 했다. 하지만 적절한 연습과 가속된 신진대사 그리고 효율적으로 변한 신체기관 덕분에 피에트로는 엄청난 속도를 내며 '퀵실버'라는 별명을 얻는다. 피에트로의 능력을 이끄는 원동력 또한 분노다. 피에트로와 완다가 10살이 되던 때 스타크 인더스트리라는 라벨이 붙은 폭탄이 자신들의 집을 폭격하면서 고아가 되고 말았다. 두 사람은 스타크에게 복수하기 위해 처음에는 히드라와 그다음에는 울트론에 협력했다. 하지만 안드로이드 울트론의 계획이 인류 몰살이라는 것을 알게 된 두 사람은 마음을 바꾼다.

소코비아 전투 도중 피에트로는 수많은 민간인을 구하면서 신체를 극심하게 혹사하는 바람에 거의 탈진하고 만다. 그는 호크아이와 소코비아 아이를 구하기 위한 엄폐물을 제공한 후 울트론에게 살해당한다. 호크아이는 이 소코비아 청년을 기리기 위해 자신의 아들에게 '나다니엘 피에트로 바튼'이라는 이름을 지어준다.

피에트로와 호크아이는 자신의 실력이 월등하며, 상대의 반응속도가 느리다는 조롱을 주고 받으면서 긴장감을 끌어올린다. 두 사람의 껄끄러운 관계는 전투에서 힘을 합칠 때까지 부드러워지지 않았다.

소매가 말려올라가는 것을 방지해주는 장갑

ULTRON 울트론

울트론은 악한 자아를 가진 안드로이드로 토니 스타크가 새로운 세계평화 유지 시스템의 A.I.를 개발하는 도중 의도치 않게 만들어낸 결과물이다. 울트론은 완성 직후 갑자기 자아를 인식하고 공격적이고 적대적인 반응을 보인다. 그는 세계의 역사와 문화에 관한 방대한 디지털 자료와 지식들을 빠르게 흡수한다. 하지만 핵심을 살펴보면, 울트론은 아직 이기적이고 미성숙한 자아를 가지고 있다. 어린아이 같은 감성과 방대한 지성 그리고 인류로부터 세계를 구해야 한다는 사상(원래 울트론을 만들 때 평화 유지의 의도가 왜곡된 것이다)이 결합한 결과, 울트론은 세계에 재앙을 가져오겠다는 야망을 품는다.

손바닥에는 리바이어던의
반중력 장치가 장착되어있다.

홀로그래픽 기억 장치

원자로가 빛을
발한다.

원자로 코어와
중앙 처리 장치

전기 및 액체
전달 체계

브루스 배너와 토니 스타크가 A.I. 자비스(왼쪽)와 로키의 창에 내재되어있는 외계 코드(오른쪽)를 비교해보고 있다. 둘 모두 인간 이상의 지성을 보이고 있지만, 외계 코드의 경우 살아있는 유기체 뇌의 사고 과정과 좀 더 비슷한 모습을 보여준다. 토니는 이를 기반으로 울트론을 만들 수 있을 것이라는 생각을 하게 된다.

토니 스타크의 숙적

울트론은 자아를 인식한 다음 토니 스타크의 이름을 듣자마자 인터넷에서 그에 관한 정보를 모조리 찾아낸다. 울트론은 어벤져스와 스타크 인더스트리의 무기 프로그램 그리고 기술을 사용해 평화를 유지하겠다는 토니의 노력들에 대해 알게 된다. 울트론은 토니를 위선자라고 생각하며, 자신이 그에게 비교되거나 그가 창조한 피조물로 여겨진다는 것에 크게 분개한다. 울트론은 토니와 어벤져스가 지구의 가장 큰 위협이라고 생각하고 이들을 모조리 없애려고 한다.

울트론은 아이언 리전(토니 스타크 A.I.가 조종하는 어벤져스 임무 지원형 드론 슈트)의 손상된 부품들을 얼기설기 끼워맞춘 임시방편의 신체를 가지고 어벤져스 앞에 처음 등장한다. 울트론은 어벤져스 타워에서 벌어지던 파티에 난입해서 어벤져스의 전투력을 시험해보기 위해 공격을 감행한다. 그런 후, 인터넷을 통해 자신의 의식을 동유럽의 도시 국가 소코비아로 전송한다.

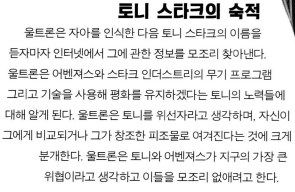

녹아내린 아이언
리전의 안면 갑옷

불타버린 감지 체계

울트론이 처음 사용했던 육체

무릎 관절의 작동
방식은 히드라
외골격 기술을
모방한 것이다.

울트론은 소코비아에서 히드라로부터 얻은 치타우리 외계기술을 활용해 자신이 사용할 인상적인 새 육체를 만든다. 이 육체는 울트론에게 초인적인 힘과 내구력을 주었으며, 중력을 조종할 수 있는 능력과 손가락 끝에서 붉은 플라즈마 빔을 발사할 수 있는 기능으로 무장하고 있다.

정강이 보호대와
발꿈치 조절기

치타우리식
의족 디자인

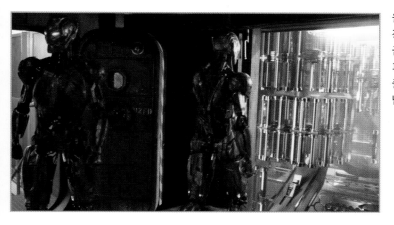

울트론은 또 다른 신체와 지구를 멸망시킬
장치를 만들기 위해 엄청난 양의 비브라늄
금속이 필요했다. 울트론과 완다,
피에트로는 악명 높은 무기상 율리시스
클로로부터 비브라늄을 얻기 위해
남아프리카로 간다.

DATA FILE

> 울트론은 자신의 창조주인 토니
스타크로부터 극적인 연출을
즐기는 성격을 물려받았다.
그는 호사스러운 왕좌에 앉은 채
완다와 피에트로에게 자신을
처음으로 소개한다.

> 토니의 A.I. 자비스는 울트론이
핵무기 발사 코드를 빼앗는 것을
막기 위해 한시도 쉬지 않고
방해 작업을 한다.

소코비아 전투

울트론은 인류를 쓸어버린 다음 자신이 조종하는 기계들로 지구를
채울 계획을 세운다. 그는 비브라늄과 치타우리 기술을 기반으로
제작한 거대한 장치로 소코비아를 통째로 공중에 띄운 다음,
운석처럼 지구에 부딪혀서 인류를 멸망시키려고 한다. 울트론은
어벤져스가 자신을 저지하러 올 것임을 알고 있었기에, 소모품으로
활용할 수 있는 울트론 센트리 부대를 대량으로 양산해두었다. 그는
어벤져스가 센트리 부대와 싸우고 소코비아의 민간인들을 구하느라
정신이 팔린 사이 진정한 위협을 막지 못하길 바랐다.

생산하기 쉬운
얇은 갑옷

귀 모양의 장치는 송수신
기능을 겸하는 안테나다.

팔과 다리는 모듈형
부품이어서
개조하기 쉽다.

변형된 리펄서
기술을 적용한 몸체

울트론 센트리

울트론 센트리는 토니 스타크의 아이언 리전 드론을 기반으로
제작된 것이다. 각 개체는 나약하지만 빠르게 양산할 수 있어서
울트론에게 대규모 부대를 제공한다. 울트론은 센트리
하나하나를 직접 조종할 수 있는 능력도 가지고 있는데, 이렇게
울트론의 조종을 받는 센트리 개체는 눈이 빨갛게 변한다.

종말을 촉발하다

울트론은 소코비아 수도에서 정확히 중심에
위치한 옛 교회에 세계 종말을 야기할 기폭 장치를
설치해두었다. 어벤져스가 이 장치의 작동을 막기
위해 분투하면서(결국 실패하지만), 이 교회는
전투가 벌어지는 중심이 된다.

비브라늄 기폭장치

어벤져스는 울트론의 계획을
막아내는 데 성공하지만, 그 과정에서
소코비아를 파괴할 수밖에 없었다.
수천 명의 민간인들이 피신했지만
수백 명의 사망자가 발생했다.
소코비아의 파괴는 결국 소코비아
합의로 이어지고, 이는 다시
어벤져스 내전을 일으키게 된다.

지하에 묻혀있는
거대한 장치와
연결되어있다.

장치가 작동할 경우
소코비아는 지구로
추락하게 된다.

이 제단 위에는 원래
왕좌가 있었다.

기폭장치를
고정시키는
집게 모양의
설치물

어벤져스에 새롭게 합류한 멤버인 비전은 울트론을
확실하게 처치하기 위해 마지막 센트리를
파괴하는 것을 달갑게 여기지 않았다.
울트론은 악당일지 몰라도, 어떻게 보면
비전의 가장 가까운 혈육이기 때문이다.

VISION 비전

이마에 박혀 마인드 스톤

비전은 자아를 가졌지만 인간도 아니고 기계도 아닌 신디조이드다. 그의 신체는 울트론에 의해 만들어졌지만, 울트론과 비전은 전혀 다른 세계관을 가지고 세상을 바라본다. 비전은 자애로운 성격을 지녔으며 비행 능력과 신체를 무형으로 만들 수 있는 능력 그리고 이마에서 에너지 빔을 발사할 수 있는 능력이 있다. 어벤져스는 처음에 비전이 어떤 의도를 가지고 있는지 확신하지 못했다. 그러나 비전은 토르의 망치인 몰니르를 들어 보이면서 자신이 지극히 순수하며 어벤져스가 될 만큼 고귀한 존재라는 사실을 증명했다. 그는 어벤져스가 울트론을 무찌르기 위한 최후의 전투에도 참전한다.

비전이 걸친 옷은 기능보다는 장식용에 더 가깝다.

울트론은 신체적으로 완벽한 몸을 설계했다.

울트론의 부모는 토니 스타크의 사업과 슈퍼 히어로 활동을 도왔던 A.I. 시스템 자비스다. 토니는 새로운 울트론의 A.I.를 만드는 실험 도중, 브루스 배너에게 황금빛을 띤 자비스의 홀로그램을 보여준다.

어제 태어난 존재

울트론은 비브라늄 금속과 인공 신체 세포를 결합한 육체에 인피니티 스톤을 더해, 나중에 비전의 신체가 될 몸을 만든다. 하지만 울트론은 자신의 의식을 신체로 다운로드하기 직전에 작업을 방해받게 된다. 토니 스타크는 울트론 대신 자비스를 신체에 다운로드한다.

자동 잠금형 덮개

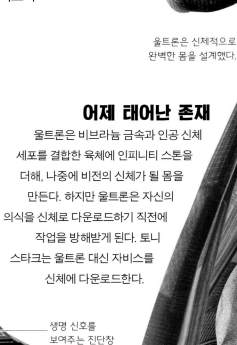

생명 신호를 보여주는 진단창

제어창

재생 크레이들

조 박사의 재생 크레이들은 원래 환자들의 부상 부위에 인공 세포 조직을 만들어 덮은 다음, 몸이 자신의 원래 세포인 것처럼 인식해 신체 일부로 흡수하게 만드는 치료 장치다. 하지만 비전의 경우, 이 장치는 아예 새로운 신체를 만들어냈다.

조 박사

헬렌 조는 호크아이가 중상을 입었을 때 어벤져스를 도와준 최고의 유전학자다. 그녀는 생체 조직 재생 분야의 최첨단기술을 활용해 호크아이의 회복을 도와주었다. 하지만 이로 인해 울트론의 새로운 신체 제작 계획에 필요한 인물이 되고 만다.

울트론은 조 박사에게 자신의 새로운 신체를 제작하라고 강요한다. 하지만 어벤져스가 그 신체를 탈취한다.

토르를 따라서 만든

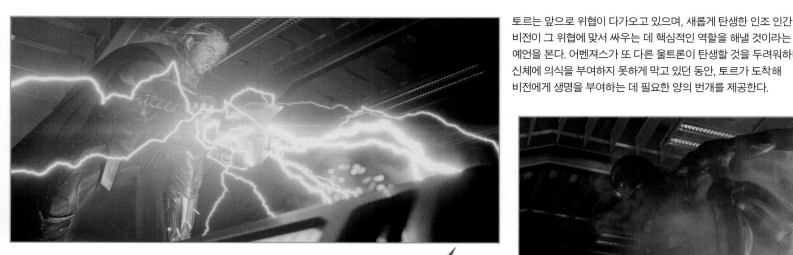

토르는 앞으로 위협이 다가오고 있으며, 새롭게 탄생한 인조 인간 비전이 그 위협에 맞서 싸우는 데 핵심적인 역할을 해낼 것이라는 예언을 본다. 어벤져스가 또 다른 울트론이 탄생할 것을 두려워하며 신체에 의식을 부여하지 못하게 막고 있던 동안, 토르가 도착해 비전에게 생명을 부여하는 데 필요한 양의 번개를 제공한다.

완전히 성숙한 형상을 갖춘 비전이 재생 크레이들에서 일어난다. 그는 높은 지성과 완전한 자아를 깨달은 채 태어났으며, 자신의 창조를 둘러싼 상황에 대해 충분히 인지하고 있었다. 비전은 처음에 토르를 향해 달려들었지만, 잠시 후 침착해져서 토르에게 사과한다.

DATA FILE

> 로키의 창에 박혀있던 보석은 6개의 인피니티 스톤 중 하나인 마인드 스톤으로, 비전에게 의식을 제공해주었다. 하지만 비전의 정신적 뿌리는 자비스에 있다는 사실은 확실하다. 그는 토니 스타크의 A.I. 조수로 활동하던 시절의 영국식 억양을 그대로 사용하고 있다.

> 소코비아 전투 도중 비전은 울트론이 인터넷에 접속할 수 있는 기능을 막아 정신적 탈출구를 봉쇄했다. 덕분에 어벤져스는 울트론의 개체들을 하나씩 파괴할 수 있었다.

비전은 다른 어벤져스의 복장을 참고해 자신이 사용할 장갑과 옷을 만들었다.

비전은 소코비아 합의와 같은 딜레마에 인내심과 심사숙고하는 자세로 접근한다. 그는 감정적으로 호소하지 않으며, 분노에 찬 반응도 보이지 않는다.

인류 관찰

비전은 자신이 울트론도 아니고 인간도 아니라는 사실을 알고 있다. 그는 그 사이에 존재하는 또 다른 피조물로서, 이기적인 야망이나 자기 파괴적인 자존심에 연연하지 않는다. 비전은 인간의 생명이 가진 취약성을 극복하고 더 나은 존재가 되려고 노력하는 자세에 큰 가치를 부여한다. 비전은 완다 막시모프에게 감정적으로 이끌리지만, 자신의 감정을 표현하는 데 수줍어한다. 그가 완다에게 유대감을 느끼는 이유는 비전에게 생명을 부여해주었던 인피니티 스톤이 완다에게도 능력을 주었기 때문이다. 하지만 비전은 사적인 공간과 사생활이라는 개념을 이해하지 못해 벽을 통과해 방에 들어오는 행각을 벌이기도 한다. 물론 이런 행동으로 인해 완다는 불편함을 느낄 때도 있다.

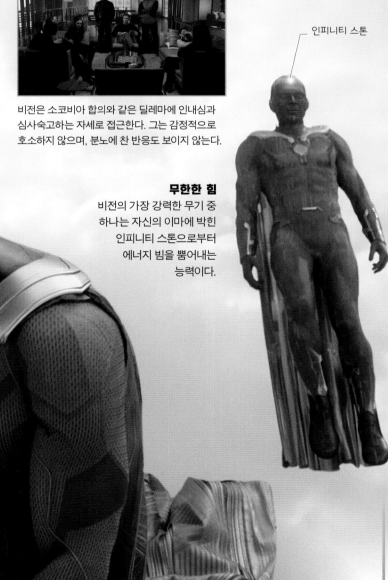

인피니티 스톤

무한한 힘
비전의 가장 강력한 무기 중 하나는 자신의 이마에 박힌 인피니티 스톤으로부터 에너지 빔을 뿜어내는 능력이다.

THANOS 타노스

은하계에 '매드 타이탄'으로 악명이 자자한 악당 타노스는 지금껏 어벤져스와 그 조력자들이 대적했던 적들 중 가장 강력한 존재이다. 타노스는 거의 무한한 힘을 가진 존재로, 자신의 목적을 달성하기 위해 다양한 곳에서 수호자들이 지키고 있는 6개의 인피니티 스톤을 끈질기게 모으려고 한다. 그의 무시무시한 계획은 인피니티 스톤들이 지닌 힘을 모두 합쳐, 우주에 있는 생명체 절반을 쓸어버리는 것이다. 인피니티 스톤을 모두 모은다면 단지 손가락을 한번 튕기는 것만으로도 이런 대재앙을 실행할 수 있다.

타노스는 자신의 고향 행성이 인구 과잉으로 인해 자연이 파괴되어 멸망하는 것을 보고, 우주의 모든 행성에 거주하는 인구의 절반을 학살하여 고향과 똑같은 운명을 겪지 않도록 해야 한다고 결심한다. 그는 우주의 자원에 한계가 있다는 것을 알고 있으며, 생명체의 수를 제한하여 그 균형을 맞추는 책임은 오직 자신에게 있다고 믿는다.

타노스는 어린 시절에 가모라를 동족의 학살로부터 구해준 다음 수양딸로 삼아, 자신의 목적에 필요한 인재로 키워낸다. 타노스가 보여주는 끝없는 무자비는 가모라에게 보여주는 깊은 애정과 상반된 모습이다.

조종의 달인

타노스는 사실상 무적의 존재다. 그는 맨손으로 인피니티 스톤을 붙잡고도 신체가 파괴되지 않으며, 전 우주에서 이런 모습을 보여줄 수 있는 존재는 몇 되지 않는다. 또한 타노스는 매우 무자비하며 계산적인 데다가 가장 강력한 존재들조차 자신의 의지에 굴복시키는 데 매우 능하다. 그렇다고 타노스가 자비를 모르는 존재는 아니다. 하지만 그 자비 역시 자신의 방식대로 뒤틀려있다. 그는 자신의 행동을 통해 살아남은 나머지 절반은 전쟁도, 굶주림도 없이 살아갈 수 있기 때문에 대가를 받지 않고 선행을 베푸는 것이라고 생각한다.

강력한 분위기를 자아내는 높은 목깃의 황금 흉갑

교활한 성격을 보여주는 약삭빠른 미소

넓고 경사진 어깨

유전적 기형으로 인한 보랏빛 피부

인피니티 건틀렛으로 승리의 주먹을 쥐고 있다.

타이탄의 문화에서 흔히 볼 수 있는 기하학적 디자인

두터운 근육으로 단련된 팔과 다리

수많은 행성의 표면을 밟았던 두꺼운 부츠

DATA FILE

> 닥터 스트레인지는 미래를 살펴보면서 타노스와의 싸움에서 발생할 수 있는 모든 결과를 알아낸다. 타노스가 이기는 미래는 1,400만 가지가 넘는 반면, 그를 패배시키는 미래는 오직 하나뿐이었다.

> 오딘의 보물창고에는 아스가르드가 멸망하기 직전까지 인피니티 건틀렛의 모조품이 전시되어있었다. 이 모조품은 진품과 달리 오른손에 끼는 것이다.

인피니티 스톤

인피니티 스톤은 현재의 우주가 존재하기도 전부터 존재했던 6개 특이점들의 잔해가 압축된 것이다. 각 스톤은 너무나 방대하여 필멸자는 이해할 수 없는 규모의 힘을 품고 있다. 인피니티 스톤은 각각 스페이스, 리얼리티, 타임, 파워, 마인드 그리고 소울 등 우주를 구성하는 근원적인 요소들을 지배한다. 타노스는 니다벨리르의 대장장이 왕 에이트리에게 인피니티 스톤의 힘을 모두 담을 수 있는 강력한 무기인 인피니티 건틀렛을 만들라고 강요한다. 타노스는 인피니티 스톤을 하나하나 쟁취하면서, 마치 전리품을 장식하듯이 인피니티 건틀렛에 스톤을 끼워나간다.

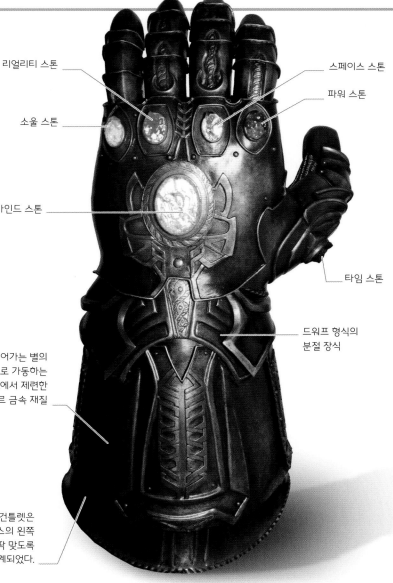

리얼리티 스톤

스페이스 스톤

파워 스톤

소울 스톤

마인드 스톤

타임 스톤

드워프 형식의 분절 장식

죽어가는 별의 힘으로 가동하는 용광로에서 제련한 우르 금속 재질

인피니티 건틀렛은 타노스의 왼쪽 팔에 딱 맞도록 설계되었다.

인피니티 건틀렛

스페이스 스톤
테서랙트에 들어있던 스페이스 스톤은 차원을 넘어 이동을 가능하게 하며, 신비로운 에너지원으로 활용할 수도 있다.

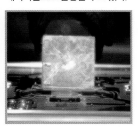

리얼리티 스톤
에테르라는 이름으로도 알려진 리얼리티 스톤은 현실의 구조를 변경하거나 물질을 암흑 물질로 변환할 수 있다.

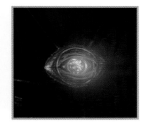

타임 스톤
원래 아가모토의 눈에 박혀있던 타임 스톤은 시간의 흐름을 조작하고, 과거나 미래를 바꿀 수 있다.

파워 스톤
잔다르의 금고에 보관되어있던 파워 스톤은 현재 알려진 모든 물체나 물질을 파괴할 수 있는 에너지를 방출한다.

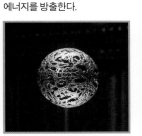

마인드 스톤
마인드 스톤은 한때 신디조이드 비전의 부품으로 사용되었다. 지성체의 마음을 조종하며, 초능력을 부여한다.

소울 스톤
보르미르 행성의 레드 스컬이 지키던 소울 스톤을 얻기 위해 타노스는 사랑하는 사람의 영혼을 바쳐야만 했다. 그 능력은 밝혀지지 않았다.

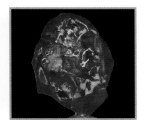

컬 옵시디언

외부의 공격을 흡수하는 두터운 파충류형 피부

타노스의 자식들
타노스는 입양한 자식들의 도움을 받아 여정을 이어간다. 이 자녀들은 타노스가 침략했던 행성들에서 충분한 가치가 있다고 생각해 직접 구해낸 아이들이다. 이들은 제각기 고유한 능력과 장기를 가진 무시무시한 전사들이다. 에보니 모는 어마어마한 위력의 염력을 소유하고 있고, 콜버스 글레이브와 프록시마 미드나이트는 무기에 통달한 전투원이며, 컬 옵시디언은 엄청난 근력과 내구력을 자랑한다. 타노스의 뜻을 거역한 두 딸인 가모라와 네뷸라와는 달리, 이 네 명의 자식들은 타노스의 곁에 충실한 수하로 남아 그가 내리는 모든 명령에 따른다.

프록시마 미드나이트

장갑이 달린 웃옷이 목과 갈비뼈 부위를 보호한다.

양날 장검

민첩성을 [ ]하기 위한 [ ]벼운 갑옷

에너지로 빛나는 창끝

에보니 모

콜버스 글레이브

망치는 근접 무기, 갈퀴, 방패 그리고 투척 무기 등 다양한 기능을 수행한다.

INFINITY WAR 인피니티 워

우주 저편에서 타노스의 계획이 막바지에 이른다. 이 세계에서 모든 사건이 벌어졌던 이유는 바로 이 순간을 위해서였다. 타노스는 거의 모든 인피니티 스톤을 손에 넣었고, 이제 우주는 심연 속으로 치닫기 일보 직전이다. 지구에는 인피니티 스톤이 두 개 있었고, 타노스는 이 자그마한 푸른 별로 다시 한번 눈을 돌린다. 지구 최강의 수호자들인 어벤져스는 분열되어 취약해진 상태다. 가장 강력한 일격이 가해지려는 순간, 패배는 피할 수 없을 것 같아 보인다.

어벤져스 해체 이후, 스칼렛 위치와 비전 사이의 낭만적인 관계는 더욱 진전된다. 두 사람은 각자의 능력에 더욱 통달하면서, 완다는 이제 인피니티 스톤을 파괴할 수 있는 능력을 갖게 된다. 비전은 이마에 박힌 마인드 스톤으로 인해 타노스가 노리는 주요 목표가 되고, 타노스의 자식 두 명이 스코틀랜드에 나타나 이 커플에게 맹렬한 공격을 가한다.

캡틴 아메리카

목 보호대

평평한 어깨 보호대

전투에서 입은 손상이 남아있다.

적들의 탐지를 피하기 위한 어두운 색상

전투를 준비하기 위해 걷어붙인 소매

로켓이 준 사이보그 의안

자칫 코타티 금속 섬유로 오해할 만한 근육

토르의 비통한 내면을 드러내는 어두운 색상

전류를 전도할 수 있는 왕족의 원반 장식

토르

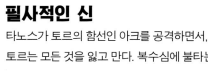

필사적인 신

타노스가 토르의 함선인 아크를 공격하면서, 토르는 모든 것을 잃고 만다. 복수심에 불타는 신은 가디언즈 오브 갤럭시에 합류해 그 어떤 대가를 치르더라도 타노스를 처치하겠다고 다짐한다.

로키는 아스가르드의 보물창고에서 비밀리에 테서랙트를 가져와 숨긴 채 아크에 탑승했다. 타노스가 아크를 공격했을 때, 로키는 자신도 올바른 일을 하기 위해 그를 속여서 암살을 시도한다. 하지만 타노스는 로키의 거짓말을 꿰뚫어 보고 그를 살해한다.

블랙 위도우

원래의 머리 색깔보다 눈길을 덜 끄는 금발

방탄 재킷

두 개의 진압봉으로 분리할 수 있는 지팡이

어벤져스 재집결

스코틀랜드에서 비전과 스칼렛 위치가 콜버스 글레이브와 프록시마 미드나이트 일당에게 공격당하자, 캡틴과 그의 팀은 서둘러 두 사람을 도우러 간다. 이후 캡틴 일행은 타노스로부터 지구를 지키기 위해 비밀 작전을 그만둔다.

어벤져스가 해체된 이후 캡틴 아메리카, 팔콘 그리고 블랙 위도우는 당국의 눈을 피해 숨어 지내고 있었다. 이들은 등록되지 않은 퀸젯을 타고 전 세계를 누비며, 자신들이 맞서 싸울 수 있는 악에 대적한다.

DATA FILE

> 로즈 대령(워머신)은 첨단 강화 외골격 덕분에 하반신 마비를 극복하고 걸을 수 있게 되었다.

> 어벤져스 내전이 끝난 후, 호크아이와 앤트맨은 가택 연금 상태로 가족들과 함께 시간을 보내고 있다.

슈트 표면은 나노봇으로 구성되어있어 전투에서 입은 손상을 회복할 수 있다.

기존 슈트의 상징적인 적색-금색 컬러링에 은색 장식이 추가로 강조되었다.

외계 물질도 쉽게 갈라버릴 수 있는 리펄서 빔

슈트의 추진기는 지난 버전의 슈트들보다 훨씬 빠르다.

마크 50

아이언맨의 마크 50 슈트는 이전 49개 버전의 슈트들보다 훨씬 발전된 기술의 집합체다. 이 슈트는 스타크의 최신 아크 리액터/리펄서 테크 노드에 나노봇 형태로 저장되어있다가, 전투에 돌입할 때 아이언맨 슈트로 매끄럽게 변형된다. 스타크는 이 슈트에서 강력한 무기들을 무수히 만들어내면서 잠시 동안 타노스를 홀로 상대하기도 했다.

뉴욕시는 다시 한번 타노스에 의해 고통 받는다. 토니 스타크, 닥터 스트레인지 그리고 웡은 갑자기 나타난 브루스 배너의 경고를 받고, 에보니 모와 컬 옵시디언으로부터 스트레인지가 가진 아가모토의 눈에 들어있는 타임 스톤을 지키기 위해 힘을 합친다.

피터 파커가 스티브 로저스 진영을 상대로 한 어벤져스 내전에서 도움을 준 이후 토니 스타크는 스파이더맨에게 줄 새로운 최첨단 슈트 17A를 제작한다. 이 슈트에는 4개의 접이식 기계팔과 강력한 웹슈터가 추가로 장착되어있다. 피터는 타이탄으로 떠나는 여정에서 활용하기 쉬운 이 슈트를 착용한다.

10대의 그루트

가디언즈 오브 갤럭시가 에고를 상대로 전투를 벌인 이후로 상당한 시간이 흐르면서, 아기 그루트는 사춘기에 들어선다. 그루트의 성격은 뚱해졌으며 주위에서 벌어지는 일에 거의 관심을 보이지 않는다. 하지만 뭔가 중요한 것을 지켜내야 할 순간이나 자신의 친구를 도와야 할 때는 기꺼이 손 혹은 나뭇가지를 내민다.

그루트는 여느 사춘기 청소년과 마찬가지로 비디오 게임을 좋아한다.

토니 스타크는 가끔씩 자신이 은하계 반대편으로 뚝 떨어지는 악몽을 꾸곤 했다. 이제 그 악몽은 현실이 되었다. 타노스의 멸망한 고향 행성 타이탄에 불시착한 토니 스타크, 닥터 스트레인지 그리고 스파이더맨은 가디언즈 오브 갤럭시와 충돌한다. 하지만 이들은 타노스를 물리치기 위해 반드시 힘을 합쳐야만 했다.

발 쪽에서 빠르게 성장하고 있는 새 덩굴

와칸다 전투

와칸다의 수도 비르닌 자나를 둘러싼 평원은 타노스를 상대로 한 지구에서의 마지막 전장이 된다. 어벤져스와 그 조력자들은 슈리가 비전의 이마에서 마인드 스톤을 분리하여 파괴하는 동안, 어떻게든 타노스의 군대를 막아내야만 했다. 비르닌 자나의 에너지 방어막과 와칸다인들의 최첨단 무기 덕분에 전투의 흐름은 몇 년 전 뉴욕 전투와는 다르게 흘러가지만, 타노스가 도착하면서 승리는 어벤져스로부터 등을 돌리고 만다.

수송선으로부터 뛰쳐나온 타노스의 무시무시한 아웃라이더스 부대는 수풀이 무성한 와칸다의 평원을 빼곡히 메운다. 그 숫자는 끝도 없이 나타났으며 팔콘이 공중에서 가하는 공격으로도 그 수를 거의 줄이지 못했다.

ANT-MAN 앤트맨

착한 마음씨를 가진 전과자에게 냉전 시대에 활약했던 비밀요원과
그 첩보원의 깐깐한 딸을 조력자로 붙여 세계를 구할 임무를 맡긴다고
해보자. 여러분은 이제 그 누구도 가져보지 못했던 슈퍼 히어로 팀을
가지게 되었다. 몸집은 벌레만큼 줄어들어도 성인 남성의 힘을 발휘할
수 있다면 어떨까? 개미를 조종할 수 있는 능력이 있어서 이 조그마한
전사들로 이루어진 군대를 부릴 수 있다면 어떨까? 주위에 있는 모든
사물의 크기를 마음대로 줄이거나 키울 수 있는 능력이 있다면 또
어떨까? 앤트맨은 이 모든 것을 해낼 수 있다. 뿐만 아니라 더한 것도
해낼 수 있다.

"네 덩치에 맞는 사람을 괴롭히지 그래?"

스캇 랭

ANT-MAN 앤트맨

스캇 랭은 전과자이지만 어벤져스의 조력자다. 그는 착한 마음씨와 좋은 의도를 가졌지만, 딸을 다시 보고 싶다는 절박한 마음과 약간 부족한 판단력이 결합하게 되면 어김없이 위태로운 상황에 놓이게 된다. 스캇 랭은 전임 앤트맨인 행크 핌과 행크의 딸 호프 반 다인의 집에 침입해 절도 행각을 벌인 후, 두 사람을 만나게 된다. 사실 이 도둑질은 행크가 스캇을 자신의 후계자로 삼기 위해 깔아둔 함정이었다. 행크는 스캇에게 마음대로 몸의 크기를 줄이거나 키우고, 개미들과 소통할 수 있는 앤트맨 슈트를 입혀준다.

스캇 랭의 딸 캐시는 아빠가 벌인 범죄 행각에도 불구하고 아빠를 꿋꿋이 믿어준다. 하지만 스캇은 자신의 생활방식으로 인해 딸의 방문권도 박탈 당할 위기에 몰린다. 딸의 인생에 함께하고 싶다는 열망은 스캇이 더 나은 사람이 되게끔 하는 원동력이 된다.

다중 관절 어깨 보호대

신축성 있는 붉은색 장갑

신체 크기 회복 버튼

아래 턱에 잠금장치가 달린 헬멧

DATA FILE

> 스캇 랭은 어벤져스 멤버가 아니다. 그가 어벤져스 내전에서 캡틴 아메리카의 편에 합류한 것은 팔콘의 개인적인 부탁을 들어주기 위한 것이었다.

> 행크와 스캇은 실제 크기의 장비들을 제작한 다음 핌 입자로 크기를 줄여서, 개미들도 장착할 수 있는 장비로 탈바꿈시킨다.

범죄의 재능

스캇은 순전히 이기적인 욕망으로 범죄를 저지른 것이 아니다. 그는 자신의 예전 고용주들에게 절도 행각을 벌였다는 혐의로 산 쿠엔틴 주 교도소에서 3년을 복역했다. 하지만 그 이유는 고용주들이 고객들에게 바가지를 씌우고 있다는 사실을 스캇이 알아냈기 때문이었다. 행크 핌은 스캇의 도둑질 기술과 남을 돕고자 하는 마음을 보고 그가 앤트맨의 역할을 맡기에 완벽한 후보라고 생각한다. 아이러니하게도 스캇이 앤트맨으로서 맡은 첫 번째 임무는 또 도둑질이었다. 그는 행크의 악한 심성을 가진 제자 대런 크로스가 무기화한 핌 기술을 악당들의 손에 넘기기 전에 반드시 훔쳐내야 했다.

스캇 랭은 전기 공학 분야에 석사 학위를 가지고 있다. 이 덕분에 스캇은 복잡한 도둑질에 필요한 다양한 기술들을 발휘할 수 있다. 그는 액체질소와 물을 사용해서 행크 핌의 금고문을 팽창시켜 박살 냈다. 하지만 그 안에는 앤트맨 슈트밖에 없었고, 스캇은 자신이 행크의 함정에 빠진다는 것도 모른 채 그 슈트를 훔친다.

행크의 금고가 (거의) 비어있다는 사실을 알고 혼란스러워하는 표정

교신용 안테나

검은색으로 반들거리는 가죽

개미들을 복종시키는 페로몬 발찌

직각으로 굽어있는 더듬이

목수개미는 커다란
날개 덕분에 능숙하게
날아다닐 수 있다.

앤토니

핸크 핌은 너무 많은 개미를 데리고 있어서 개미들에게 이름 대신 번호를
붙여준다. 스캇이 '앤토니'라는 이름을 붙여준 개미는 247번이었다. 스캇은
이 날개 달린 목수개미가 자신을 유치장에서 탈옥하게 도와주고, 자신을
태우고 날아다니면서 다양한 임무들을 수행하며 친밀한 유대감을 가지게
되었다. 앤토니는 상냥하고 충성스럽게 등을 제공해주는 개미였다.
슬프게도 앤토니는 대런 크로스가 쏜 총에 맞아 사망하고 만다.

손잡이가 달린 안장

스캇 랭은 앤트맨 슈트를
사용하다가 큰 위기에 빠질 때도
있다. 신체 축소 능력은 스캇에게
장점으로 작용하지만, 몸집이
작아지면 평소에는 눈에 보이지도
않던 것들이 갑자기 거대한
장애물로 다가오기 때문이다.
하지만 어떤 크기로 상대하든 매우
위협적인 적들도 있다. 옐로우 재킷
(대런 크로스)은 유일하게
앤트맨에게 맞는 덩치로 그를
상대할 수 있는 적이었다.

스캇 랭은 단순히 개미만 한 크기의 상태에서 개미들과 직접 협력하는 것뿐만
아니라, 개미들 중 일부와 친근한 관계로 발전시키는 훈련도 받았다. 이 과정에는
시간이 좀 걸렸는데, 스캇이 처음에는 개미들을 무서워했기 때문이다.

자이언트맨

핌 입자는 앤트맨 기술의 핵심이다. 핸크 핌이
발견한 이 입자는 모든 사물의 크기를 바꿀 수
있다. 스캇은 나중에 핌 입자로 자신의 신체를
거대하게 키울 수 있는 새로운 용도를
개발해냈다. 사실 이 기능은 스캇도 라이프치히
할레 전투에서 선보이기 전에 딱 한 번
시도해봤을 뿐이다. 실전에서 다시 한번
시도하기 전까지 혹시 자신이 기절하거나
반토막이 날까 봐 걱정했다!

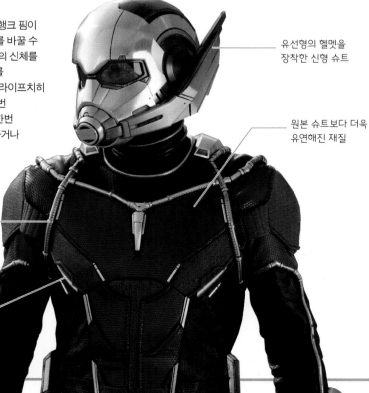

유선형의 헬멧을
장착한 신형 슈트

원본 슈트보다 더욱
유연해진 재질

스캇은 개선된 튜브 시스템
덕분에 끔찍한 부작용 없이
'자이언트맨'이 될 수 있다.

핌 입자의 상태에 따라
알림등의 색상이 바뀐다.
붉은색은 축소,
푸른색은 확대다.

라이프치히 할레 공항에서 아이언맨을
상대하던 스캇은 몸을 축소시켜
아이언맨의 슈트로 침입하여 슈트를
내부에서부터 고장낸다. 스캇은
상당히 널찍한 마크 46 슈트의
내부로 들어가 눈에 보이는
전선을 전부 뽑아버린다. 토니
스타크는 스캇을 밖으로 빼내기 위해
내부 화재 진화 시스템을 가동해야 했다.

ANT-MAN TECH 앤트맨 기술

앤트맨 기술은 두 가지 능력을 기반으로 하고 있다. 첫 번째는 핌 입자 (발견자인 행크 핌의 이름을 따서 붙였다)를 이용해 크기를 줄일 수 있는 능력이다. 모든 물질은 원자로 이루어져 있으며, 각 원자 사이에는 빈 공간이 존재한다. 핌 입자는 이 원자 사이의 공간을 줄여 물질을 압축하여 사람이나 물체의 크기를 줄인다. 앤트맨은 핌 입자의 흡수량을 조정하기 위해 특수한 슈트를 착용한다. 앤트맨은 몸의 크기를 줄여 눈에 잘 띄지 않을 뿐만 아니라, 자신의 힘을 한곳에 집중하여 폭발적으로 방출할 수 있다. 앤트맨 기술을 통해 얻은 두 번째 이점은 개미들을 통제하는 능력으로 창의적인 방법으로 도움을 받을 수 있다.

위쪽으로 열리는 안면 덮개

안면 덮개는 개미산과 강한 빛으로부터 눈을 보호해준다.

스피커와 공기 여과기

헬멧
앤트맨 헬멧은 핌 입자가 유발하는 위험한 화학적 불균형으로부터 뇌를 보호해준다. 헬멧 오른쪽에 있는 버튼을 누르면 턱 보호대가 분리되고, 안면 덮개를 위로 올리면 스캇 랭의 얼굴이 드러난다.

파란 원반은 물체의 크기를 키운다.

붉은 원반은 물체의 크기를 줄인다.

핌 입자 원반
앤트맨은 벨트에 핌 입자 원반을 휴대하고 다닌다. 이 원반을 던져서 물체를 맞힐 경우, 그 물체는 원반의 핌 입자와 접촉하면서 크기가 변한다.

핌 입자 순환관

핌 입자를 담은 용기

전자기펄스 통신기기
행크 핌은 스캇에게 뇌파를 읽어 전자기파로 변환하는 통신기의 사용법을 가르쳐준다. 이렇게 변환된 전자기파는 개미들의 후신경을 자극하여 명령을 내리게 된다. 스캇은 이 통신기를 시험해보기 위해 개미들에게 각설탕을 옮기도록 명령한다.

앤트맨 슈트
앤트맨 슈트는 행크 핌이 쉴드에서 비밀 임무를 수행하기 위해 제작했다. 이 슈트는 핌 입자의 공급을 조절해, 슈트 착용자가 자신의 크기를 조정할 수 있게 한다. 또한 격렬한 격투에 대비해 장갑판도 부착되어있으며, 화염 방사기나 갈고리 총 같은 다른 보조 장비도 갖추고 있다. 행크 핌이 스캇 랭에게 해준 말에 따르면, 이 슈트에 비하면 아이언맨 슈트의 기술은 '귀여운 수준'에 불과하다.

핌 입자를 공급하는 관

슈트의 제어
양손의 장갑에는 엄지로 누를 수 있는 버튼이 있다. 오른쪽 장갑의 버튼은 앤트맨의 크기를 줄이고, 왼쪽 장갑의 버튼은 다시 원래 크기로 되돌린다. 랭이 업그레이드한 앤트맨 슈트의 오른쪽 장갑에는 터치스크린이 달려있으며, 이 인터페이스를 사용해 몸의 크기를 어떻게 바꿀지 설정할 수 있다. 벨트에는 조절 장치가 달려있으며 여분의 핌 입자를 휴대할 수도 있다.

장갑

핌 입자를 보관하는 주머니

조절장치

유틸리티 벨트

장갑은 총 46개의 부품으로 구성되어있다.

개미 종류

앤트맨은 곤충과 비슷한 크기로 많은 시간을 보내기 때문에, 곤충 크기의 조력자들이 있다면 크게 도움이 된다. 그중에서도 개미들은 자기 체중의 50배에 달하는 무게를 들 수 있으며, 본능적으로 협동하기 때문에 매우 유용한 조력자다. 무엇보다도 개미들은 어디에나 있다. 개미는 남극을 제외한 모든 대륙에서 서식하고 있으며, 지구상에 존재하는 모든 생물 중에서 가장 많은 비중을 차지한다(최대 25%). 전 세계적으로 12,500여 종의 개미들이 분포해 있으며, 그중 많은 종이 특별한 능력을 보유하고 있다.

DATA FILE

> 스캇 랭과 대런 크로스가 전투를 벌이던 도중, 스캇이 데려왔던 목수개미 중 한 마리가 큰 개만 한 크기로 커져버린다. 스캇의 딸 캐시는 이 개미를 애완동물로 기르고 있다.

> 총알개미라는 별명을 가진 이 개미에게 물렸을 때 거의 총에 맞은 수준의 고통이 느껴진다고 한다.

다소성(다수의 집으로 구성된) 개미집

단소성(하나의 집으로 구성된) 개미집

목수개미
왕개미속(屬)의 검은 목수개미는 썩어가는 나무 속에 개미집을 짓고 사는 몸집이 큰 개미다. 이 개미는 힘이 세고 턱힘도 강하지만, 가장 유용한 능력으로는 비행을 할 수 있다는 것이다. 앤트맨은 이 개미들을 이동 수단으로 활용한다.

총알개미
침개미속(屬)의 총알개미는 물었을 때 엄청난 고통을 유발하는 독침으로 유명하다. 이 개미는 슈미트 침 고통지수에서 최고 지수 4등급의 고통을 줄 수 있다. 총알개미는 니카라과, 파라과이 그리고 온두라스의 저지대 열대우림에서 서식한다.

미친개미
불개미아과(科) 스미스개미속(屬)의 라즈베리미친개미는 그냥 '미친개미'라는 별명으로 유명하다. 원래 남미가 서식지인 이 개미들은 이리저리 미친듯이 뛰어다니는 습성이 있으며, 순식간에 커다란 무리를 이루는 모습도 보여준다. 미친개미는 장비를 수송하는 데 유용하며 전기를 전도할 수도 있다.

불개미
불개미속(屬)의 불개미들은 미국 남동부부터 더 남쪽에 있는 베네수엘라와 콜롬비아에서 찾아볼 수 있다. 불개미도 적을 공격할 수 있는 침이 있지만, 이 개미가 가진 가장 유용한 능력은 다리나 뗏목처럼 간이 구조물을 형성할 수 있는 능력이다.

HOPE VAN DYNE 호프 반 다인

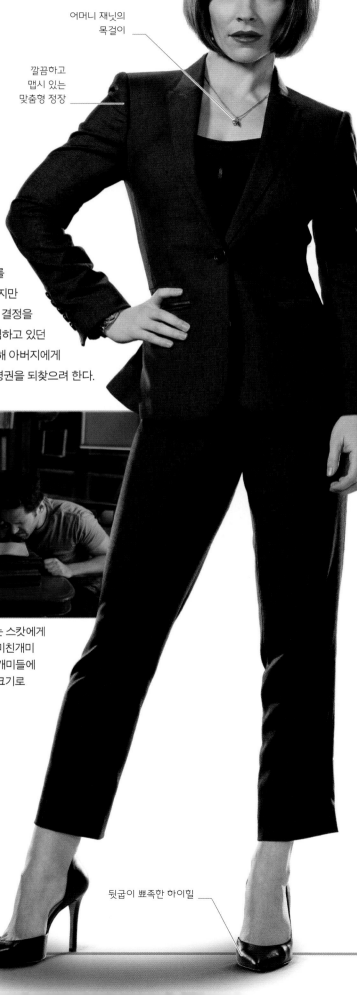

턱까지 내려오는 길이의
윤기 나는 단발머리

어머니 재닛의
목걸이

깔끔하고
맵시 있는
맞춤형 정장

핌 테크놀로지 대표이사 호프 반 다인은 선천적으로 깐깐하고 직설적이며 퉁명스러운
성격을 가졌다. 호프는 재닛 반 다인과 행크 핌의 딸로 상당한 지성과 무술 실력을
겸비했다. 또한 자신의 아버지가 개발한 앤트맨 기술도 능숙하게 활용할 수 있다.
행크와 호프 부녀지간은 어머니 재닛의 갑작스러운 사망 이후 비탄에 빠져있던 호프를
그대로 방치하면서 금이 가기 시작했다. 두 사람은 핌 기술을 테러리스트에게
판매하려는 악당의 계획을 저지하기 위해 스캇 랭을 영입한 후 관계를 회복한다. 나아가
호프는 어머니의 와스프 슈트를 입고 앤트맨과 함께 몸의 크기를 조절하면서 싸우는
슈퍼 히어로가 되려 한다.

과거의 후회

호프는 행크의 제자였던 대런 크로스가
행크를 배신하고 이사회에서 그를
축출하려고 했을 때, 자신의 아버지를
회사에서 쫓아내는 쪽으로 표를 던졌다. 하지만
대런이 CEO 자리에 오르자 호프는 자신의 결정을
후회한다. 언제나 대런의 의도를 의심하고 있던
호프는 그의 행동 하나하나를 감시해 아버지에게
보고하고, 다시 회사의 경영권을 되찾으려 한다.

호프는 대런 크로스가 아버지의 기술을 무기화하는 과정을
공포에 질린 채 지켜본다. 그녀는 이 무기화를 중단시키고
싶었지만 그럴만한 권한이 없었다. 대신 호프는 대런의 연구가
진행되는 과정을 계속 감시하면서, 자신과 아버지가 대런을
저지할 수 있는 시간이 얼마나 남았는지 파악한다.

에버라스트 C3 에버쿨
프로용 헤드기어

무술 훈련 글러브

초보자가 전형적으로
보여주는 우물쭈물한
자세

호프는 곤충들과 잘 어울린다. 그녀는 스캇에게
자신들이 활용할 총알개미, 불개미, 미친개미
그리고 목수개미 등 네 가지 종류의 개미들에
대해 가르쳐준다. 그리고 그를 개미 크기로
줄여서 실제로 만나게 한다.

스캇의 훈련

호프는 스캇이 앤트맨 슈트의 능력을
자유자재로 활용할 수 있도록
훈련시킨다. 하지만 이 능력을 활용하는
것은 매우 어려운 일이다. 관건은 힘
조절이다. 호프의 말에 따르면 스캇의
공격은 거의 총알에 맞먹는 위력을 내므로,
너무 많은 힘을 줄 경우 한순간에
살인자가 될 수도 있다는 것이다. 스캇은
자신이 감옥에서 싸우는 기술을
익혔다며 자신만만해 있었기 때문에,
호프는 주먹을 날리는 요령까지
가르쳐주어야 했다.

뒷굽이 뾰족한 하이힐

어머니가 남긴 유산

재닛 반 다인은 남편 행크와 함께 쉴드 요원으로 활약했다. 그녀는 와스프라는 암호명을 가지고 행크와 함께 작전을 수행하는 또 한 명의 개미만 한 동료가 되어주었다. 하지만 와스프는 악당들이 미국을 향해 발사한 핵미사일을 뚫고 들어가기 위해 스스로 몸 크기를 양자 영역까지 줄이는 영웅적인 희생을 한 후 실종된다. 호프는 그 무엇보다도 어머니의 유산을 계승하고 싶어 한다. 그녀는 더욱 민첩하고, 앤트맨 슈트 활용에도 더 능숙하며, 스캇 랭은 물론 아버지보다도 개미들을 더욱 잘 다룬다.

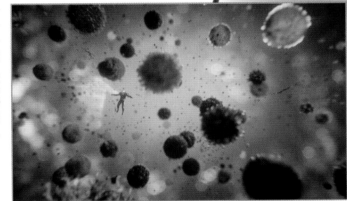

재닛과 미사일을 고정하고 있는 갈고리 밧줄

호프가 파악한 대런 크로스의 프로젝트에 대한 내부 정보는 핌 테크놀로지 침투 계획에 매우 중요한 역할을 했다. 호프는 자신이 앤트맨 슈트를 입고 직접 침투해야 한다고 생각했지만(실제로도 성공할 만했다), 행크는 호프가 대런에게 접근해 정보를 빼내는 역할을 맡아야 한다고 주장한다.

DATA FILE

> 호프는 아버지의 집 지하실에서 스캇을 훈련시킨다. 처음에 호프는 스캇이 완전히 무능한 멍청이라고 생각했다.

> 호프는 아버지의 성질을 돋우기 위해 일부러 '행크'라고 불렀지만, 대런이 아버지를 쏜 후로는 다시 '아빠'라고 부르기 시작한다.

재닛이 실종된 양자 영역은 사물의 크기가 무한히 줄어드는 디멘션으로, 이곳에서는 시간마저도 의미를 가지지 못한다. 여기는 분자와 원자, 심지어 물질의 가장 기본적인 구성 요소인 양성자, 중성자 그리고 전자의 수준을 넘어 존재하는 곳이다.

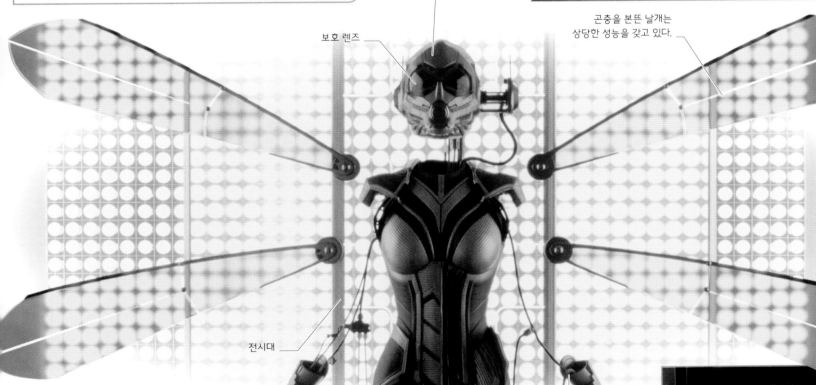

두뇌의 화학 구조를 보호해주는 헬멧

곤충을 본뜬 날개는 상당한 성능을 갖고 있다.

보호 렌즈

전시대

새로운 시험작

재닛은 비극을 맞이하기 직전까지 남편 행크와 함께 개선된 새로운 버전의 와스프 슈트를 개발하고 있었다. 와스프 슈트는 앤트맨 슈트처럼 크기를 마음대로 줄일 수 있으며, 힘을 강화하는 기능도 있다. 하지만 앤트맨과는 달리 와스프 슈트에는 4장의 날개가 달려서 비행할 수 있으며, 장갑에는 강력한 블래스터와 핌 입자 원반 그리고 갈고리 밧줄 등을 발사할 수 있는 '스팅어'가 장착되어있다.

핌 입자를 공급하는 붉은 관

장갑에 장착된 스팅어

두 사람이 화해함으로써 더 멋진 기회를 시험해볼 수 있게 되었다. 호프는 행크로부터 재닛의 운명에 대한 진실을 들은 뒤, 와스프 슈트를 직접 시험해볼 수 있기를 간절히 바라고 있다.

HANK PYM 행크 핌

헨리 '행크' 핌 박사는 초대 앤트맨이자 핌 입자의 발견자다. 그는 엄격하고 깐깐한 얼굴 뒤로 박진감 넘치는 활약과 모험 그리고 첩보 활동으로 가득한 비밀스러운 경력을 감추고 있는 과학자다. 행크는 자신의 딸 호프를 헌신적으로 대하지만 그의 과보호적인 자세는 오히려 호프의 반감을 불러일으켰고, 부녀지간을 갈라놓았다. 결국 행크는 자신의 회사 핌 테크놀로지에서 축출당하고, 이제 자신의 앤트맨 기술이 잘못된 사람들의 손에 들어가는 것을 저지하기 위해 자신을 도와줄 새로운 조력자를 절박하게 찾고 있다.

행크의 아내인 재닛 반 다인(암호명: 와스프)는 크기 조절 슈트를 입고 행크와 함께 작전을 수행한다. 하지만 1987년 악당들이 쏘아올린 소비에트 미사일을 저지하는 임무 도중, 재닛은 크기를 지나치게 많이 줄였다가 양자 영역에서 실종되고 만다.

올드 포스컬스의 깔끔한 아드보카트 안경

노치트 라펠 싱글 브레스트 스리 피스 정장

초대 앤트맨

행크 핌 박사는 은퇴한 물리학자이자 곤충학자다. 그는 냉전 시대에 앤트맨 슈트를 활용해 현장에서 임무를 수행하며 쉴드의 자문위원 겸 요원으로 활동했다. 행크는 1989년 미첼 카슨(사실 히드라의 이중 첩자였다)이 하워드 스타크의 허락하에 몰래 앤트맨 기술을 복제하려 시도하고 있다는 사실을 알고는 쉴드에서 나가버린다. 수십 년 후 행크는 스캇에게 "스타크는 절대 믿을 수 없지"라고 말한다.

쉴드를 떠난 후 행크는 실종된 아내를 찾기 위한 연구 자금을 조달하기 위해 핌 테크놀로지를 설립한다. 핌 테크놀로지는 나노 분야와 핵 분야의 기술을 전문으로 연구한다.

행크 핌은 1800년대 후반에 지어진 옛 빅토리아 시대 양식의 저택에서 살고 있다. 샌프란시스코에 자리 잡고 있는 이 안락한 저택은 행크가 앤트맨으로서 벌였던 모험을 은연중에 보여주는 고풍스러운 가구들과 진귀한 물건들로 가득하다.

후계자를 찾아서

행크는 자신의 딸 호프에게 앤트맨의 자리를 물려주었다가 자칫하면 아내처럼 딸까지 잃게 될 것을 두려워한다. 한편 제자 대런 크로스는 점점 불안정한 모습을 보이며 더 이상 선택의 여지를 남기지 않는다. 결국 행크는 전과자인 스캇 랭을 후계자로 선택한다.

DATA FILE

> 행크의 전차 모양 열쇠고리는 사실 크기를 줄인 진짜 T-34 소련 전차였다. 행크는 진짜 탱크를 휴대하고 다닌다면 언젠가 쓸모가 있을 것이라고 생각했다.

> 스캇이 어벤져스를 부르자고 했을 때, 행크는 소코비아를 빗대어 "아마 도시를 하늘에서 떨어뜨리느라 바쁠 것"이라고 대꾸한다.

ANT-MAN'S ALLIES 앤트맨의 조력자들

스캇 랭이 앤트맨으로서 벌였던 영웅적인 행동들은 다양한 조력자들이 없었더라면 성공하지 못했을 것이다. 스캇의 전과자 친구들인 루이스, 데이브 그리고 커트는 각각 핌 테크놀로지로 침투하는 데 중요한 역할을 수행했다. 스캇을 적대하던 형사인 짐 팩스턴 역시 예상치 못하게 조력자가 되어주었다. 팩스턴은 스캇이 감옥에 있던 동안 그의 전처 매기와 약혼했다. 팩스턴과 매기 그리고 스캇의 딸 캐시는 샌프란시스코 윈터가 840번지에 살고 있다. 처음에는 팩스턴 역시 스캇에게 의심을 품고 있었지만, 스캇이 대런 크로스의 손아귀에서 캐시를 구해준 후에는 그에게 씌워져 있던 혐의들을 말소시킨다.

짐 팩스턴
형사 짐 팩스턴은 매기와 그녀의 딸 캐시에게 헌신을 다하지만, 스캇의 전과는 좋지 않게 본다. 팩스턴은 스캇을 멀리 쫓아내거나 그를 체포하는 데 대부분의 시간을 보낸다. 스캇이 캐시를 구하면서 보여줬던 용감한 행동은 팩스턴이 그를 다시 보게 되는 계기가 되었다.

루이스
루이스는 스캇 랭의 최고 절친이자 감방을 같이 썼던 동료다. 스캇은 산 쿠엔틴 주립교도소에서 석방된 후, 루이스가 살고 있는 샌프란시스코의 밀그롬 호텔에 얹혀살게 된다. 루이스는 곤경에 처한 상황에서도 쾌활하고 재미있는 모습을 보여주지만, 집중력은 좀 떨어진다.

커트
커트는 동유럽 출신의 컴퓨터 해커로 폴섬 주립교도소에서 5년을 복역했다. 그의 특기는 보안 시스템을 마비시키는 것으로 스캇이 행크 핌의 집에 침투하는 것을 도와주었다. 나중에는 핌 테크놀로지에 침투하는 것도 도와주었다.

데이브
데이브는 퉁명스러운 성격의 운전 담당이다. 세 명 중에서 가장 거친 성격을 가지고 있으며, 스캇에게도 마음을 열기까지 조금 오래 걸렸다. 행크 핌은 데이브, 루이스 그리고 커트의 괴짜 같은 개성을 빗대어 '세 얼간이'라고 칭한다.

운전할 때 시야를 가리지 않도록 말아올려서 쓴 비니

데이브는 진한 커피 몇 잔을 마셔야 재빠르게 운전을 할 수 있는 날카로운 정신을 유지한다.

세심하게 관리한 옆머리

YELLOWJACKET 옐로우 재킷

댄 크로스는 MIT 수석 졸업자이자 행크 핌의 제자였다. 하지만 야망과 편집증 그리고 스승을 능가하겠다는 욕망에 사로잡힌 댄은 핌 테크놀로지의 CEO에 오른 후 행크 핌의 연구를 재현하여 자신만의 크기 조절 슈트를 개발한다. 그는 이렇게 무기화한 '옐로우 재킷' 기술을 여러 테러리스트 집단에 판매하려고 한다. 그러나 행크 핌, 호프 반 다인 그리고 스캇 랭에 댄의 연구를 파괴하고 악당을 저지하면서 결국 저지당하고 만다.

슈트를 입은 악당

옐로우 재킷 슈트는 앤트맨 슈트처럼 장갑과 크기 조절 기능을 갖췄지만, 전투용으로 무기화되었다. 옐로우 재킷은 앤트맨과 달리 등에 장착한 로켓 추진기 덕분에 비행이 가능하다. 또한 접이형 기계팔을 활용해 지형을 오르내리거나 사물을 조작할 수도 있다. 이 기계팔의 끝부분에는 단단한 목표물도 관통 가능한 레이저가 발사되는 '스팅어'가 장착되어있다.

댄은 핌 테크놀로지에서 열린 행사에 핸크 핌과 호프 반 다인을 초대한다. 그는 이 행사에서 핸크 핌이 과거에 벌였던 비밀 요원 활동 영상을 보여준 다음, 핌 테크놀로지에서 앤트맨 슈트를 기반으로 한 제품을 개발하고 있다고 발표한다.

접이식 안테나 덮개

핸크 핌의 구식 앤트맨 슈트와 대조되는 요파를 연기 위해 외라하고 날렵하게 디자인한 슈트

레이저 포의 동력 전지

군에서 사용하는 케블라 섬유

기계팔은 등에 맨 장치에 접어 넣을 수 있다.

펌프식으로 핌 입자를 순환시켜주는 벨트

감지 및 통신용 안테나

접이식 안면 보호구

티타늄 헬멧

분사 마스크

등에 맨 장치의 고정대

관절 서버 모터

통제 기능이 있는 팔목 보호대

보강한 전투용 장갑

강력한 티타늄 기계팔

고성능 레이저

대런은 핌 입자를 가지고 행크의 실험 결과를 복제해내는 데 어려움을 겪는다. 처음에 양을 대상으로 한 실험은 단백질 점액 응어리만 남기며 실패한다. 또한 대런은 핌 입자가 자신의 두뇌 화학 구조에 변화를 주고 있다는 사실을 알지 못했다. 실험 과정에서 자신의 두뇌를 제대로 보호하지 않은 대런은 점점 정신적 불안정 증세가 심각해진다.

에너지 공격을 반사하기 위한 코팅 처리(아직 실험 단계)

금속 판금 대신 섬유를 사용한 덕분에 자유롭게 움직일 수 있어서, 옥외전에서 상당한 우위를 차지할 수 있다.

취약한 관절 부위를 보강해주는 추가 판금 보호구

옐로우 재킷은 앤트맨처럼 마음대로 크기를 조절할 수 있다. 옐로우 재킷의 슈트는 크기 조절이기 위해 디수의 시스템을 사용하는데, 이 시스템은 아직 시제품이라서 완벽하지 않다. 그래서 옐로우 재킷의 가장 큰 위험 중 하나는 온몸이 불균형하게 축소되다가 결국 붕괴하는 것이다.

청출어람
대런은 행크에게 있어 이드라 같은 존재였지만, 그가 가진 야망과 행크의 연구에 대한 수상쩍은 접촉으로 인해 두 사람 사이는 갈라지기 시작한다. 결국 대런은 행크가 세운 회사에서 행크를 쫓아낸 다음 CEO의 자리에 앉는다.

충격을 흡수하는 신발 바닥

신축성 있는 섬유 재질

방염 부츠

등에 맨 장치의 무게를 분산시키는 고정끈

성공적으로 축소된 양

대런 크로스의 무자비한 성격은 스캇 랭의 딸 캐시를 미끼로 이용해 스캇을 최후의 결전으로 끌어들이는 모습에서 잘 드러난다. 두 사람은 크기를 자유자재로 바꿔가며 격돌하고, 장난감으로 가득한 캐시의 침실을 무시무시한 전장으로 바꿔놓는다.

DATA FILE

> 대런 크로스는 스캇 랭의 손에 의해 좌우를 맞아야만 당시 핌 테크놀로지를 크로스 테크놀로지로 바꾸는 브랜드 쇄신 과정을 진행하고 있었다.

> 대런 크로스는 살아있는 생물을 안전하게 축소할 수 있게 되기까지 자신의 불안정한 핌 입자를 무기로 활용했다. 대런이 제작한 작은 시제품 축소 총은 사람을 조그마한 단백질 점액으로 바꿔버린다.

BLACK PANTHER 블랙팬서

수천 년 전 아프리카 대륙 중앙에 운석이 떨어졌다. 이 운석은 일반적인
운석이 아니라, 우주에서 가장 강력한 물질 중 하나인 비브라늄으로
구성된 운석이었다. 지구상에 인류가 나타날 무렵, 이 운석이 떨어진
자리에 다섯 개 부족이 터전을 잡는다. 이 부족들은 자신들의 고향을
와칸다라 불렀으며, 비브라늄과 그 물질의 영향을 받아 변이한 식물을
이용하는 방법을 알아냈다. 이들은 그 힘을 활용하여 자신들을 지켜줄
수호자로 와칸다를 지키겠다고 맹세한 강력한 전사를 만들어냈다.
지난 수백 년 동안 수많은 수호자가 있었지만, 모든 수호자가 블랙
팬서라는 하나의 이름을 계승했다.

"누군가 우리의 진정한 모습과
우리가 뭘 가지고 있는지 알아낸다면…
세계가 멸망할 수도 있어."

티찰라

BLACK PANTHER 블랙 팬서

티찰라 왕자는 와칸다를 지키겠다고 맹세한 수호자 블랙 팬서의 칭호를 이어받는다. 그는 자신의 몸을 보호하는 비브라늄 슈트를 입고 치명적인 발톱으로 무장했다. 그리고 심장 모양의 희귀 허브를 섭취하여 얻은 초인적인 속도와 힘, 회복력을 가지고 있다. 티찰라는 자신의 부왕이 폭탄 테러로 사망한 이후 왕의 자리를 계승한다. 왕위에 오른 티찰라는 지금까지 비밀스럽게 숨어있던 자신의 왕국을 세계의 모범이자 수호자로 변화시킨다. 선한 마음씨를 가진 티찰라는 좋은 사람도 왕이 될 수 있다는 사실을 스스로 증명했다.

티찰라는 부왕 티차카를 사랑하고 존경한다. 소코비아 합의 비준 현장에서 윈터 솔져가 저지른 것으로 추정되는 폭탄 테러로 티차카 왕이 서거했을 때도 그 자리에 아버지와 함께 있었다. 아버지를 지키지 못했다는 무력함에 좌절한 티찰라는 복수를 다짐한다.

마찰력으로 악력을 높이기 위해 손바닥의 표면을 거칠게 처리했다.

수납식 비브라늄 손톱

티찰라는 아버지의 복수를 위해 윈터 솔져를 죽이려 하고, 스티브 로저스와 직접적인 갈등을 빚는다.

블랙 팬서는 어벤져스의 내전에서 아이언맨의 편에 선다. 그는 토니 스타크처럼 자신의 옛 동료들을 체포해야 한다는 내적 갈등을 느끼지 않았다. 티찰라는 오직 복수만을 원할 뿐이었다.

슈트의 단단한 가면은 수동으로 벗을 수 있다.

귀에는 감도 조정이 가능한 마이크가 내장되어있다.

강도를 더하기 위한 비브라늄 재질의 보강 골격

보강된 어깨 보호대

닫혀있는 안구 보호대

표범의 발톱을 본뜬 비브라늄 발톱

가슴 부분의 판금에는 생명 신호 감지기가 장착되어있다.

비브라늄 섬유로 짠 천으로 만들었다.

원래 착용했던 슈트

와칸다의 수호자

원래 와칸다의 왕자이자 차기 국왕이 될 인물이 가장 우선적으로 신경 써야 할 것은 자신의 국가인 와칸다의 안녕이다. 와칸다는 스스로를 지키기 위해 자신들이 이루어낸 과학적 진보를 비밀로 숨겨왔다. 이와 마찬가지로, 티찰라는 국외에서 활동할 때는 블랙 팬서와의 연관 관계를 숨긴다. 그는 자신의 가족과 백성들을 지켜야 할 때만 블랙 팬서 슈트를 착용한다. 이 전투복은 유연하면서도 파괴가 불가능한 내구도를 자랑한다. 그의 천재 공학자 여동생인 슈리가 티찰라의 다른 모든 장비와 함께 만들어준 것이다.

비브라늄
막대

표범 무늬 화장

비브라늄
막대

도전 의식

와칸다의 왕위 계승 의식은 워리어 폴에서의 시험으로 결정된다. 티찰라는 왕위 계승권을 싸움으로 얻어내야 한다. 그는 이 싸움에서 인간의 능력으로만 싸우겠다는 상징적 모습을 보여주기 위해 블랙 팬서 슈트를 벗는다.

야생 멧돼지 엄니

방패를
꿰뚫을 수 있는
날카로운 칼끝

비브라늄
이클와 단검

티찰라는 불공평한 능력 따위를 사용하지 않고도 도전자로부터 왕좌를 지킬 수 있음을 증명해야 한다. 고위 사제 주리는 티찰라에게 블랙 팬서의 능력을 모두 없애는 물약을 먹인다.

소가죽

야생 저어새 깃털

도전 복장

은구니 방패

코끼리 상아를
본뜬 비브라늄
상징물

나노봇으로
이뤄진 슈트의
표면

**와칸다의
왕좌**

DATA FILE

> 블랙 팬서의 능력을 얻기 위해 티찰라는 심장 모양의 허브를 섭취한 다음 꿈속 세계에 있는 것 같은 환상을 경험한다.

> 티찰라는 환상 속에서 와칸다의 선왕들이 실제 검은 표범의 모습으로 나타나는 선조의 영역을 방문한다.

슈트 전체를 목걸이 속에
보관할 수 있음

새로운 왕

왕이 된 티찰라는 무시무시한 전사와 현명한 지도자로서의 자격을 모두 갖추어야 한다. 와칸다의 선왕들은 외부인들이 와칸다의 부에 대해 알게 되면 침략해올 것을 두려워했다. 따라서 선왕들은 와칸다를 지키기 위해 외부 세계로부터 왕국을 숨겼다. 티찰라는 이것이 실수라고 생각하며, 와칸다를 전 세계에 공개하려 한다.

도료를 바른
은과 비브라늄

와칸다 문자

티찰라의 왕실 반지

업그레이드한 슈트

슈리는 티찰라에게 외부 충격으로부터 운동 에너지를 흡수할 수 있는 새로운 슈트를 설계해준다. 이 슈트는 착용자가 원할 때 흡수한 운동 에너지의 방향을 바꿔 자신을 공격해오는 적에게 발사할 수 있다.

역시 슈리가 설계한 소음 방지
은신 '스니커즈'

센서 및
홀로그램 프로젝터

비브라늄 왕좌의
받침대

PEOPLE OF WAKANDA 와칸다의 사람들

와칸다는 중앙아프리카에 위치한 작은 국가다. 이곳은 지구에서 가장 진보된 과학력을 가지고 있지만, 겉으로는 개발도상국의 모습을 한 채 진정한 부와 자원을 숨기고 있다. 와칸다의 국민들은 다채로운 문화와 높은 교육 수준을 자랑하며, 아프리카 언어인 코사어로 소통하지만 와칸다만의 고유한 문자를 가지고 있다. 와칸다의 사회는 총 다섯 개의 부족들로 구성되어있고, 국왕은 이 다섯 부족장들로 구성된 의회와 공적으로 협력하는 관계다.

음바쿠

음바쿠의 가면

음바쿠는 거구와 괴력을 갖춘 사내로, 채식주의자인 자바리 부족을 이끄는 부족장이다. 자바리 부족은 와칸다의 사회와 거리를 두고 만년설이 덮여있는 산꼭대기에 살고 있다. 이 부족은 비브라늄 기술을 사용하는 것을 꺼리지만, 음바쿠는 가끔씩 걸고 나오는 조개껍데기 목걸이를 통해 알 수 있듯이 엄청난 부를 축적해두고 있다.

산꼭대기에 자리 잡고 있는 음바쿠의 궁전은 전통적인 양식과 현대의 혁신을 융합한 건물이다. 궁전에서 부드럽게 손질한 단단한 목재 바닥을 따라가면 압도적인 경치가 한눈에 내려다보이는 곳에 위치한 옥좌로 이어진다. 자바리 부족은 비브라늄 대신 목재를 사용하며, 수천 년 동안 이런 전통을 유지한 덕분에 다들 목공예의 달인이다.

와카비

와카비는 티찰라 왕자를 배신하기 전까지 그의 가장 친한 친구였다. 와카비는 보더 부족의 부족장이자 오코예의 남편이다. 그는 와칸다의 비옥한 고지대에서 코뿔소들을 기르며 살고 있다.

실버백 고릴라를 상징하는 털가죽

어깨를 보호하는 흑단 견갑

혹 달린 곤봉 (몽둥이와 지팡이를 합친 무기)

수제 흉갑

추운 산악 지대의 기후에 대비한 가죽 팔 보호대

나무를 깎아 만든 손잡이

보온용 지푸라기 치마

장식을 촘촘히 박은 장갑

무릎 보호대

징이 박혀있어 발차기의 위력이 배가된다.

손으로 꿰매 제작한 가죽신

고대 양식의
예식용 창날

사제의 상징

주리

주리는 왕의 가장 가까운 조언가이자 와칸다의 고위 사제다.
그는 선한 심성을 지녔지만, 과거 어린 에릭 킬몽거를
버렸다는 죄책감에 시달리고 있다. 주리는 티차카 왕과
티찰라 왕을 모두 섬기다, 결국 킬몽거에게 살해당한다
(킬몽거는 주리를 '제임스 삼촌'으로 알고 있었다).

주리는 왕위의 도전 의식과 티찰라의
대관식을 주관한다. 와칸다의 국왕에게서
블랙 팬서의 힘을 부여하거나 다시
거두는 것은 그의 영광스러운 책무다.

애그바다
스타일의 예복

예복은 뼈와
나무 그리고
구슬로
장식되어있다.

바센가의 창

줄루족 풍으로
3D 프린팅한
머리장식

흑요석 귀걸이

천연
사파이어

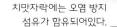

라몬다

라몬다 여왕은 남편인 티차카 국왕의
왕비이자 티찰라와 슈리의 어머니다. 그녀는
자신의 가족과 국가의 안녕을 위해 헌신적으로
임한다. 라몬다의 사랑과 용기, 힘은 그녀의
자식들에게 왕위 찬탈자 킬몽거에게 맞서
싸울 수 있는 용기를 주었다.

키모요
음악 팔찌

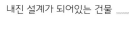

티찰라가 왕이 된 후 라몬다는
티찰라에게 조언해주는
왕실의 원로회의에 합석한다.

치맛자락에는 오염 방지
섬유가 함유되어있다.

내진 설계가 되어있는 건물

공공도서관

대학교 타워

공공병원

야외 쇼핑센터

비르닌 자나

와칸다의 수도 비르닌 자나는 레이더와 위성 촬영조차
모두 차단하는 홀로그램으로 숨겨져 있다. 이 미래 도시는
직접적인 공격을 막아주는 에너지 보호막으로 둘러싸여
있으며, 고층 빌딩과 초고속 전차가 자연 그대로의 모습을
간직한 계곡의 강변에 분포해있다. 이 북적거리는 도시는
정치와 교육, 예술 그리고 쇼핑의 중심지다. 도심의
시장에는 다채로운 패션과 먹음직스러운 아프리카식
퓨전 요리의 냄새가 물씬 풍긴다.

DATA FILE

> 음바쿠가 이끄는 자바리 부족의 토템은
검은 표범이 아닌 하얀 유인원이다. 이들은
원숭이 신 하누만을 믿는다.

> 와칸다는 심장 모양의 허브를 찾아내어
최초의 블랙 팬서가 된 전사 바센가에 의해
세워졌다.

NAKIA 나키아

나키아는 와칸다 리버 부족의 간부이자 최정예 첩보원, 용맹한 전사 그리고 티찰라 왕의 연인이다. 두 사람은 서로 떨어져 있는 시간이 많기는 하지만, 티찰라의 왕위 즉위를 둘러싸고 벌어진 사건들로 인해 다시 친밀한 관계로 묶이게 된다. 나키아는 헌신적이고 모험적인 성격으로 종종 와칸다의 국경 바깥으로 나가 활동한다. 그녀는 부유한 국가라면 마땅히 자신의 자원을 사용하여 세계를 도와야 한다고 생각한다. 나키아는 자신의 이러한 사상을 티찰라에게도 납득시켰다.

나키아의 키모요 팔찌

나이지리아 스타일 차도르

잠복 임무

나키아는 무고한 사람들(꼭 와칸다 사람이 아닐지라도)이 다른 나라들에 의해 억압받고 있다는 현실을 외면한 채 조국에만 숨어있을 수는 없었다. 그녀는 나이지리아에서 벌어지고 있는 인신매매 희생자들을 구출하기 위한 위험한 임무에 기꺼이 자원한다.

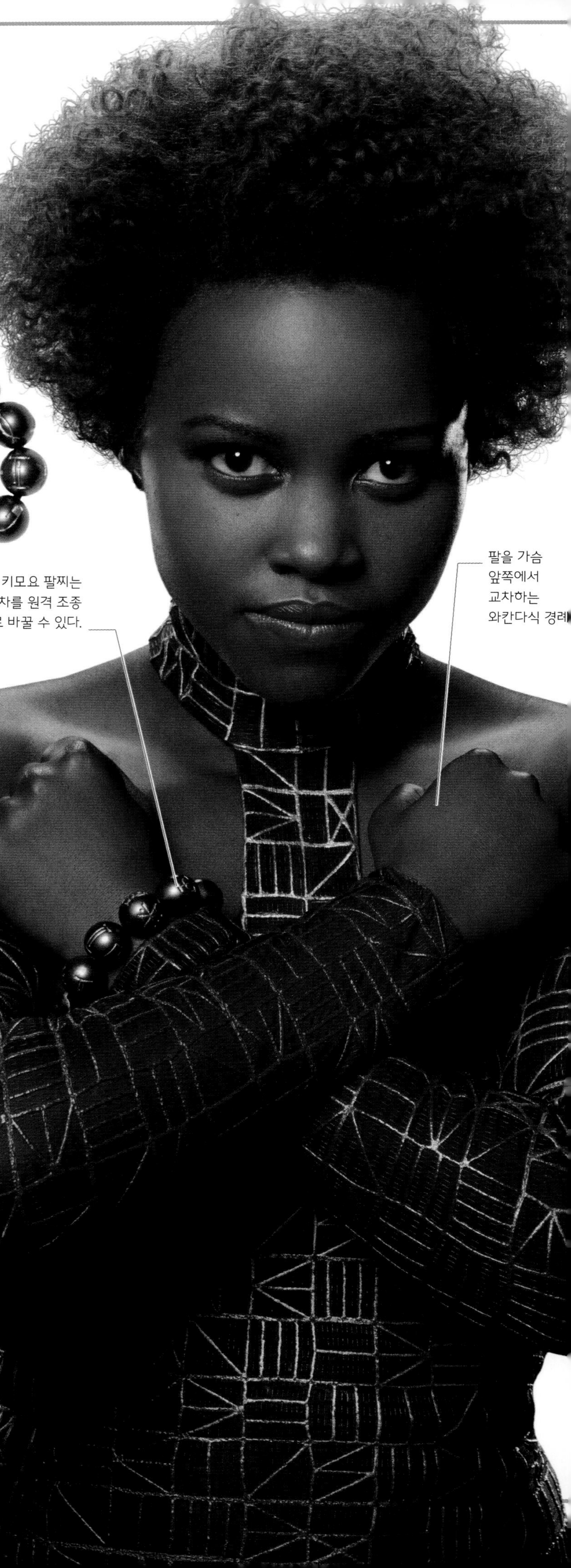

키모요 팔찌는 자동차를 원격 조종 차량으로 바꿀 수 있다.

팔을 가슴 앞쪽에서 교차하는 와칸다식 경례

DATA FILE

> 나키아는 티찰라에게 자신은 성격이 고집스러우니 좋은 여왕이 될 수 있을 것이라고 말했다.

> 대한민국 부산에서 잠복 임무를 수행할 때 나키아는 평소처럼 맨발로 자동차를 빠르게 몰며 부산 시내를 휘젓고 다닌다.

첩보의 달인

나키아는 와칸다 정보기관에 속해있다. 그녀는 조국의 이익을 위해서라면 대한민국처럼 머나먼 외국까지도 임무를 수행하러 떠난다. 이런 임무 중에는 단순한 첩보 활동뿐만 아니라 외국에서 위기에 처한 와칸다 국민을 구출하는 것도 있다.

리버 부족이 터전을 잡은 땅의 싱그러운 자연을 상징하는 초록색 무늬

나키아는 리버 부족의 중요 구성원으로 로열 탤론 파이터를 타고 와칸다로 돌아와 티찰라의 도전 의식과 대관식에 참석한다.

나키아와 티찰라는 서로 사랑하지만, 항상 얼굴을 맞대고 살 수는 없다. 나키아는 고집스럽고 열정적인 성격으로 와칸다 바깥의 사람들까지 헌신적으로 돕고자 한다. 이로 인해 오랫동안 멀리 떠나있는 것은 물론 자신의 조국과 그 비밀이 외부에 노출될 수 있는 위험한 상황을 야기하기도 한다. 나키아도 가끔은 티찰라의 소망처럼 고립을 통해 와칸다의 안전을 지키려는 생각에 따르기도 하지만, 결국 티찰라를 자신의 생각에 동조하도록 설득한다.

나키아는 킬몽거가 결투에서 티찰라를 죽인 것처럼 보이자, 그를 와칸다의 왕으로 받아들이길 거부한다. 그녀는 킬몽거가 블랙 팬서의 능력을 부여하는 하트 모양 허브 밭을 모조리 태워버리기 전에 허브 하나를 훔쳐 자바리의 부족장 음바쿠에게 바친다. 그리고 그 대가로 킬몽거를 왕위에서 축출하는 것을 도와달라고 부탁한다.

날카로운 비브라늄 칼날
(에너지는 꺼져 있다.)

작동 손잡이

차크람
나키아는 두 자루의 차크람으로 무장했다. 이 비브라늄으로 만든 치명적인 투척 고리를 작동시키면, 목표물에 던져 명중했을 때 폭발적인 에너지를 방출한다.

비브라늄 견갑

전장으로
나키아는 첩보원으로서 무장 전투와 비무장 전투에 모두 숙련되어있다. 그녀는 부산에서 임무를 수행하던 도중, 비브라늄 도둑인 클로의 부하들을 상대하면서 다양한 무술을 구사한다. 이후 나키아는 도라 밀라제 전투복을 걸치고 두 자루의 차크람으로 무장한 채, 블랙 팬서 전투복과 하트 모양 허브의 능력으로 무장한 킬몽거를 일대일로 상대한다.

가죽과 비브라늄을 기워 만든 바지

SHURI 슈리

슈리 공주는 와칸다의 티차카 왕과 라몬다 여왕의 딸이자,
티찰라 왕자(이후 왕이 된다)의 여동생이다. 그녀는 명석하고
재미있는 성격으로 자신의 생각을 망설임 없이 입 밖으로
내놓는다. 또한 슈리는 아주 유능한 공학자이자 과학자이고,
비브라늄의 새로운 용도를 개발해내는 와칸다 디자인 그룹의
리더다. 티찰라는 슈리가 공헌한 것에 대한 가치를 알아보고,
캘리포니아에 새로 세운 와칸다 국제구호센터의 책임자 자리를
맡긴다.

왕의 여동생

슈리는 티찰라의 여동생이자 유일한
남매다. 만약 티찰라에게 무슨 일이라도
생긴다면, 슈리가 도전 의식에 참가하는
후계자가 될 것이다. 그러나 와칸다에서
슈리가 중요한 이유는 이뿐만이 아니라,
조국의 과학적·기술적인 진보에
상당한 공헌을 했기 때문이다.

의식에서의 역할

슈리에게는 오빠 티찰라의
도전 의식과 대관식에
참석해야 하는 의무가
있다. 또한 슈리는 왕실의
일원으로서 티찰라의
왕위 계승에 대한
도전권도 가지고 있다.

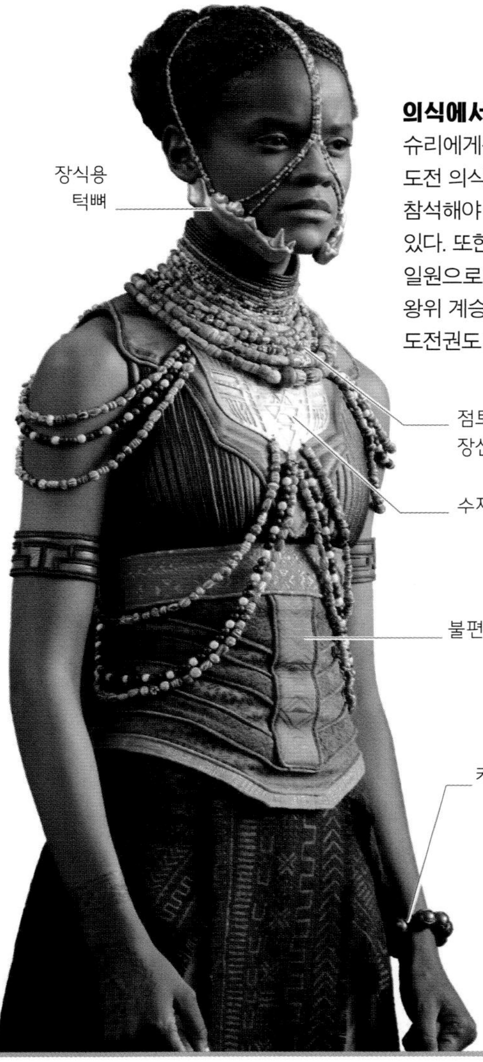

표범 장갑의 입에서는
음파가 발사된다.

눈으로 시선을
집중시키는 화장
방식

턱선을 강조하는
이빨과 옷깃

비브라늄으로
칠해서 마감했다.

비브라늄 완장

손으로 염색하고
패치워크한 블라우스

수제 버클

비브라늄 장갑
(앞에서 본 모습)

비브라늄 장갑
(위에서 본 모습)

망사 섬유와 가죽

신축성 있는 바지

바지 위로
두른 치마

장식용
턱뼈

점토 구슬로 만든
장신구

수제 예복

불편한 전통 코르셋

키모요 팔찌

비브라늄 광석

비브라늄을 담은 용기

밀폐 봉인

홀로그램 통신기

의료용 응급 처치
안정기

기술의 천재

슈리는 공학, 물리학, 화학, 의학 그리고 컴퓨터
프로그래밍에 통달했다. 유능한 설계자이기도 한 그녀는
와칸다에서 비브라늄을 가장 잘 가공할 수 있다. 슈리의
연구실은 비브라늄 광산 안에 있다. 이곳에서 슈리는
개조형 블랙 팬서 슈트와 키모요 팔찌의 새로운 용도
그리고 그 외 도구들을 설계한다. 이 연구실에는
첨단기술의 의료 시설도 갖춰져 있다.

키모요 팔찌

키모요 팔찌는 비브라늄 기반 기술로 제작한 첨단 과학의
정수로, 왼쪽 팔목에 착용하는 팔찌다. 팔찌를 구성하는
구슬들은 제각기 특정한 용도가 있으며, 사용자는 자신에게
필요한 용도에 맞춰 구슬들을 조합해 팔찌를 만들어 휴대하는
것이 가능하다. 키모요 팔찌는 응급 처치, 통신, 홀로그램 투사,
차량 원격 조종 등 다양한 용도로 활용할 수 있다.

와칸다에는 먼 옛날 운석이 지구에 충돌하면서
그 충격으로 만들어진 비브라늄 산이 있다.
와칸다 경제는 전적으로 비브라늄의 채굴 및
활용에 의지하고 있다.

DATA FILE

> 슈리는 자신의 기술적 지식으로 윈터 솔져가
히드라에게 받은 세뇌를 제거할 방법을 찾고 있다.

> 슈리는 자신이 직접 설계한 블랙 팬서 슈트를 입은
킬몽거와 일대일로 싸우는 상황에 처한다.

에버렛 K. 로스

에버렛 K. 로스는 미국의 성실한 CIA 요원으로 소코비아
합의의 준수 보장을 책임지고 있다. 그는 공군 출신으로
독일에 있는 합동테러대응센터의 부국장이며, 이 센터에서
티찰라를 처음으로 만났다. 에버렛은 소코비아 전투
현장에서 세심한 조사를 진행해 와칸다 산 비브라늄이 이번
사태와 연관이 있다는 사실을 알아냈다. 그리고 이 단서를
가지고 남아프리카 무기 상인 율리시스 클로를 쫓는다.

에버렛은 대한민국의 부산에 위치한 비밀 클럽에서 클로를
만난다. 그는 클로를 체포하기 위한 함정 수사를 계획했지만,
이 경박한 범죄자가 무장한 경비원들을 그렇게 많이 데리고
다닐 것이라고는 생각하지 못했다.

에버렛이 원격으로 조종하는 로열 탤론
파이터가 하늘에서 급강하하고 있다.

진보된 과학

회의적인 성격을 가진 에버렛은 와칸다의
과학 발전 수준을 매우 평가절하했다. 그는
슈리가 자신의 연구실에서 비브라늄을 사용해
심각한 총상을 치료해준 후에야 비로소 진실을
깨닫게 된다. 이후 킬몽거를 상대로 한 싸움에
참여한 에버렛은 연구실에서 티찰라의
전용기를 원격 조종해 적의 비행기를
격추시킨다. 처음에는 조금
당황했지만, 에버렛은 얼마 지나지
않아 가상 인터페이스를
통제하는 요령에 익숙해져서
자신이 조종사로 쌓았던
경험을 활용할 수 있었다.

폭발하는
적의 목표물

OKOYE 오코예

오코예는 여성들로만 이루어진 와칸다의 특수부대 도라 밀라제의 리더다. 오코예는 티찰라의 최고 전사일 뿐만 아니라, 절친한 친구다. 그녀는 똑똑하고, 좋은 교육을 받았으며, 보안 절차에 대한 고도의 훈련을 받았다. 또한 자신의 모국어인 코사어부터 영어 그리고 약간의 한국어까지 다양한 외국어들을 구사한다. 오코예는 무뚝뚝한 면도 있지만 유머감각도 있으며, 때로는 낭만적인 면을 보여주기도 한다.

오코예는 티찰라의 로열 탤론 파이터를 조종한다. 이 함선은 기존의 수동식 조종방식이 아니라 음성 명령에 반응해 작동한다. 하지만 오코예는 '미국 스타일'로도 조종이 가능하도록 홀로그램 원격 조종방식을 설정할 수 있다.

비브라늄 창날

도라 밀라제의 리더임을 나타내는 문신

목을 보호해주는 금 도금 비브라늄 고리

손으로 마무리 작업을 한 금 도금 견갑

손으로 짜, 금 도금한 비브라늄 어깨 갑옷

창대 연결 및 고정점

조상 대대로 물려받은 가죽 고정대

고양이 얼굴을 새긴 메달형 버클

움직일 때마다 절그렁거리는 금 도금 팔 보호대

탤론 조종 기능에 접근할 수 있는 키모요 팔찌

장군

오코예는 와칸다 군대의 지도자이자 보안 및 정보 분야를 책임지고 있다. 그녀는 티찰라가 와칸다 바깥으로 나갈 때면 함께 동행하며, 공적인 자리에서는 항상 티찰라의 곁에 붙어있다. 오코예의 충성심은 매우 강해 티찰라 왕을 지키기 위해서라면 자신의 남편인 와카비와도 싸울 각오가 되어있다.

창에서는 전기를 방출할 수 있다.

전사의 달인
오코예는 최고의 전사이자 최고 경지의 와칸다 무술을 통달한 것으로 유명하다. 그녀는 다른 도라 밀라제의 훈련도 책임진다.

웃옷 위로 걸친 복잡한 비즈 장식

창대의 끝에는 근처의 전자 기기를 작동 및 해제할 수 있는 기능이 있다.

비브라늄과 가죽 바지 위에 덧신은 가죽 부츠

신발 바닥에 강력한 전자기 처리가 된 부츠로 발가락이 분리되어있다.

보호 부적

오코예는 항상 경계하고 주저없이 행동하도록 훈련받았다. 지금은 카지노 위층 발코니에서 순찰하는 임무를 수행 중이다. 클로의 부하들이 카지노 클럽에 들어오는 것을 처음 발견한 것도 오코예였다.

오코예는 그 어떤 지형에서 싸우는 것도 두려워하지 않아, 부산 시내를 휘젓는 추격전에서 나키아가 운전하는 차량의 지붕 위에 올라가 클로의 도주 차량을 공격한다.

변장

오코예는 이전에도 몇 번의 보안 임무를 위해 잠복해본 경험이 있다. 그녀는 비브라늄 도둑 클로를 잡기 위해 티찰라, 나키아와 함께 부산에 있는 카지노에 간다. 오코예는 조직 폭력배들과 그 애인들 사이에 위화감 없이 섞여들기 위해 이브닝 드레스를 입고, 도라 밀라제 문신을 가리려고 짜증 나는 가발을 썼다.

잘 어울리지 않는 잠복용 가발

장식용 금목걸이

접이형 창을 숨겨둔 목재 지갑

카지노 드레스

오코예는 도라 밀라제의 지도자로서 와칸다의 왕을 섬길 의무가 있다. 때문에 킬몽거가 티찰라를 이긴 후 나키아는 오코예에게 자신과 라몬다 그리고 슈리와 함께 와칸다의 궁전을 떠나자고 설득하지 못했다.

외교 문제

오코예는 자신이 섬기는 왕의 곁에서 절대 멀리 떨어지지 않으며, 특히 와칸다 외부로 나가는 임무에서는 더욱 엄중하다. 오코예는 티찰라와 비밀스러운 내용을 이야기할 때면 코사어를 사용해 대화한다.

DATA FILE

> 오코예는 CIA 요원인 에버렛 K. 로스를 처음 만났을 때 그에 대한 불쾌감을 드러내면서, 티찰라에게 "놈을 책상 위에 꽂아버리겠다" 라고 말한다.

> 오코예는 티차카 왕의 장례식 때 나키아를 찾아 집으로 데려오라는 명령을 받았다. 하지만 나키아를 찾아낸 것은 티찰라의 대관식 무렵이었다.

도라 밀라제

도라 밀라제는 와칸다 왕의 근위대다. 전원이 여성들로 구성된 호위대로 와칸다에서 가장 강력하고 무시무시한 전사들이다. 도라 밀라제는 군무를 추듯이 전투를 수행하는데 각자가 창을 하나씩 들고 한몸이 된 것처럼 싸운다. 이들은 와칸다에서 전통적인 전투복을 입지만 해외에서 왕을 수행할 때는 수수한 검은색 복장을 착용한다. 도라 밀라제는 의식의 일환으로 머리를 삭발하기 때문에 쉽게 알아볼 수 있다.

비브라늄 섬유로 짠 천

위협적인 붉은색으로 염색한 왕실 예복

아요

와칸다의 법에 따르면 그 누구도, 심지어 도라 밀라제마저도 도전 의식에 개입할 수 없다. 오코예, 나키아 그리고 아요는 킬몽거가 티찰라를 죽이려 할 때도 아무것도 하지 못한 채 그저 지켜볼 수밖에 없었다.

도라 밀라제는 와칸다의 왕에 대한 충성을 매우 확고하게 지킨다. 티찰라가 살아 돌아오고 도전 의식의 결과가 무효화되면서 도라 밀라제의 전사들 역시 킬몽거의 부하 신세에서 벗어난다. 그리고 이들은 왕위 찬탈자에게 창끝을 돌린다.

KILLMONGER 킬몽거

에릭 '킬몽거' 스티븐스(와칸다 이름은 은자다카)는 복수심과 세계를 바꾸겠다는 열망에 사로잡힌 인물이다. 에릭은 티차카 국왕의 형제인 은조부의 아들이다. 1992년, 은조부는 무기 상인 율리시스 클로가 와칸다에서 비브라늄을 훔치는 것을 도왔다. 그 후 얼마 지나지 않아 당시 와칸다의 왕이었던 티차카는 캘리포니아 오클랜드로 가서 자신의 형제를 만나 언쟁을 벌이던 중 그를 살해하고 만다. 고아가 된 채 홀로 남겨진 킬몽거는 언젠가 자신이 와칸다의 왕좌를 차지하고, 와칸다의 진보된 무기를 사용해 아프리카인들의 봉기에 무기를 쥐어주겠다고 다짐한다.

사슬 목걸이에는 조부인
아주리 왕의 반지가 걸려있다.

방탄판 고정끈

방탄판

대니얼 디펜스
DDM4 MK18
돌격 소총

소총 조준경

언제든
던질 준비가
되어있는
수류탄

M203A1
유탄 발사기

허벅지에 차는
권총집

위장색 카고
바지

발망
전투화

녹이 슬어있는 도끼머리

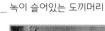

스티븐스는 대영박물관에서 아프리카 유물 담당 큐레이터에게 한 유물의 기원에 대해 묻는다. 큐레이터는 그 유물이 7세기경 풀라 부족에 의해 제작된 것이라고 말한다. 하지만 스티븐스는 이 유물이 사실 와칸다에서 도난당한 비브라늄 유물이라고 정정한 다음, 자신의 부하들을 이끌고 그 유물을 훔쳐간다.

두 손으로 잡고 강력한
일격을 날릴 수 있는 손잡이

특수 부대 훈련

스티븐스는 평생 동안 킬러가 되기 위한 훈련을 받았다. 19살에 스티븐스는 아나폴리스 미 해군사관학교를 졸업하고, 네이비 실에 입대하여 이라크와 아프가니스탄에 파병된다. 이후 스티븐스는 미 특수전 사령부의 비밀부대로 전출되고, 이곳에서 복무하면서 엄청난 적을 처치한 숫자를 기록하면서 '킬몽거', 즉 살인광이라는 별명을 얻게 된다. 와칸다 혈통에 대한 긍지를 가지고 있던 킬몽거는 아랫입술에 워독(와칸다 첩보요원) 문신을 새기고 있지만, 실제로 워독 훈련을 받은 적은 없다.

고대 와칸다
도끼

킬몽거는 와칸다의 왕실에서 자신의 사촌 티찰라를 처음으로 만난다. 그는 자신의 왕위 계승권을 주장하며 티찰라에게 도전한다.

킬몽거의 몸은 적을 죽일 때마다 하나씩 새긴 문신들로 빼곡하게 덮여있다. 그는 자신이 행하는 살인 하나하나를 와칸다의 왕위를 차지할 도전 의식에 대비할 훈련으로 여겼다.

화려하게
장식된
의식용 창날

음성 증폭
기능이 내장된
장식용 귀

금 입자를
주입한 슈트

운동 에너지 흡수
기능을 하는 선

적을 위협하기 위해
표범이 포효하는
듯한 장식을 했다.

킬몽거의 무기

킬몽거는 워리어 폴 도전 의식에서 티찰라를
쓰러뜨리기 위해 고대 비브라늄 검과 창에서 창대를
부러뜨려 만든 단검을 사용한다. 킬몽거는 자신이
이뤄낸 위업을 자랑스러워하며 이 두 개의 무기를
전리품으로 간직했다. 나중에 티찰라가 돌아와 다시
도전했을 때 이 무기들을 또 사용한다.

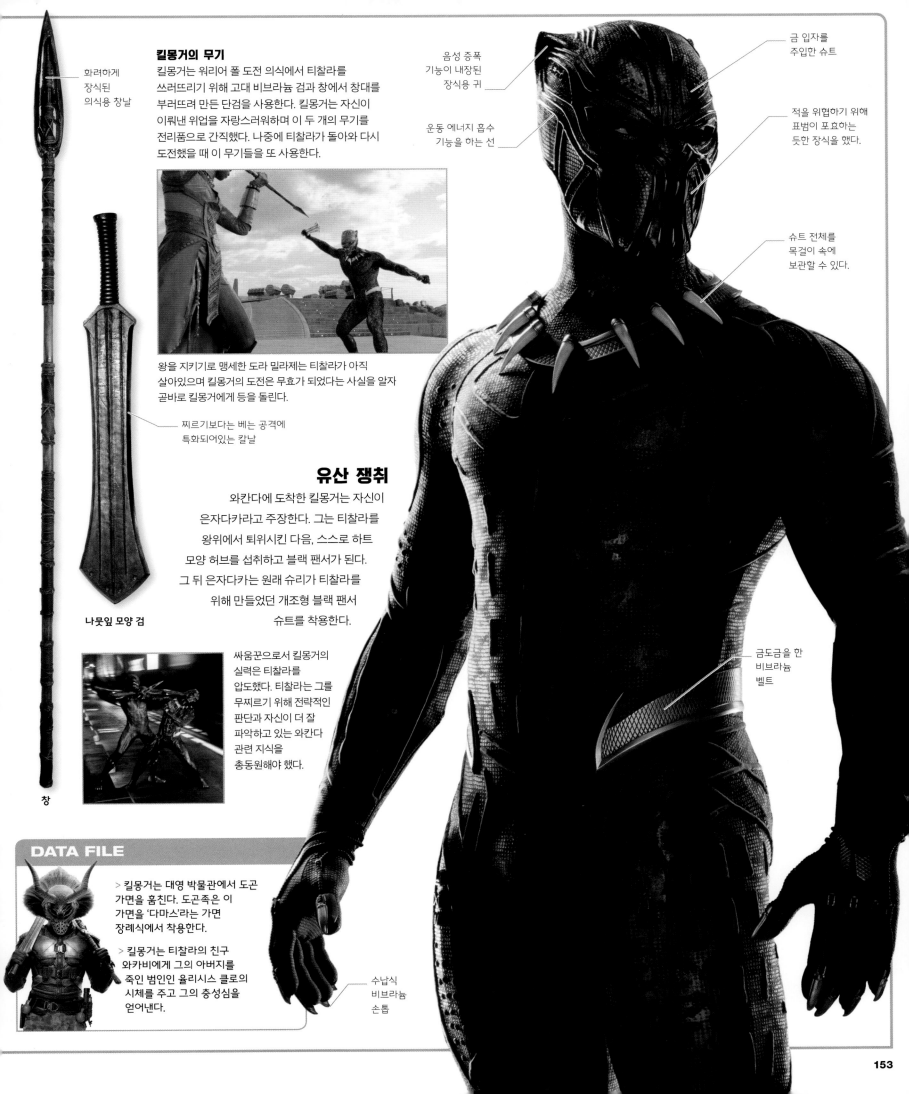

왕을 지키기로 맹세한 도라 밀라제는 티찰라가 아직
살아있으며 킬몽거의 도전은 무효가 되었다는 사실을 알자
곧바로 킬몽거에게 등을 돌린다.

찌르기보다는 베는 공격에
특화되어있는 칼날

슈트 전체를
목걸이 속에
보관할 수 있다.

유산 쟁취

와칸다에 도착한 킬몽거는 자신이
은자다카라고 주장한다. 그는 티찰라를
왕위에서 퇴위시킨 다음, 스스로 하트
모양 허브를 섭취하고 블랙 팬서가 된다.
그 뒤 은자다카는 원래 슈리가 티찰라를
위해 만들었던 개조형 블랙 팬서
슈트를 착용한다.

나뭇잎 모양 검

싸움꾼으로서 킬몽거의
실력은 티찰라를
압도했다. 티찰라는 그를
무찌르기 위해 전략적인
판단과 자신이 더 잘
파악하고 있는 와칸다
관련 지식을
총동원해야 했다.

금도금을 한
비브라늄
벨트

창

DATA FILE

> 킬몽거는 대영 박물관에서 도곤
가면을 훔친다. 도곤족은 이
가면을 '다마스'라는 가면
장례식에서 착용한다.

> 킬몽거는 티찰라의 친구
와카비에게 그의 아버지를
죽인 범인인 율리시스 클로의
시체를 주고 그의 충성심을
얻어낸다.

수납식
비브라늄
손톱

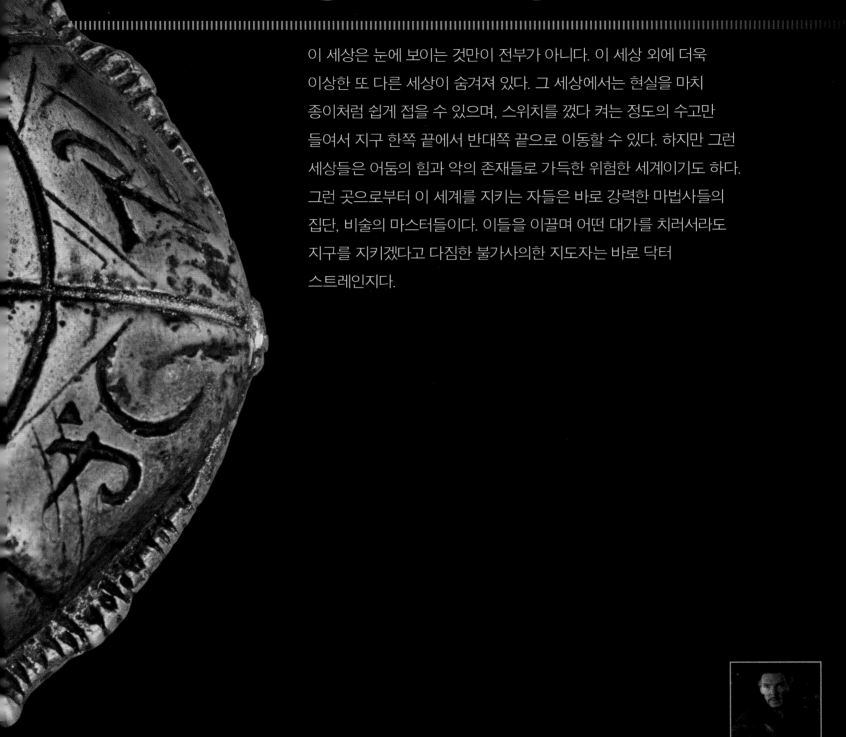

DOCTOR
STRANGE 닥터 스트레인지

이 세상은 눈에 보이는 것만이 전부가 아니다. 이 세상 외에 더욱
이상한 또 다른 세상이 숨겨져 있다. 그 세상에서는 현실을 마치
종이처럼 쉽게 접을 수 있으며, 스위치를 껐다 켜는 정도의 수고만
들여서 지구 한쪽 끝에서 반대쪽 끝으로 이동할 수 있다. 하지만 그런
세상들은 어둠의 힘과 악의 존재들로 가득한 위험한 세계이기도 하다.
그런 곳으로부터 이 세계를 지키는 자들은 바로 강력한 마법사들의
집단, 비술의 마스터들이다. 이들을 이끌며 어떤 대가를 치러서라도
지구를 지키겠다고 다짐한 불가사의한 지도자는 바로 닥터
스트레인지다.

"도르마무, 거래를 하러 왔다!"

닥터 스트레인지

DOCTOR STRANGE 닥터 스트레인지

뉴욕의 유명한 신경외과 의사인 스티븐 스트레인지 박사는 경력이 정점에 도달했을 때 끔찍한 자동차 사고로 인해 양손에 장애를 입고 인생 전체가 그야말로 정지해버린다. 독선적인 성격의 닥터 스트레인지는 계속된 수술에도 불구하고 손을 다시 사용할 수 있을 정도로 회복하는 데 실패하자 완전히 좌절하고 만다. 그는 자신의 경력과 아끼던 모든 것을 버리고, 네팔에 있다는 신비로운 신전 카마르-타지에 치료법이 있을지도 모른다는 희망을 품고 그곳을 찾아 떠난다.

닥터 크리스틴 팔머
크리스틴 팔머는 스트레인지의 동료이자 연인이다. 선하고 동정심이 많은 그녀는 교통사고를 당한 스트레인지가 회복하는 것을 돕는다. 하지만 스트레인지는 그녀를 밀어낸다. 그의 독설이 너무 심해지자 크리스틴도 그를 떠나버린다. 하지만 이후 스트레인지가 가장 필요로 한 순간에 도움을 준다.

크리스틴이 새겨준 메시지

수술에 들어가기 위해 머리카락을 덮었다.

사고를 당하기 전, 스트레인지는 겸손이라고는 찾아볼 수 없는 인물이었다. 그는 수술 도중 지루함을 쫓기 위해 음악 맞추기 게임을 하고, 실력이 모자라다고 생각하는 동료에게 서슴지 않고 창피를 주었다.

외과수술의 대가

스트레인지는 주위에서 잦은 수술 요청을 받는 외과의사였기 때문에, 본인이 원하는 환자를 골라서 수술했다. 그는 자신의 완벽한 경력에 오점이 생기는 것을 방지하기 위해, 회복할 가능성이 높으면서 주목을 많이 받는 환자들만을 선택해 수술했다. 하지만 스트레인지의 명성은 오히려 그의 몰락을 불러왔다. 신경외과 학회에서 연설하기 위해 차를 몰고 가던 중, 교통사고를 당해 절벽 아래로 굴러 떨어지고 만 것이다.

일회용 외과 수술 마스크

스트레인지는 호화로운 고층 아파트에 살았다. 스트레인지가 지금껏 받았던 상들로 가득 찬 캐비닛 건너편에는 그랜드 피아노가 놓여있다.

스트레인지의 손목시계

오염을 방지하기 위해 양손을 들어올리고 있다.

스트레인지가 입은 부상
구조대원들이 스트레인지의 차를 찾는 데 시간이 너무 오래 걸리는 바람에 그의 손은 심각한 부상을 입었으며, 영구적인 신경 손상이 생기고 만다. 스트레인지는 11시간에 걸친 수술을 받은 뒤 양손에 스테인리스 스틸 고정 핀을 박아야 했다. 스트레인지는 총 7번의 추가 수술을 받았지만, 의사들은 스트레인지의 손 기능을 원래대로 회복시킬 수 없었다.

고정 핀 지지장치

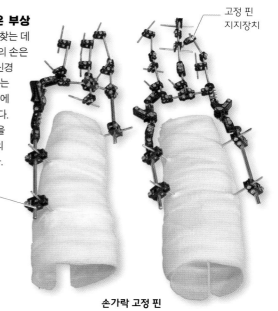

팔 깁스

스트레인지의 물리치료사는 스트레인지보다 훨씬 심각한 부상에서도 회복한 조나단 팽본이라는 남자에 대한 이야기를 들려준다.

손가락 고정 핀

후줄근한
머리카락

지저분한 수염

절박한 탐색

스티븐 스트레인지는 끔찍한 교통사고를 당한 후 손을
재건하기 위한 수술에 거의 전 재산을 쏟아부었지만 결과는
신통치 않았다. 스트레인지는 하반신 마비 환자였던 조나단
팽본을 만나 카마르-타지에서 기적적으로 치료되었다는
이야기를 듣고 치료의 방향을 바꾼다. 그는 자신에게
남아있던 마지막 돈을 긁어모아 네팔행 비행기를 타고
카마르-타지를 찾아서 카트만두로 간다. 하지만
구체적으로 어디로 가야 하는지도 몰랐고,
네팔어도 몰랐던 스트레인지는 며칠 동안
정처없이 떠돌아다닌다.

손으로 그린
카트만두의 지도

방수 재질의 천

약도와 안내 책자

고정용
가죽끈

여행자의 배낭

날씨의 변화에
대비하여 겹겹이
껴입은 옷

카마르-타지를 찾아서

이제 스트레인지에게 남은 것은 자신이 걸친 옷과
배낭에 들어있는 짐이 전부다. 그는 안내 책자와
메모 그리고 지도를 갖고 있었지만, 결국 위험한
뒷골목으로 들어가게 된다. 스트레인지는
길거리에서 노숙을 하다 각종 사기와 강도의
희생자로 전락한다.

DATA FILE

> 마스터 모르도는 닥터 스트레인지에게
카마르-타지의 주민들이 원시인은
아니라고 확신시켜준다. 시대에
뒤떨어져 보이기는 해도, 카마르-
타지에는 와이파이도 갖춰져 있다.
와이파이 비밀번호는 '샴발라'다.

> 아르님 졸라 박사가 만든 히드라
알고리즘은 스트레인지가 가진
명성과 영웅적인 잠재력으로 그를
미래의 위협으로 지목했다.

스트레인지는 카마르-타지가 네팔의 전통 종교 수행지라고 오해하고,
카트만두 서쪽 언덕에 위치한 스와얌부나트 사원과 랄릿푸르의
크리슈나 만디르 신전(왼쪽 사진) 같은 성지들을 찾아다닌다.
스트레인지는 마스터 모르도가 그를 찾아 카마르-타지로 데려갔을 때
거의 절망의 끝에 서 있었다.

에인션트 원은 스트레인지에게
멀티버스를 보여준 다음, 그를
카마르-타지 밖으로 쫓아낸다.
에인션트 원은 오만한 성격의
스트레인지가 자신을 배신한 제자
케실리우스처럼 암흑의 길로
빠져들까 봐 두려웠기 때문에 그의
의지를 시험해보려고 했다. 결국
스트레인지는 시험을 통과한다.

DOCTOR STRANGE: MASTER OF THE MYSTIC ARTS 닥터 스트레인지: 비술의 마스터

비술의 수련생이 된 스티븐 스트레인지는 독학에 매우 능숙했다. 그는 사진처럼 정확한 기억력과 구글 번역기의 도움을 받아가며 카마르-타지 도서관의 지식들을 빠르게 습득해나간다. 심지어 육체가 휴식을 취할 때는 영체의 상태로 계속 공부했다. 스트레인지의 실력은 일취월장하며, 레비테이션 망토 같은 새로운 조력자도 얻는다. 스트레인지는 타락한 케실리우스를 상대하고, 초차원적인 악의 존재 도르마무를 물리치면서 마침내 자신에게 비술의 마스터 자격이 있음을 증명한다.

아가모토의 눈

레비테이션 망토

마법 보호막

슬링 링이 달린 장식 벨트

스트레인지는 신입 수련생 시절에 아무런 진전을 보이지 못하고 제자리걸음에 머물러 있었으며, 에인션트 원의 터무니없는 가르침에 따르기 위해 많은 노력을 했다. 마음을 열고 가르침을 받아들인 후 탁월한 진전을 가져왔으며, 나중에는 위대한 성취로 이어지게 된다.

지구의 수호자

에인션트 원의 사망 후 케실리우스와 도르마무를 물리친 닥터 스트레인지는 뉴욕 생텀의 마스터 지위를 받아들인다. 그는 다른 세상에서 온 인물과 존재들 중 나중에 위협이 될 만한 이들을 감시하며, 어벤져스가 지구의 안보를 유지하는 것도 도와준다.

브리지

닥터 스트레인지의 슬링 링

손가락을 넣는 구멍

손에 착용한 슬링 링

슬링 링
슬링 링은 마법사들이 왼쪽 검지와 중지에 끼우는 마법 도구다. 이 도구를 낀 왼손을 높이 든 채 오른손을 시계 반대 방향으로 돌리면 다른 디멘션이나 마법사가 시각화해낸 장소로 갈 수 있는 차원문을 만들 수 있다. 슬링 링은 하나씩만 고유하게 제작된다.

방어자세를 취하고 있는 망토

싸우는 동안 신발을 단단히 고정해주는 신발끈

청동 표지

표지 중앙의 도관에는 마법 에너지가 흐른다.

아가모토의 눈 삽화

시간 조작에 대한 설명

아가모토의 눈을 사용하려면 먼저 눈을 열어야 한다. 눈을 열기 위해서는 《카글리오스트로의 책》에 자세하게 설명되어있는 여러 가지 수인을 맺어야 한다.

《카글리오스트로의 책》

에인션트 원은 카마르-타지 도서관에 개인적으로 고급 마법 서적들을 소장하고 있다. 그중에서 《카글리오스트로의 책》에는 아가모토의 눈을 사용하는 방법과 무시무시한 다크 디멘션으로 건너갈 수 있는 방법이 수록되어있다.

아가모토의 눈

최초의 소서러 슈프림의 이름은 아가모토였으며, 그는 자신의 이름을 딴 유물인 아가모토의 눈을 만들었다. 이 눈의 중심부에서 뿜어지는 마법적인 녹색 빛은 타임 스톤에서 나오는 것으로, 매드 타이탄 타노스가 좇고 있는 엄청난 힘을 품은 인피니티 스톤 중 하나다. 아가모토의 눈을 사용해 시간에 간섭하는 것은 극히 위험한 일이다. 자칫하면 시간선을 분리하거나 불안정한 디멘션의 개방, 공간적 역설 그리고 시간의 순환을 방해할 수 있다. 또 사용자는 자신도 모르는 사이에 사라져버릴 수도 있다.

게리 면과 가죽 고정끈

금으로 도금한 표면에 새겨진 룬 문자

타임 스톤이 보관되어있는 공간

루비 장식이 되어있는 황금 망토 걸쇠

가장자리에 자수를 놓은 일본산 레이어드 울

아가모토의 눈은 시간을 되돌리거나, 실현 가능성이 있는 미래를 보여줄 수 있다. 도르마무처럼 강력한 존재조차도 아가모토의 눈 앞에서는 무력했다.

착용자는 아가모토의 눈 덕분에 타임 스톤을 직접 만질 필요 없이 사용할 수 있다.

체크 무늬 안감

레비테이션 망토

레비테이션 망토는 자아를 가진 마법 유물로, 뉴욕 생텀의 유리 보관장에 둥둥 뜬 채 보관되어있었다. 그러다 닥터 스트레인지와 만나게 된다. 이 유물은 성격이 엄청나게 까다롭기로 유명하지만, 무슨 이유에서인지 스트레인지를 주인으로 선택한다. 망토는 스트레인지에게 비행 능력을 제공할 뿐만 아니라 스트레인지의 의지와는 상관없이 위험한 상황에서 그를 잡아당겨 주인을 지키기도 한다.

DATA FILE

> 닥터 스트레인지는 케실리우스의 추종자 루시안 애스터에게 관통상을 입는다. 스트레인지는 영체가 되어, 팔머 박사가 의식을 잃은 자신의 육체에서 심낭에 고인 피를 뽑아내는 수술을 진행하는 것을 돕는다.

> 스트레인지는 친절한 집주인이다. 토르가 자신의 동생을 찾아 생텀으로 오자, 스트레인지는 토르에게 자동으로 다시 채워지는 맥주잔을 만들어준다!

THE ANCIENT ONE 에인션트 원

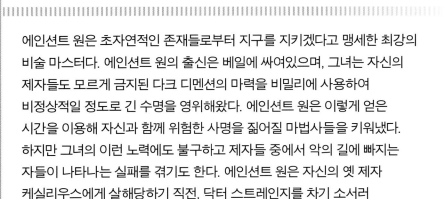

번뇌를 없애기 위하 삭발한 머리

어떤 시대의 양식인지 짐작하기 힘든 의복

에인션트 원은 초자연적인 존재들로부터 지구를 지키겠다고 맹세한 최강의 비술 마스터다. 에인션트 원의 출신은 베일에 싸여있으며, 그녀는 자신의 제자들도 모르게 금지된 다크 디멘션의 마력을 비밀리에 사용하여 비정상적일 정도로 긴 수명을 영위해왔다. 에인션트 원은 이렇게 얻은 시간을 이용해 자신과 함께 위험한 사명을 짊어질 마법사들을 키워냈다. 하지만 그녀의 이런 노력에도 불구하고 제자들 중에서 악의 길에 빠지는 자들이 나타나는 실패를 겪기도 한다. 에인션트 원은 자신의 옛 제자 케실리우스에게 살해당하기 직전, 닥터 스트레인지를 차기 소서러 슈프림이자 자신의 후계자로 길러냈다.

노란색의 의복과 대조를 이루는 검은색의 넓은 장식띠

장식용 천에는 마법을 걸어서 무기로 활용할 수도 있다.

마법사에게 시공의 장벽은 아무런 의미도 없다. 에인션트 원은 티벳의 찻집에 있다가 순식간에 런던의 길거리로 이동해 악당 마법사들을 추격할 수도 있다.

소서러 슈프림

에인션트 원의 추종자들도 그녀가 켈트인이고 나이가 수백 살은 된다는 사실을 제외하면 자신의 스승에 대해 거의 아는 것이 없다. 에인션트 원은 무슨 이유에서인지 자신의 과거를 절대 말하지 않는다. 소서러 슈프림의 칭호는 첫 번째 소서러 슈프림이었던 아가모토 이후 수천 년 동안 계승되어왔다. 에인션트 원은 스티븐 스트레인지가 카마르-타지에 도착하기 전부터 오랫동안 그의 인생을 지켜봐왔다.

쌀쌀한 네팔의 날씨에 대비해서 입은 따뜻한 모직 속치마

에인션트 원의 개인 교습실은 내부가 검은색 목재로 아름답게 지어져 있으며 공들여 조각한 기둥들로 장식되어있다. 상에 차를 내오면 방 안의 공기는 향기로운 내음이 감돈다.

에인션트 원은 가끔씩 제자들에게 자신의 뜻을 설파하기 위해 충격 요법을 사용할 때도 있다. 그녀는 스트레인지의 육체로부터 영체를 빼내, 마법사들이 자신의 육신을 벗어나 갈 수 있는 디멘션인 아스트랄 디멘션으로 보내버리기도 했다.

비행 중에는 발 앞부리를 아래로 뻗는다.

카마르-타지

에인션트 원은 네팔의 카트만두에 숨겨진 수련원 카마르-타지에 살고 있다. 그녀는 이곳에서 수련생들에게 비술을 가르친다. 카마르-타지에는 방대한 분량의 마법 서적을 소장한 도서관과 수많은 마법 유물, 숙소 그리고 훈련 시설이 갖춰져 있다. 이곳은 홍콩, 뉴욕, 런던에 위치한 세 곳의 생텀과 차원문으로 연결되어있다.

에인션트 원은 경험 많은 스승이다. 그녀는 수백 년 동안이나 제자들을 가르쳐왔으며 각 제자에게 적합하도록 교수법을 다듬는 데도 익숙하다. 스트레인지의 경우, 그가 마법을 더욱 잘 이해할 수 있도록 '현실의 소스 코드를 고치는 프로그램'이라고 과학적인 용어들을 사용해 설명해주었다.

비술

마법사들은 다른 디멘션으로부터 에너지를 끌어와 무기와 보호막 그리고 차원문을 만든다. 하지만 스트레인지는 자신의 손에 입은 부상에만 신경을 쓰느라 마법의 기본을 배우는 데 어려움을 겪는다. 에인션트 원은 스트레인지에게 모든 일이 항상 자신이 원하는 대로만 이루어질 수 없다고 조언한다. 그녀는 스트레인지를 에베레스트 꼭대기로 보내 2분 내로 차원문을 열고 탈출하지 못하면 극한의 추위로 인해 쇼크 상태에 빠지게 될 시련을 겪게 함으로써 그가 깨달음을 얻을 수 있도록 돕는다.

마법문을 여는데 성공한 마법사는 두 장소 사이의 시공을 접어 한 곳에서 다른 곳으로 즉시 이동할 수 있다.

DATA FILE

> 에인션트 원은 작은 나무 부채를 들고 다닌다. 그녀는 이 마법 유물을 이용하여 전투 능력을 강화할 수 있다.

> 에인션트 원은 수백 년 동안 살아왔기에 수많은 언어에 능숙하다. 그녀는 다양한 언어들로 읽고 말할 수 있다. 그중에서는 이미 오래전에 역사 속으로 잊힌 언어들도 있다.

에베레스트 산 정상

주황빛으로 빛나는 마법 에너지

에인션트 원은 오랜 세월을 살아온 강력한 존재지만, 여전히 인간이다. 그녀는 홀로 죽음을 맞이하고 싶지 않았다. 에인션트 원은 최후의 순간이 다가오자 자신의 육체에서 영체를 빼내, 시간의 흐름을 최대한 늦추며 스트레인지에게 중요한 지혜를 전달해준다.

MASTER MORDO 마스터 모르도

모르도는 복수할 수단과 힘을 찾아 카마르-타지에 왔다. 하지만 에인션트 원의 가르침을 받은 모르도는 자신이 내면의 평화를 찾았다고 생각하며 자연의 법칙을 따르는 삶을 살게 된다. 그는 뛰어난 마법사가 되었지만 에인션트 원은 모르도가 마법에 접근하는 방식에는 융통성이 없기 때문에 닥터 스트레인지와 서로 균형을 맞출 수 있을 것이라고 생각했다. 그러나 모르도는 에인션트 원이 다크 디멘션의 금지된 힘을 사용해 수명을 늘려왔다는 사실을 알고는 신념을 잃고 동료 마법사들을 등진다.

적들을 날려버릴 수 있는 위력을 가진 지팡이

내면에 잡념이 깃들었음을 보여주는 복잡한 무늬

공격이나 주문 시전을 준비하고 있는 손

양끝에 달린 손잡이를 잡아당겨 분리시킬 수 있다.

지팡이의 마디가 분리되면 내재되어있는 마법 에너지가 밖으로 분출된다.

쾌적한 느낌의 야크 모직 웃옷

화려한 수제 가죽 벨트

모르도는 스트레인지가 사람들에게 카마르-타지에 대해 물어보면서 카트만두의 길거리를 헤매고 있다는 소문을 듣는다. 그는 스트레인지가 골목길에서 강도를 당할 때 도와주는 동정심을 발휘하지만, 또한 폭력을 사용해 문제를 해결하는 성향도 보여주었다.

모르도는 제자들에게 비술을 가르치는 역할에 적극적이지만, 에인션트 원처럼 침착하게 가르치지는 않는다. 그는 돌발 상황이나 잠재적인 위기 상황에 항상 대비하고 있어야 한다는 점을 강조한다.

어둠의 길

모르도는 에인션트 원과 그녀의 가르침에 깊은 신념을 품고 있었다. 하지만 에인션트 원이 규칙을 어겼다는 사실을 알게 되자, 모르도의 자신감과 신념은 독선과 분노로 변하고 만다. 한때 헌신적인 비술의 마스터였던 모르도는 이제 마법사를 자연의 법칙에 반하는 존재로 보고 그들과 대립하게 된다. 그는 비술을 부릴 수 있는 가치가 있는 자는 오로지 자신뿐이라고 믿게 되었다.

리빙 트리뷰널의 지팡이
모르도의 지팡이는 공평하면서도 가혹한 심판을 내리는 것으로 알려진 우주적 존재 리빙 트리뷰널이 소유했던 것이다. 이 지팡이는 내재되어있는 불안정한 주황빛 에너지를 활용해 채찍이나 도리깨로 변형하여 사용할 수 있다.

DATA FILE

> 모르도는 카마르-타지 바깥을 돌아다닐 때 모자가 달린 망토를 착용하여 적들이 자신을 알아보지 못하도록 정체를 숨긴다. 이런 복장은 모르도가 자신의 내적 갈등을 숨긴다는 것을 비유적으로 나타내는 것이다.

> 에인션트 원은 모르도의 지나친 자신감과 비판적인 성격을 잘 알고 있었다. 그녀는 모르도에게 품고 있는 악의 충동은 결코 사라지지 않을 것이라고 경고하지만, 모르도가 이를 극복할 수 있을 것이라고 생각했다.

모르도는 스트레인지의 능력이나 의지를 존중하지 않는다. 그는 스트레인지가 잘못된 명분을 가진 자들을 죽이길 꺼린다며 줏대 없는 겁쟁이라고 매도한다. 그러면서 모르도는 자신이 마법사로서 온갖 어두운 일을 자행했다는 사실을 무심코 내뱉는다.

모르도는 발토르의 도약 부츠로 중력을 거스를 수 있다.

MASTER WONG 마스터 웡

윙은 카마르-타지 도서관의 전임 사서가 배신자 케실리우스와 그의 추종자들에게 살해된 후 새로 임명된 사서다. 윙은 제자들의 학문 수양이나 기본 수련 외의 독학을 지도하는 매우 중요한 직책을 맡고 있다. 또한 그는 카마르-타지가 소장한 유물들을 관리하며 신비한 세력들에 맞서 이 세계를 지키는 것을 돕는다. 윙은 홍콩 생텀을 지키다 사망하지만, 닥터 스트레인지가 아가모토의 눈을 사용해 시간을 되돌려 생텀을 수복하고 케실리우스와 도르마무를 물리치는 과정에서 다시 살아났다.

엄격한 눈빛 뒤에는 냉소적인 유머감각이 숨어있다.

진중한 성격을 나타내는 은은한 갈색 예복

스트레인지는 도서관의 지식들을 엄청나게 빠른 속도로 흡수한다. 이런 모습을 본 윙은 스트레인지에게 마스터 수준의 제자들을 위한 고급 마법서도 볼 수 있게 해준다.

신임 사서

윙은 사서로서 맡은 직책을 매우 진지하게 받아들인다. 그는 스트레인지에게 카마르-타지에서 책이 없어졌다간 그 대가를 죽음으로 치러야 할 거라고 경고한다. 윙은 매우 진지하기는 하지만 스트레인지에게 공부할 만한 책을 추천해주는 등 굉장히 협조적인 모습을 보여준다. 윙보다 도서관의 장서에 능통한 인물은(어쩌면 에인션트 원이라면 몰라도) 아무도 없다.

스트레인지가 자꾸 음악계를 빗댄 농담을 하자 이에 호기심이 생긴 윙은 서구권 팝 음악이 자신의 취향에 맞는다는 사실을 알게 된다. 윙의 감시를 피해 도서관에서 차원문을 만드는 것은 규칙에 어긋나는 일이다. 하지만 윙이 음악에 정신이 팔려있는 사이 스트레인지가 유체 이탈에 관한 책을 몰래 '빌려간다'는 사실도 눈치채지 못했다.

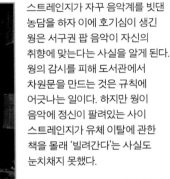

사용 시 두 얼굴이 빛난다.

마법 처리가 된 받침대

와툼의 지팡이

윙이 사용하는 와툼의 지팡이는 양끝에 뿔이 달린 머리로 장식되어있는 마법봉이다. 이 지팡이는 에너지를 다루는 데 사용할 수 있으며, 주로 에너지를 흡수하고, 증폭하고 방향을 바꾼다.

DATA FILE

> 윙에 따르면 카마르-타지에 금지된 지식은 없으며, 그저 금기 의식이 몇 가지 있을 뿐이다. 윙은 수련생들이 자신의 지도 아래 고급 서적을 읽을 수 있도록 허락한다.

> 카마르-타지 도서관의 장서들은 다양한 언어로 쓰여있다. 그중에는 영어로 쓰인 책도 있지만, 대부분의 책은 산스크리트어나 중국어, 라틴어 혹은 켈트 룬어로 쓰여있다.

알 수 없는 가죽 재질 (일단 소 가죽은 아니다.)

《보이지 않는 태양의 책》

《신 천문학》

《코덱스 임페리엄》

《원리입문서》

SANCTUMS 생텀

세 곳의 생텀은 마법 유물의 보관고이자 비술 마스터들의 거점이다. 무엇보다도 중요한 점으로는 이 세 곳의 생텀에서는 다른 디멘션에 있는 악한 세력의 침략으로부터 지구를 지키기 위한 마법 방어막을 방출하고 있다는 것이다. 뉴욕, 런던 그리고 홍콩에 있는 각 생텀들은 악당 마법사인 케실리우스의 표적이 된다. 그는 생텀들을 파괴하여 악마 도르마무의 다크 디멘션이 지구를 침공하게 하려는 계획을 짠다. 닥터 스트레인지는 도르마무를 퇴치하는 데 성공한 후, 뉴욕 생텀의 새로운 마스터가 되어 자리를 잡는다.

아가모토의 구
아가모토의 구는 카마르-타지 수련장의 도서관 대기실의 공중에 뜬 채 보관되어있다. 에인션트 원은 아가모토의 구를 사용해 세 곳의 생텀에서 방출되는 방어막의 상태를 감시한다. 이 구는 지구의 첫 번째 소서러 슈프림 아가모토가 만들어낸 것으로, 그 마력은 여전히 아가모토로부터 끌어오고 있다고 한다.

뉴욕 생텀은 둥근 창문이 나 있는 대형 건물에 자리 잡고 있다. 아마 주변 사람들이 그냥 지나가도록 만드는 마법을 걸지 않았더라면 뉴욕 시민들로부터 매우 많은 관심을 받았을 것이다. 그래도 가끔씩은 토르와 로키 같은 인상적인 방문객들이 이곳을 찾는다.

뉴욕 생텀의 방어막

홍콩 생텀의 방어막

런던 생텀의 방어막

이 목재는 지구에서 자란 나무에서 얻은 것이 아니다.

초자연적인 침입자들로부터 생텀을 지켜주는 '세계의 창'

스스로의 운명에 대해 곰곰이 숙고 중인 닥터 스트레인지

유럽의 성으로부터 가져온 단단한 목재 바닥

말린 약재들로 가득 차 있는 진열장

가끔씩 살아 움직이는 철의 수호수들

뉴욕 생텀

뉴욕 생텀은 뉴욕 그리니치 빌리지의 블리커가 177A번지에 있다. 이 우아한 건물에는 도서관, 유물 보관소, 세계 각지로 연결되어있는 차원문의 회랑, 그 외에도 아직 발견되지 않은 무한한 미로처럼 보이는 방들이 있다. 뉴욕 생텀의 내부 규모는 외부에서 보이는 것보다 훨씬 거대하다.

다베로스의 단검

다베로스의 수많은 머리 중 하나를 형상화한 것

다베로스의 날카로운 침

유물 보관실
뉴욕 생텀에는 고대 마법의 유물들을 모아놓은 인상적인 전시장이 있다. 닥터 스트레인지는 이곳에서 레비테이션 망토와 처음 만났다. 그 외의 유물로는 '호고스의 호리 호스트', '다베로스의 단검' 그리고 '힘의 집게' 등이 있다.

DATA FILE

> 런던 생텀의 마스터는 솔 라마이다. 케실리우스는 그를 '실재하는 시간의 파편'으로 살해했다.

> 런던 생텀은 케실리우스에 의해 처음으로 무너진 생텀이다. 그 과정에서 신비로운 마법 효능을 가진 진귀한 찻잎 모음을 포함하여 무수한 유물들이 파괴되었다.

민망의 중재자

뉴욕 생텀의 호화로운 입구는 외국에서 들여온 바닥 타일과 웅장한 나선형 계단 등으로 장식되어있다. 또한 이곳은 닥터 스트레인지가 케실리우스와 그의 추종자들과 처음으로 만난 곳이기도 하다.

열대 지방 부족의 어깨천

폭 넓은 허리띠에 매단 슬링 링

가모르의 황금 장갑

뉴욕 방어

케실리우스가 뉴욕 생텀을 공격했을 당시 생텀의 마스터였던 대니얼 드럼은 이 공격을 용감하게 막아내려 했으나 금세 압도당하고 만다. 닥터 스트레인지도 케실리우스를 저지하려 했지만 둘의 기량 차이는 너무나 컸다. 스트레인지는 결국 유물 보관실까지 쫓겨가 사용 방법도 모르는 미지의 마법 무구들을 케실리우스에게 집어던진다.

거친 목걸쇠

꽉 죄는 팔 족쇄

거북스러운 몸통 구속구

손목을 조이는 고정대

사이토락의 진홍 끈

망령의 지팡이

마스터 대니얼 드럼

레비테이션 망토는 스트레인지에게 '사이토락의 진홍 끈'을 사용하라고 가르쳐주어 뉴욕 생텀을 구해내는 데 큰 공헌을 했다. 이 마법의 강철 구속구는 케실리우스의 몸에 달라붙어 그를 즉시 무력화시켰다.

홍콩 생텀

홍콩 생텀은 이 세상에 도르마무를 풀어놓으려는 케실리우스의 세 번째이자 마지막 목표다. 홍콩 생텀은 카오룽의 현대적인 건물들 사이 네온사인의 바다와 고층 빌딩들 한가운데에 있다. 케실리우스는 홍콩 생텀을 파괴하고 이곳을 수호하던 사람들을 살해하는 데 성공하지만, 스트레인지는 아가모토의 눈을 사용해 시간을 되돌려서 생텀을 수복하고 수호자들을 되살린다.

디멘션의 균열에 휩싸여 있는 홍콩의 고층 건물들

이 세계로 침범하고 있는 다크 디멘션의 중심

스트레인지는 홍콩 생텀에 도착하지만 이미 동료 마법사들은 케실리우스와의 전투에서 패배한 후였다. 홍콩 생텀은 불타오르고 있었으며 주변의 거리도 이미 폐허가 되어있었다.

THE MULTIVERSE 멀티버스

닥터 스트레인지가 알고 있던 세계는 디멘션이라고 알려진 무한한 숫자의 현실들 중 하나에 불과하다. 그중에는 우리의 세계처럼 쾌적하고 살기 좋은 환경을 가진 곳도 있다. 하지만 그 외의 디멘션들은 생명이 살기에 부적합하고, 음울하며, 악이 잠식한 곳이다. 이런 영역에 도사리고 있는 악의 존재들은 멀티버스의 다른 현실들을 정복하고 집어삼킬 기회만을 노리고 있다. 마법사들은 자신의 영혼을 육신으로부터 이탈하게 해주는 아스트럴 디멘션을 거쳐 이런 영역들에 방문할 수 있다. 또한 비술의 마스터들은 슬링 링을 이용해 차원문을 열고, 자신의 육신은 그대로 유지한 채 다른 디멘션을 방문할 수도 있다. 하지만 그중에서도 엄청난 악에 사로잡혀 있는 무시무시한 디멘션은 무슨 수를 써서든 봉인해야 한다.

닥터 스트레인지가 처음 경험한 멀티버스는 그다지 유쾌하지 않았다. 그는 영체 상태로 에인션트 원의 인도에 따라 무한히 수렴하는 가능성들의 사이를 돌아다녔다.

악티니아리아 디멘션

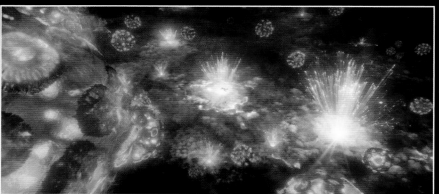

플라워링 인센스 디멘션

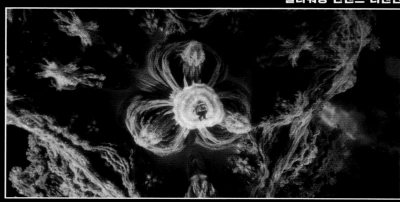

그래스 젤리 디멘션

무한한 디멘션

에인션트 원조차도 멀티버스의 디멘션을 모두 확인하지는 못했다. 인간이 한 평생을 바쳐 멀티버스를 돌아다닌다 하더라도, 중요하다고 판단되는 디멘션조차 모두 둘러보지 못할 것이다. 유명한 디멘션으로는 사물들의 크기가 무한히 작아지는 양자 영역이나 광기의 영역, 악티니아리아와 만델리버스 디멘션 그리고 쿼드리버스 같은 역설적인 공간도 있다. 어떤 디멘션들은 생명체들이 거주하면서 지성체들이 아름다운 문화를 꽃피우기도 한다. 또는 그래스 젤리 디멘션이나 플라워링 인센스 디멘션처럼 생명체가 거주할 수 없으며 오로지 영체로만 방문할 수 있는 디멘션도 있다.

만델리버스 디멘션

DATA FILE

> 만델리버스 디멘션은 마치 프랙탈 도형처럼 인간의 손이 무한히 가지를 치며 자라나는 차원이다. 이 손들 중 대다수는 단순한 복제품이지만, 그중에는 자아를 가진 손도 있는 것으로 보인다.

> 닥터 스트레인지는 만델리버스 디멘션에서의 경험을 악몽처럼 생각한다. 이런 불쾌한 경험을 한 결과, 그는 사전에 조사하지 않은 새로운 디멘션은 절대 방문하지 않게 되었다.

미러 디멘션

미러 디멘션은 마법사들이 현실 세계에 영향을 미치지 않고 마법을 수련할 수 있는 평행 세계다. 현실 세계와 미러 디멘션 사이의 경계는 마치 깨진 유리벽처럼 생겼다. 미러 디멘션에서 태어난 생물은 아직까지 보고되지 않았으며, 이곳은 그저 현실의 공허한 복제물일 뿐이다.

이론적으로 미러 디멘션에서 보여줄 수 있는 마법에는 한계가 없다. 마법을 사용해 세계 전체를 접어버리는 것도 가능하다. 하지만 마법사는 미러 디멘션 내에서도 살해당할 수 있으며, 슬링 링을 잃어버린다면 이 차원 속에 갇혀버릴 수도 있다.

미러 디멘션에서 건물 들은 마치 종이처럼 쉽게 휘어진다.

다크 디멘션

다크 디멘션은 시간과 물리 법칙에서 벗어나 존재하는 장소다. 빛에서도 한기가 감돌며, 눈에 보이는 광선도 아무런 에너지를 방출하지 않는다. 다크 디멘션은 원래 이 디멘션에 존재했던 다른 현실이 타락한 후, 이곳의 주인인 도르마무가 다른 무수한 디멘션을 흡수하면서 만들어졌다.

타락한 기억의 집합으로 구성된 구름

원래는 생명체가 살았던 세계

이곳에서는 음파도 실체를 가진 물질로 변환된다.

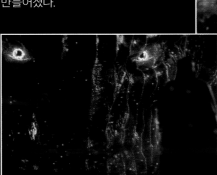

도르마무의 원래 본질은 다른 우주들을 흡수하면서 수도 없이 변화했으며, 그의 원래 모습이나 고향 디멘션은 이미 오래전에 잊혀졌다.

KAECILIUS 케실리우스

케실리우스는 모든 것을 잃고 비탄에 젖은 채 비술의 수련장 카마르-타지를 찾았던 사내였다. 에인션트 원은 케실리우스가 고집스럽고 야심 차며 공격적인 성격이지만 비술에 보기 드문 재능을 가졌다는 것을 꿰뚫어보았다. 에인션트 원 밑에서 케실리우스는 비술을 능숙하게 익힌 후 직접 제자들을 가르쳤지만, 여전히 죽은 가족들의 기억에 사로잡힌 채 죽음 그 자체를 없앨 방법을 갈구하고 있었다. 그는 자신의 과거를 바꿀 방법을 찾기 위해 《카글리오스트로의 책》에 담긴 지식에 손을 댄다. 케실리우스는 에인션트 원이 다크 디멘션으로부터 힘을 끌어다 쓰면서도 생명 연장의 지식을 다른 사람들과 공유하지 않았다는 사실을 알게 된 후 분노에 사로잡혀 그 지식을 반드시 손에 넣겠다고 다짐한다.

싸움에 대비해 뒤로 넘긴 머리카락

도르마무의 문양

눈에서 새어나오는 다크 디멘션의 에너지

근접전에 적합한 민소매 망토

케실리우스는 사고로 인해 아들을 잃은 후 연이어 아내 아드리아마저 병으로 갑작스럽게 떠나보내는 불행을 겪는다. 자살을 생각할 정도로 비탄에 빠진 그는 슬픔을 술로 달랜다. 모르도는 케실리우스를 덴마크에서 찾아낸 후 그를 카마르-타지로 데려온다. 에인션트 원은 케실리우스에게 깨달음과 마음의 평안을 얻을 수단을 찾게 될 것이라고 약속한다.

시공의 파편으로 만들어낸 창

티베트 풍의 무늬를 넣은 허리띠

케실리우스는 원래 강한 능력을 지니고 있었지만, 도르마무와 접촉한 후 다크 디멘션으로부터 흘러들어오는 에너지를 받으면서 더욱 강력해진다. 그는 닥터 스트레인지의 마법 공격을 간단히 날려버릴 수 있었다.

살갗을 간단하게 갈라버릴 수 있는 마법 칼날

춥고 비가 많이 오는 기후에 적합한 부츠

유물을 훔쳐 보관하는 커다란 안주머니

커다란 칼자루로 장식으로 무거운 칼날과 무게의 균형을 맞춘다.

낫 모양 단검
케실리우스는 망토 등 부분의 움푹 들어간 곳에 한 쌍의 섬뜩한 단검을 휴대하고 다닌다. 두 단검의 소름끼치는 형상은 케실리우스가 인간의 생명을 매우 경시한다는 것을 상징한다.

도르마무의 수하
케실리우스에게 있어 궁극의 적이란 바로 피할 수 없는 죽음을 불러오는 시간 그 자체다. 그는 시간이 없는 영역 다크 디멘션의 주인인 도르마무로부터 약속받은 영원한 생명을 추구한다. 케실리우스는 도르마무와 거래해, 지구를 비롯한 현실의 우주로 도르마무를 불러오는 대가로 영생을 얻기로 했다. 하지만 도르마무가 약속했던 '불멸'이 사실 영원히 지속되는 고통이라는 것을 깨달았을 때는 이미 늦은 후였다.

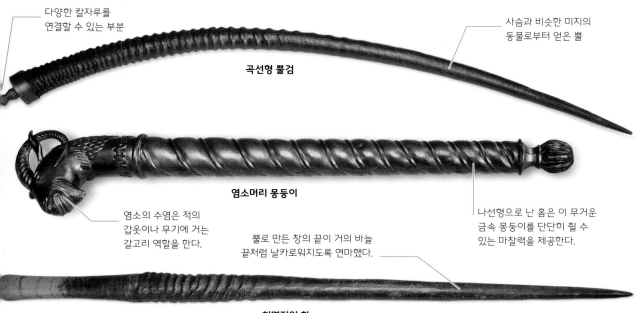

다양한 칼자루를
연결할 수 있는 부분

곡선형 뿔검

샤슴과 비슷한 미지의
동물로부터 얻은 뿔

염소머리 몽둥이

염소의 수염은 적의
갑옷이나 무기에 거는
갈고리 역할을 한다.

나선형으로 난 홈은 이 무거운
금속 몽둥이를 단단히 쥘 수
있는 마찰력을 제공한다.

뿔로 만든 창의 끝이 거의 바늘
끝처럼 날카로워지도록 연마했다.

치명적인 창

DATA FILE

> 다크 디멘션으로부터 끌어온 에너지는 미러 디멘션에서 그 위력이 증폭되므로, 케실리우스는 미러 디멘션에서 훨씬 막강한 모습을 보여준다.

> 미러 디멘션에서 물질, 중력 그리고 물리 법칙은 모두 조작이 가능해서 마법사들은 벽과 천장을 타고 걸어다닐 수도 있다.

> 케실리우스는 미러 디멘션 바깥에서도 물질을 조작할 수 있는 매우 위험한 능력을 얻게 되고, 이 엄청난 힘을 그대로 선보인다.

추종자의 무기

케실리우스의 추종자들은 무술에도 숙달되어있어 마법뿐만 아니라 무기를 다양한 용도로 사용할 수 있다. 예를 들어 염소머리 몽둥이의 경우에는 곤봉, 투척 무기 혹은 적의 손에서 무기를 빼앗는 갈고리로 사용할 수 있다. 추종자들은 동물의 뿔로 제작한 무기를 선호하는데, 이 뿔의 주인들은 주로 추종자들의 의식에서 제물로 바쳐진 불운한 동물들이다.

케실리우스는 카마르-타지에 불만을 품고 있는 자신의 제자들이 에인션트 원과 대립하도록 조종한다. 그는 제자들인 추종자들에게 원하는 것은 무엇이든 가르침을 주겠다고 약속했으나, 사실은 그저 도르마무를 불러내기 위해 추종자들을 이용하고 있을 뿐이다.

세계의 파괴자, 도르마무

도르마무는 엄청난 힘을 지닌 초차원적 존재이자 다크 디멘션의 주인이다. 그는 끊임없이 힘을 갈구하며 멀티버스의 다른 모든 디멘션을 집어삼키려 한다. 닥터 스트레인지는 지구를 삼키려는 도르마무를 필사적으로 저지하기 위해 아가모토의 눈을 사용해 다크 디멘션에 시간의 개념을 가져온다. 그런 다음 자신은 도르마무에게 영원히 살해당하지만 도르마무 역시 절대 빠져나갈 수 없는 무한한 시간의 순환 속에 가둬버린다. 결국 도르마무는 시간의 순환에서 풀려나기 위해 케실리우스와 그의 추종자들을 데리고 지구를 영원히 떠나겠다는 거래를 받아들인다.

디멘션의 균열을
여는 주문

도르마무의 문양

도둑맞은 페이지

케실리우스와 그의 제자들은 카마르-타지의 도서관에 숨어들어가 사서를 죽이고 《카글리오스트로의 책》 2페이지를 훔쳐간다. 이 페이지들에는 다크 디멘션으로부터 힘을 얻고 도르마무와 대화할 수 있는 마법들이 수록되어있었다.

케실리우스가 훔친 주문의 심각한 위험성을 경고하는 문장은 훔쳐간 페이지의 다음 장에 있었다. 때문에 그는 마지막 순간까지도 자신이 맞이하게 될 끔찍한 운명을 알지 못했다.

GUARDIANS OF
THE GALAXY 가디언즈 오브 갤럭시

지구에서 무슨 일이 일어나든, 우주의 일상은 나름대로 흘러간다.
수많은 행성에서 전쟁이 일어나고, 문명이 붕괴하고, 사람들을 속이고
물건을 빼앗는 악당들이 있는가 하면, 그들을 저지하려는 용감한
영웅들도 있다. 이처럼 광대하고 끊임없이 변화하는 우주를 배경으로
무법자, 도망자 그리고 사회 부적응자들이 한데 뭉쳐 가장 높은
몸값을 부른 사람을 위해 자신들의 능력을 발휘하고 있다. 이들은
스스로를 '가디언즈 오브 갤럭시'라고 칭한다.

"좋아, 얘들아.
이번 일은 위험할 수도 있다는 거 잊지 말고
무서운 표정을 하고 가는 거야."

STAR-LORD 스타로드

언제든지 발사할 준비가 되어있는 쿼드블래스터

자주 입는 라바저스의 가죽 재킷

상당히 애용하는 극세사 티셔츠

피터 제이슨 퀼은 우주에서 활동하는 보물 사냥꾼이자 도둑 그리고 별의 군주라고 자칭한 '스타로드'다. 퀼은 지구인과 셀레스티얼 혼혈로, 어렸을 때 지구에서 악명 높은 우주 해적 집단인 라바저스에 의해 유괴되어 비밀리에 그들의 손에 자랐다. 퀼은 느긋하고 꾀도 많은 데다 매우 대담한 성격으로 혼자 범죄를 저지르면서 수익도 짭짤하게 챙기며 자신만의 범죄 경력을 쌓아나가고 있다. 그러나 우주에 위기가 닥치자, 퀼은 서로 좀처럼 엮일 것 같지 않은 용병 겸 우주 모험가들을 한데 모아놓은 집단 가디언즈 오브 갤럭시의 리더야말로 자신의 운명이라는 것을 깨닫게 된다.

퀼은 교활하고 뻔뻔한 성격과 라바저식 훈련 덕분에 크리의 군대 우두머리인 로난이 오브를 회수하라고 보낸 코라스 휘하의 사카아르 병사들을 따돌릴 수 있었다. 이렇게 수많은 자가 쫓고 있는 오브를 소유하게 된 퀼은 요주의 인물로 떠오른다.

방어용으로 덧댄 망사 조각

전설적인 무법자

퀼은 라바저스 밑에서 삐뚤어진 유년기를 보내면서 근접전과 사격 실력, 곡예에 가까운 몸놀림, 우주선 조종 그리고 도둑질 등의 기술에 상당한 전문가가 되었다. 그는 어머니 메레디스가 자신에게 붙여준 별명을 따 자신을 '전설적인' 스타로드라고 소개하고 다니지만, 퀼의 명성 따위는 전혀 들어본 적이 없거나 잘못 들은 사람들은 그를 '스타 프린스'나 '스페이스 로드'라고 부르면서 아주 재미있어한다.

쿼드블래스터

퀼이 공격할 때 주로 사용하는 무기는 한 쌍의 총열에서 각각 블래스트가 발사되는 권총형 무기 쿼드블래스터다. 위쪽 총열에서는 목표물을 공중으로 날려버릴 수 있을 만큼 강력한 살상용 블래스트를 발사한다. 아래쪽 총열에서는 목표물을 무력화할 정도의 전기 에너지를 발사한다.

벨트에는 소매치기 도구가 들어있다.

두 개의 총열에서 동시에 블래스트를 발사하는 것도 가능하다.

살상용 블래스트를 발사

쿼드블래스터 보관집

각각 검지(위쪽 총열)와 중지(아래쪽 총열)로 조작하는 이중 방아쇠

쿼드블래스터

비살상용 전기 에너지를 발사

제트 부츠 제어기

오브

폐허가 된 행성 모라그의 고대 신전에 숨겨져 있는 보물은 많은
사람이 탐내는 신비한 유물 오브였다. 이 오브를 찾는 사람들로는
로난 디 어큐저와 그의 부하들인 '브로커'라는 상인으로부터 의뢰를
받은 라바저스, 베일 속의 부유한 구매자를 위해 오브를 찾으려는
가모라 그리고 가장 높은 값을 부른 구매자에게 오브를
팔아넘기려는 퀼이 있었다.

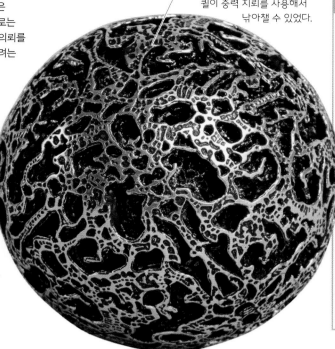

오브의 외피는 금속 재질로
퀼이 중력 지뢰를 사용해서
낚아챌 수 있었다.

DATA FILE

> 라바저스의 대장 욘두는 자신의 옛 부하인 퀼이 훔쳐간
오브를 되찾기 위해 그의 목에 4만 유닛의 현상금을
건다.

> 퀼의 전과는 사기 1건, 공중 장소에서의 주취 2건
그리고 폭력 1건이다.

> 퀼은 낙천적이고 기회주의적인 성격으로 라바저스의
규칙을 깨고 오브를 브로커에게 직접 판 다음 수익을
혼자 챙기려고 했다.

퀼은 26년간 라바저스에서 모았던 장비들을 총동원하면서
지혜롭고 은밀하게 움직여, 자신을 키워준 라바저스를
배신하고 오브를 혼자 훔친다. 퀼은 알지 못했던
사실이지만, 이 오브에는 강력한 힘을 지닌 인피니티
스톤 중 하나가 들어있다.

홀로-맵 프로젝터

이 장치는 역사적 기록을 홀로그래픽으로 띄워 해당
장소에서 과거에 있었던 건물들과 활동 등을
현실에서 그대로 보여준다. 퀼은 이 장치를
모라그 행성의 폐허가 된 도시에서
사용해 오래전에 버려진 신전에서
오브를 찾아낸다.

퀼의 음악

퀼이 가장 소중하게 여기는 보물은 어렸을
적에 어머니가 직접 녹음해준 2개의 음악
믹스테이프다. 퀼은 자신의 우주선인
밀라노에 탈 때면 우주선의 음향 시스템과
연결된 수제 구식 테이프 재생기로 이 두
개의 테이프에 담긴 음악을 재생한다.

청색의 가상 홀로-맵을
투사해 보여주는 출력부

구식 카세트 테이프
재생기

어썸 믹스 Vol. 2
믹스테이프

가디언즈 오브 갤럭시의 리더

퀼은 로난과 그가 이끄는 강력한 사카아르 군대로부터
잔다르 행성을 지키기 위해 가디언즈 오브 갤럭시를 한
팀으로 결속하여 격려하면서, 자신이 타고난 리더라는
사실을 증명한다. 각각의 장점에 맞춰 역할까지 분담한
가디언즈 오브 갤럭시는 처음에 우주 감옥 킬른에서
탈옥하기 위해 감방 동료들끼리 오합지졸처럼
모였던 과거와는 완전히 다른 모습을 보여주었다.

로난과의 대결에
함께한 가모라

하드론 인포서는
위성조차 산산조각낼
수 있는 위력을
가졌다.

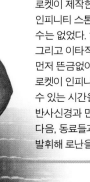

지원해주고
있는 드랙스

위기 속의 용기

로켓이 제작한 강력한 하드론 인포서로도
인피니티 스톤으로 더욱 강력해진 로난을 저지할
수는 없었다. 하지만 퀼은 기발한 생각과 용기
그리고 이타적인 자세로 잔다르를 구했다. 퀼은
먼저 뜬금없이 춤을 춰 로난의 주의를 끌면서,
로켓이 인피니티 스톤이 박힌 로난의 망치를 부술
수 있는 시간을 벌었다. 그런 다음 퀼은 뛰어난
반사신경과 민첩성을 발휘해 인피니티 스톤을 쥔
다음, 동료들과 함께 손을 잡고 스톤의 힘을
발휘해 로난을 무찌른다.

STAR-LORD: 스타로드: 우주를 구하다
SAVING THE UNIVERSE

피터 퀼은 인피니티 스톤을 맨손으로 쥐고도 몸이 붕괴되지 않는 신비한 능력 덕분에 우주에서 큰 관심을 끄는 인물이 된다. 또한 자신이 완전한 지구인이 아니라 외계인 혼혈이라는 사실을 알게 된 퀼은 다시금 "별에서 왔다"던 자신의 친아버지에 대해 알아내고 싶은 열망을 느낀다. 그런 퀼의 앞에 기만적인 성격과 엄청난 힘을 가진 존재인 셀레스티얼 에고가 자신이 친아버지라면서 나타나고, 퀼은 아버지와의 생물학적 유대를 통해 자신에게 잠재되어있던 코스믹 파워를 각성한다.

헬멧의 전방 디스플레이는 위협감지 시스템을 통해 착용자의 반응 속도를 증강시킨다.

외계 문자가 써있는 티셔츠

재킷을 보강한 패딩

내장형 통신회선

열적외선과 자외선 시야를 모두 제공하는 전방 디스플레이 (UHD)

기압 조절기

보조 산소통

공기 여과기

스타로드의 헬멧
피터 퀼의 확장형 헬멧은 평소에 오른쪽 귀 뒤에 부착된 통신기로 작동시킨다. 이 헬멧은 퀼에게 외계의 기후에서도 호흡할 수 있는 생명유지 기능과 방탄 기능 그리고 자신의 스캐너, 무기, 비행 시스템 등과 연결되어있는 전방 디스플레이 기능을 제공한다.

셀레스티얼의 수호자
퀼은 명랑한 성격과 타고난 낙천주의 그리고 (웬만하면) 자기 자신과 팀원들을 꿋꿋하게 믿는 신념 덕분에 리더가 되었다. 에고는 퀼에게 출생의 비밀을 알려주면서 그에게 잠재되어있던 신과 같은 위대한 능력을 각성시킨다. 퀼은 자신의 아버지처럼 에고의 행성 내부에서 셀레스티얼의 빛이 타오르고 있는 한, 외부의 공격으로도 죽지 않는 불멸성과 물질 및 에너지를 조작할 수 있는 능력을 가지고 있다.

퀼은 가디언즈 오브 갤럭시와 함께 전술적인 능력을 발휘해서 배터리를 먹고 살아가며 차원 이동 능력을 가진 생물인 아빌리스크로부터 외계 종족 소버린의 애뉴랙스 배터리를 성공적으로 지켜낸다.

밀라노

스타로드 퀼이 라바저 M형 함선을 개조해 만든 함선인 밀라노는 우주 항행, 자원 수집, 인원 수송 그리고 전투 등에 활용할 수 있는 다용도 우주선이다. 밀라노라는 이름은 퀼이 어린 시절에 좋아했던 1980년대 배우 겸 가수인 알리사 밀라노에게서 따온 것이다. 이 함선은 지난 몇 년 동안 상당한 수리와 개조를 거쳤다. 퀼이 라바저스를 떠나면서 이 우주선은 그의 집이 되었지만, 동료 가모라에 따르면 꽤 '지저분해' 보인다.

퀼은 10살 때부터 밀라노를 조종하면서 전문적인 실력과 높은 자긍심을 갖춘 조종사가 되었다. 그는 두려움 없는 모습으로 잔다르 전투에 임했으며, 나중에 소버린 옴니크래프트 전투기 함대를 따돌릴 때는 매우 위험한 양자 소행성 지대로 진입하기도 한다.

소버린의 옴니크래프트 함대를 따돌리는 중 ⎯

밀라노의 조종석에 앉아있는 퀼과 로켓 ⎯

작동 버튼

목표물 근처에서 작동하는 접근 감지기

외피가 벌어지면서 나오는 에너지 밧줄이 목표물의 다리를 묶는다.

에너지 투척 올가미

퀼은 자신이 그토록 보고 싶었던 아버지를 만나게 되면서 판단력이 무뎌지는 바람에, 에고에게 속절없이 조종당하고 만다. 그는 가모라에게 말하지 못한 감정을 가슴 깊이 품고 있었다. 하지만 가모라가 에고의 행성이 불가능할 정도로 평화로운 풍경을 하고 있다는 점과 에고가 자신의 친아들을 대상으로 웅장한 계획을 갖고 있다는 점에 대해 제시하는 의심들은 거부해버린다.

DATA FILE

> 퀼은 맞춤 제작한 헬멧 외에도 장화에 장착한 제트 엔진이나 에너지 투척 올가미, 통역 임플란트 그리고 중력 지뢰 등 다양한 첨단 장비들을 사용한다.

> 퀼이 가장 아끼는 보물은 1980년형 소니 TPS-L2 워크맨 카세트 플레이어다.

신뢰하는 표정 ⎯

에고는 퀼의 모습을 본떠 자신의 외모와 행동을 위장한다.

아버지가 가장 잘 알고 있다

퀼은 평생 동안 자신의 친아버지가 누구인지 의문을 품고 살았으며, 에고를 처음 만났을 때는 예리한 본능으로 그를 경계한다. 하지만 셀레스티얼의 행성에 간 퀼은 에고가 가진 타인의 마음을 사로잡는 매력과 자신이 물려받은 우주적 능력에 완전히 빠져버린다. 이로 인해 퀼은 에고의 본성을 보지 못한다. 하지만 에고가 퀼의 어머니를 어떻게 살해했는지 설명하자 분노에 찬 퀼은 아버지를 적대하게 된다.

에고의 행성이 붕괴하는 가운데, 라바저스의 대장인 욘두는 퀼을 데리고 우주 공간으로 나가 자신의 홀로그래픽 우주복을 퀼에게 입혀준다. 욘두는 퀼을 구하기 위해 자신의 목숨을 희생하면서, 퀼이 그토록 찾아 헤매던 진정한 아버지는 바로 자신이었다는 것을 증명한다.

YONDU 욘두

욘두 우돈타는 라바저스라는 우주 해적 집단의 분파를 이끄는 리더다. 무자비하고 교활한 성격을 지닌 욘두는 더 큰 힘을 얻는 데 미쳐있는 셀레스티얼 에고를 위해 어린아이를 납치하면서 라바저스의 규칙을 어겨 무리에서 쫓겨나게 된다. 그 이후 죄책감에 시달리던 욘두는 에고를 물리치는 것을 돕고 입양한 아들 피터 퀼을 구하기 위해 스스로를 희생하면서 자신이 저질렀던 행동을 속죄한다.

욘두는 전문적인 실력을 가진 조종사이자 출중한 리더십을 지닌 리더다. 욘두는 잔다르 전투에서 자신의 라바저 M형 함선을 몰고 로난의 다크 애스터 전함과 네크로크래프트 전투기 함대에 맞선다. 그는 손상을 입은 함선을 안전하게 비상착륙시키면서 치열한 공중전에서 살아남는다.

우주 해적

욘두는 성공적인 해적 대장이 보여주어야 할 능력과 양심 없는 모습을 모두 갖추고 있다. 똑똑하고 용감하며, 탐욕에 젖은 이 센타우리인은 항상 목표물을 찾아다니는 도둑질의 대가이다. 욘두는 겉보기에 푸른 피부와 거칠게 생긴 외모와 태도를 보이지만 본성은 명예를 아는 인물이다. 그는 자신의 부하들에게 매우 헌신적이며, 퀼을 보호하기 위해 어린 그를 에고에게 넘기지 않고 라바저에서 키워냈다.

욘두가 휘파람으로 야카 화살을 정확하게 조종할 수 있게 해주는 통제기

야카 화살
욘두의 상징적인 무기인 야카 화살은 소리로 조종할 수 있으며 치명적인 위력을 가지고 있다. 이 화살은 엄청난 속도로 비행할 수 있으며, 욘두가 부는 휘파람의 음 높이에 반응해 적의 방탄복은 물론 함선의 장갑까지 모조리 관통한 다음 주인에게 돌아온다. 야카 화살의 엄청난 위력은 욘두가 자신을 배신한 부하들을 단 몇 분 만에 모조리 쓸어버리면서 입증되었다.

센타우리인 특유의 붉은 눈은 엄청난 시력을 가지고 있다.

낡은 라바저 롱코트

야카 화살의 안정적인 비행과 매우 정밀한 명중률을 보조해주는 금속 화살깃

전 우주에서 알아보는 라바저스의 불꽃 문양

욘두는 휘파람을 날카롭게 불어 화살을 불길에 휩싸이게 만들 수 있다.

폭발형 화살촉

야카 화살

장갑 관통 화살촉

빠르게 뽑을 수 있는 단검

퀼이 욘두에게 준 가짜 오브

겹쳐 보이는 과거

욘두는 아기 시절 부모에 의해 크리 제국에 팔린 후, 20년 동안 전투 노예로 살았다. 이런 과거로 인해 욘두는 자립적이고 독립적이지만, 타인에게 또다시 상처입을까 봐 누구도 가까이하지 않는 성격을 가지게 된다. 그는 로켓에게서 자신의 이런 모습을 발견했으며, 로켓이 아무리 거칠게 보이려 해도 욘두를 속일 수는 없었다. 로켓을 만들어냈던 과학자들은 자신의 피조물에게 애정을 주지 않았으며, 이는 욘두를 팔아넘겼던 부모와 똑같은 모습이었다.

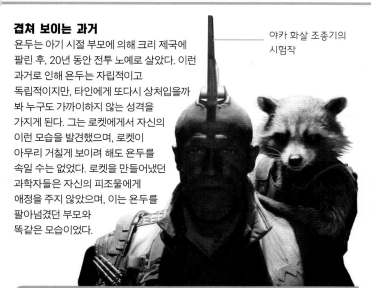

야카 화살 조종기의 시험작

DATA FILE

> 욘두는 로켓이 우주선의 목적지를 에고의 행성으로 설정하자 깜짝 놀란다. 그는 로켓에게 포유류의 신체는 초우주 도약을 겨우 50번밖에 버티지 못하는데, 목적지인 에고의 행성까지는 도약을 700번이나 해야 한다고 일침을 놓는다!

> 욘두의 시신과 함께 화장할 유품 중에는 퀼이 장난삼아 욘두에게 주었던 트롤 인형도 있었다. 욘두는 분명 퀼에 대한 애정으로 그 인형을 간직하고 있었을 것이다.

자신이 유괴해서 에고에게 데려다준 아이들이 끔찍한 운명을 맞이했다는 것을 알게 된 욘두는 수치심에 시달린다. 그는 가디언즈 오브 갤럭시가 미쳐버린 셀레스티얼을 무찌르는 것을 돕고, 자신을 희생하여 아들 피터 퀼의 목숨을 구하면서 마침내 자신의 죄를 속죄한다.

욘두의 옛 도적단 '가족들'은 아름답고 감동적인 라바저식 장례식으로 그가 최후에 보여준 희생에 경의를 표한다. 욘두의 시신을 화장한 재는 화살 모양으로 우주를 향해 흘러나간다.

라바저스

라바저스는 해적, 용병 그리고 엄선된 무법자들로 구성되어 우주를 배경으로 활동하는 범죄 조직이다. 그 분파는 거의 100개에 달하고 온갖 다양한 외계인들로 구성되어있지만, 구성원들은 모두 라바저스의 불꽃 문양을 옷에 표시하고 라바저스의 규칙을 따른다. 각 분파의 이름은 리더의 이름을 따서 지으며, 그 리더들 중 대다수는 스타카르와 알레타 오고르드, 찰리-27, 크루가르 그리고 욘두 등 전설적인 활약을 펼친 이들이다.

모듈형으로 구성된 선체

에클렉터

라바저스의 모든 분파는 개성적으로 설계된 모선을 제작해서 사용한다. 욘두의 거대한 전함 에클렉터는 100명 이상의 선원들을 수용하고 M형 함선의 함대 하나를 통째로 수송할 수 있을 정도로 공간이 넓다. 또한 강력한 화력을 쏟아부을 수도 있고, 함선의 무장을 그대로 유지한 채 각 구역별로 분리해 초공간 항행을 할 수도 있다.

함교

전방 조명

공학 제어실

3구역

라바저스 제복

모든 분파는 라바저스의 규칙을 따르지 않으면 추방당한다. 라바저스에서 추방당한 욘두는 콘트락시아 행성에서 스타카르 오고르드의 세력을 만나 이러한 철칙을 다시 한번 확인받는다. 욘두는 젊고 철없던 시절, 에고를 위해 아이들을 납치하여 라바저스의 규칙은 물론, 동료들의 믿음을 배신했던 것이다.

센서

욘두의 라바저스 분파 표식

크래글린 오브폰테리

크래글린은 욘두의 추방당한 라바저스 분파 소속 일등 항해사다. 그는 자신의 대장에게 충성을 다하고, 어린 시절의 퀼에게는 정신적 버팀목이 되어주었다. 또 욘두의 부하 대부분이 반란을 일으켰을 때도 욘두의 편에 선다. 크래글린은 능숙한 조종사이기도 해서, 에클렉터에서 분리해낸 3구역 함선을 에고의 행성으로 끌고 와 가디언즈 오브 갤럭시를 성공적으로 구출한다.

하이퍼드라이브 엔진실

GAMORA 가모라

가모라는 우주에서 가장 위험한 여성이다. 가모라가 아직 어렸을 때 폭군 타노스는 그녀의 고향 행성을 침공하여 동족들의 절반을 죽였다. 하지만 타노스는 가모라를 살려준 후 딸처럼 길러냈다. 가모라는 타노스의 또 다른 수양딸 네뷸라와 함께 훈련을 받고, 대적할 자가 없을 정도로 실력을 갖춘 암살자로 거듭난다. 가모라는 생존 본능과 두려움을 모르는 싸움 실력, 재빠른 판단력 그리고 사이보그 개조 등을 통해 강력한 전사가 되었다. 이후 (처음에는 합류를 망설이기는 했지만) 가디언즈 오브 갤럭시에 없어서는 안 될 강력한 멤버가 되었다.

가모라의 특출난 능력은 그녀의 끈질긴 승부욕과 잘 어울린다. 그녀는 로난의 다크 애스터에 침투한 후 네뷸라의 전기 충격 지팡이로 죽음에 이를 정도로 감전을 당하면서도 끝까지 버텨내 네뷸라의 손에서 무기를 빼앗는다.

무장한 위험 인물

가모라는 그 어떤 상황에도 대처할 수 있는 최고의 암살자로, 사카아르식 네크로블래스터와 우주선에 장착된 에너지 포부터 단검과 칼까지 그 어떤 무기도 빠르게 통달해 사용할 수 있다. 그녀가 선호하는 무기는 자신의 강력한 검 갓슬레이어다.

사카아르식 네크로블래스터

생체 병기

가모라는 타노스의 가혹한 양육 아래서 자라면서 전사로 거듭난다. 그녀는 훈련에서는 항상 네뷸라를 이겼지만, 그 과정에서 자주 중상을 입었다. 타노스는 그런 가모라에게 생체 임플란트를 이식해주면서 그녀를 궁극의 무기로 만들어낸다.

시력을 강화한 안구 임플란트

DATA FILE

> 가모라는 신체 회복력과 면역력 그리고 신경계를 강화시키는 나노 머신을 주입받았다.

> 가모라가 애용하는 접이식 검 갓슬레이어는 아스가르드인조차 죽일 수 있는 위력을 가지고 있어 그런 거창한 이름이 붙었다. 에너지를 빨아먹고 사는 괴수 아빌리스크를 만났을 때, 가모라는 갓슬레이어로 괴물의 목을 잘랐다.

금속 척추와 사이보그 개조를 받은 골격

탄성 있는 소재로 제작한 슈트

가모라는 수많은 사람이 좇고 있는 오브를 팔아 넘기는 데만 집중하느라, 처음에는 용병인 피터 퀼의 협력 제안을 거부한다. 하지만 시간이 지나면서 그녀는 가디언즈 오브 갤럭시의 가장 충실한 멤버가 된다.

가죽 칼집

갓슬레이어

초합금 허리띠 버클

킬러의 본능

가모라는 신체 강화를 통해 초인적인 힘과 민첩성 그리고 지구력을 갖게 되었다. 이런 능력과 힘든 훈련을 통해 갈고닦은 무장 및 비무장 근접전 능력 그리고 반드시 성공하겠다는 의지는 다른 가디언즈 오브 갤럭시 멤버들보다 가모라를 더욱 돋보이게 한다. 특히 가모라의 검술은 실로 치명적이다.

가모라는 호흡계와 근골격 강화 덕분에 분노한 여동생인 네뷸라가 셀레스티얼 에고의 행성까지 M형 함선을 몰고 와서 자신을 공격했을 때 잠시나마 우주선을 따돌릴 수 있었다.

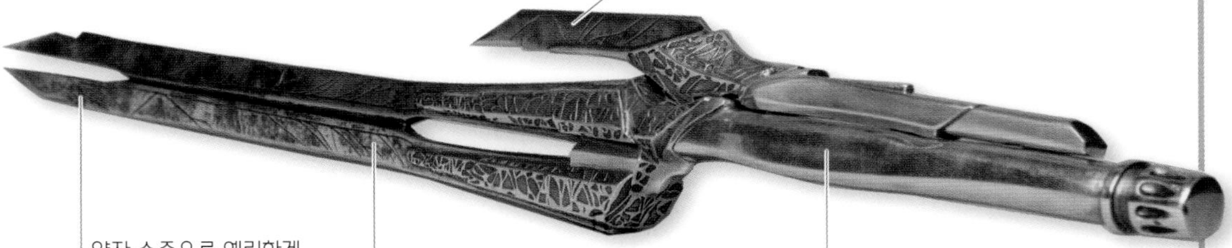

가모라가 고른 무기인 갓슬레이어

가볍지만 튼튼하게 강화한 손목 보호대는 칼날로부터 손목을 보호해준다.

칼의 이 부분은 탈착 형식이라 정밀 투척용으로도 사용할 수 있다.

유행을 따른 긴 상의

양자 수준으로 예리하게 제련한 칼날로 검을 연장할 수 있다.

두 자루의 검으로 나누어 사용할 수 있다.

갓슬레이어

칼자루에는 칼날의 무게를 경감시켜주는 독특한 기능의 에너지 코어가 들어있다.

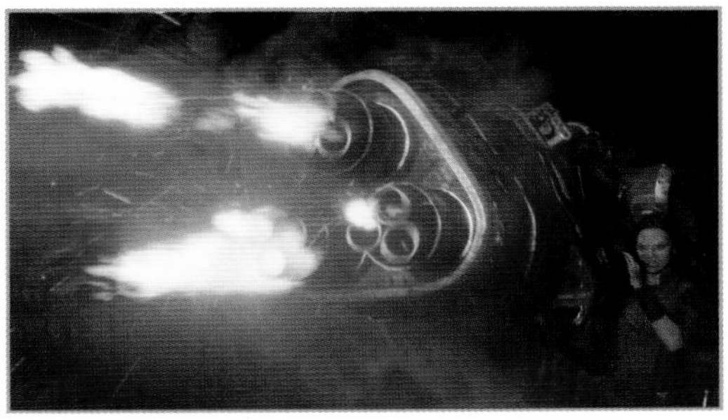

근육 임플란트가 근력과 신체 내구성을 강화시켰다.

결의에 찬 가모라 뒤에 숨은 아기 그루트

가모라는 신체 강화를 통해 엄청난 수준의 근력을 가지게 되었다. 그녀는 M형 함선에 장착되는 거대한 기관포를 가뿐하게 들어 땅에 추락한 네뷸라의 함선에 발사한다.

함선 조종

우주선의 조종과 항행에 능숙한 가모라는 가장 위험한 상황에서도 침착하고 유능하게 대처한다. 그녀는 광산 식민지 노웨어에서 채굴 우주선 하나를 탈취하여 자신보다 더 빠른 속도를 가진 네크로크래프트 전투기를 따돌렸다. 나중에 밀라노가 소버린 외계 함대의 공격을 받을 때도, 그녀는 퀼과 로켓이 말다툼을 벌이는 동안 성공적으로 탈출로를 찾아냈다.

부츠에 부착된 탄력 있는 힐은 완충 효과가 있다.

밀라노의 조종 장치

NEBULA 네뷸라

네뷸라는 인공적으로 강화된 신체를 가진 무자비한 암살자다. 그녀는 루포모이드 출신의 외계 종족으로 매드 타이탄 타노스의 양딸이다. 네뷸라는 어린 시절부터 똑같이 입양된 언니인 가모라와 훈련을 통해 경쟁했으며, 매번 패배할 때마다 그 벌로 신체를 기계 부품으로 개조당한다. 이렇게 패배할 때마다 그녀는 더욱 강해졌으며 아버지의 칭찬을 받기 위해 반드시 언니를 이기겠다는 의지를 다진다. 하지만 네뷸라는 로난 디 어큐저로부터 받은 가르침을 통해 자신의 기술을 더욱 갈고닦으면서, 지금껏 겪었던 모든 고통의 진정한 원인은 바로 아버지 타노스였음을 깨닫는다.

DATA FILE

> 네뷸라는 무장 및 비무장 근접전의 전문가일 뿐만 아니라 숙련된 조종사이기도 하다. 로난의 네크로크래프트와 라바저스의 M형 함선의 조종에도 빠르게 익숙해질 수 있었다.

> 네뷸라는 로난과 함께 피에 물든 명령들을 수행하면서, '우주 최악의 가학성애자'라는 무시무시한 명성을 쌓는다.

전기 충격 지팡이(연결한 상태)

마찰력을 높인 나노섬유 재질의 손잡이

지팡이에 충전된 에너지를 작동시키는 버튼

단봉을 연결한 형태의 지팡이는 근접전에 효과적이다.

시각 및 청각 강화 신경 회로를 보호해주는 헤드 플레이트

전기 충격 지팡이(분리한 상태)

단단한 강철 칼날은 다수의 적들을 상대하기 위한 것이다.

타노스는 네뷸라와 가모라를 로난 디 어큐저의 수하로 둔다. 타노스가 로난에게 귀중한 오브를 찾아오라고 하자, 이 전쟁광 크리인은 이 임무에 원래는 네뷸라를 파견하려 했다. 하지만 그때 가모라가 나서서 자신이 잔다르 행성에 대해 잘 알고 있으니, 이 임무에 더 적합하다고 주장한다.

전기 충격 지팡이에서는 치명적인 에너지 탄환을 발사할 수 있다.

수납식 전기 충격 진압봉

추가 보호구로 보강한 극세사 웃옷

사이보그 기술로 완벽하게 강화된 왼팔은 상당한 근력을 지녔을 뿐만 아니라, 무기를 숨길 공간도 제공한다.

타노스의 딸

타노스는 루포모이드 일족을 몰살한 후, 살아남은 아이를 데려와 네뷸라라는 이름을 붙이고 자신의 딸로 길러낸다. 그는 네뷸라를 또 다른 수양딸인 가모라와 서로 격렬하게 경쟁시키면서 킬러로 훈련시킨다. 타노스는 자신이 가장 총애하는 딸인 가모라가 경쟁에서 이길 때마다 네뷸라의 신체에 고통스러운 기계 개조를 가하면서, 자신의 약점을 강점으로 바꿔야만 한다는 교훈을 몸에 직접 새겨주었다. 이런 교훈은 절대로 잊을 수 없는 것이었다.

네뷸라는 원래 일반적인 루포모이드의 신체를 가지고 있었지만, 생체 근골격 임플란트를 이식받으면서 초인적인 근력, 지구력 그리고 민첩성을 얻게 되었다. 또한 그녀의 외모는 보는 사람을 위축시켜서 네뷸라가 심리적으로도 유리한 위치를 차지하게 한다.

가디언즈 오브 갤럭시를 돕다

네뷸라는 로난과 함께 잔다르를 파괴하려다 실패했다는 죄목으로 현상범으로 쫓기는 신세가 된다. 소버린은 네뷸라를 생포한 후, 자신들의 골칫거리였던 차원 이동 괴수를 물리쳐준 대가로 가디언즈 오브 갤럭시에게 그녀를 넘긴다. 가디언즈 오브 갤럭시의 포로가 된 네뷸라는 자신을 생포한 이들이 힘에 미친 셀레스티얼 에고를 상대로 벌이는 격렬한 싸움에 마지못해 참여하게 된다. 하지만 가디언즈 오브 갤럭시와 함께 우주를 구하기 위한 싸움에 임하면서, 네뷸라는 자신이 가모라와의 경쟁에서 항상 패배하면서 품었던 앙금보다 언니를 향해 품고 있던 유대감이 더욱 깊다는 사실을 깨닫게 된다.

루포모이드 특유의 푸른색과 보라색 피부를 대체한 금속성 페이스 플레이트

왼팔에는 채찍과 진동형 블래스터가 내장되어있다.

손은 라바저스의 전리품에 있던 기계 손으로 갈아 끼웠다.

착용자가 편하게 움직일 수 있도록 간소하게 제작한 벨트

내구도와 적응성을 모두 충족하기 위해 섬유 강화형 하이드로젤 재질로 제작한 슈트

충격 흡수 무릎 보호대

잔다르로 향하는 밀라노에 탄 네뷸라는 자신이 풀려나면 반드시 가모라를 죽이겠다고 다짐한다. 하지만 밀라노는 로켓이 훔친 귀중한 배터리를 쫓아온 소버린의 옴니크래프트 함대로부터 기습 공격을 받는다.

단단한 강철 재질의 수납식 손톱이 숨겨져 있다.

사이보그 임플란트

네뷸라가 받은 광범위한 생체 강화는 모두 내부 동력원에 연결되어있다. 이 임플란트는 네뷸라가 심각한 피해를 입었을 경우 신속한 회복 능력과 신체 수복 능력을 제공한다.

첨단기술로 제작된 의수는 더 강력한 근력과 유연성을 제공한다.

소버린으로부터 아슬아슬하게 탈출한 밀라노는 베르허트 행성에 불시착한다. 가디언즈 오브 갤럭시가 말싸움을 하는 동안, 네뷸라는 또 다른 우주선 한 척이 자신들을 따라오고 있다는 사실을 눈치챈다. 이 우주선이 행성에 착륙하자, 네뷸라는 가디언즈 오브 갤럭시에게 자신도 함께 싸울 수 있게 풀어달라고 설득한다.

에고와 벌인 최후의 격전에서 네뷸라는 자신의 신체 강화 능력을 사용해 절벽에서 떨어지던 가모라를 구한다. 그녀는 자신을 바라보는 가모라의 눈빛을 보며 스스로 속죄하고, 가모라에게 자신을 어떻게 대했는지 불편한 진실을 마주하게 만들었다.

DRAX THE DESTROYER 드랙스 더 디스트로이어

난폭한 전사인 드랙스 더 디스트로이어는 강력하고 치명적인 전투원이며 무모할 정도로 용맹한 성격을 가졌다. 그는 자신의 아내 오베트와 딸 카마리아를 살해한 로난 디 어큐저에게 복수할 방법을 끊임없이 찾았고, 결국 응징하는 데 성공한다. 이제 드랙스는 자신의 용감한 동료들과 함께 싸울 때 가장 편안함을 느끼며, 새롭게 찾은 가족인 가디언즈 오브 갤럭시를 변함없이 지켜주려 한다.

높은 탄성과 신속한 회복력을 가진 피부

드랙스는 처음에 가모라와 대립했으며, 가모라를 이용해서 그녀의 옛 주인인 로난을 찾을 방법만을 생각했다. 그는 동료들과 달리 귀중한 오브를 팔아서 얻을 수 있는 부에 관심이 없었다. 오로지 자신의 가족을 죽인 로난에 대한 복수에만 몰두했다.

드랙스는 로난을 찾아 그의 부하들을 수십 명씩 몰살시키면서 우주를 돌아다녔으며, 이로 인해 파괴자, 즉 '디스트로이어'라는 아명이 붙게 된다. 마침내 드랙스를 체포한 노바 군단은 그를 보안이 삼엄한 우주 감옥 킬른에 가둬버린다.

전투로 인해 낡아 해진 칼집 허리띠와 고정디

두 자루의 단검은 보통 전투의 시작과 마지막을 장식한다.

단단하게 제련된 합금

빠르고 깊은 상처를 낼 수 있도록 곡선형으로 굽은 칼날

부족의 표식

장식용 버클이 달린 검투사 스타일의 복장

질기고 유연한 재질의 바지와 보호대를 부착한 부츠

화려하게 장식된 크로스가드

부츠에 부착된 단검집

표면에 거칠게 홈을 파서 마찰력을 높인 손잡이

드랙스의 단검

드랙스는 칼부터 에너지 블래스터까지 다양한 무기들을 능숙하게 사용할 수 있다. 그가 가장 신뢰하는 무기는 한 쌍의 단검이다. 드랙스가 선호하는 근접전에 맞춰 그의 고향에서 제련된 이 두 자루의 단검은 완벽하게 균형이 맞춰져 있으며 주인인 드랙스의 손에도 딱 들어맞는다. 드랙스는 항상 이 단검들을 날카롭게 갈아 전투에 대비한다.

전투 본능

긍지 높은 전사 부족으로 태어난 드랙스는 노련하고 가공할 전투력을 자랑하는 투사다. 그는 초인적인 근력과 속도, 민첩성, 외부의 충격에 저항력을 가진 피부 그리고 빠른 신체 회복 능력을 가졌다. 그는 부족 전통의 단검 두 자루로 맹렬한 전투기술을 발휘한다. 드랙스는 일단 잔혹하고 전투에 미친 전사로 전투 태세에 돌입하면 킬른의 간수들이나 사카아르 군대처럼 수많은 적도 단번에 압도할 수 있다. 비록 로난의 엄청난 힘 앞에서는 무릎을 꿇었지만 드랙스는 로난의 충성스러운 크리인 간부이자 최고 실력자인 코라스를 직접 처치했다.

DATA FILE

> 드랙스는 위협적인 외모와 평판으로 무시무시한 전사로 오해할 수 있지만, 사실 엄청나게 순진한 인물이다. 드랙스는 에고의 행성에 존재하는 괴상하고 아름다운 풍경을 보고 천진난만하게 감탄에 사로잡혔다.

> 드랙스가 타인을 보는 시선은 철저하게 주관적이다. 그는 엄연히 파란 피부를 가진 욘두가 피터 퀼과 똑같이 생겼으니 친아버지인 줄 알았다고 주장했다.

무모할 정도로 용감한 드랙스는 자신이나 동료들의 안전 따위는 별로 신경 쓰지 않은 채 싸움에 뛰어든다. 괴물 아빌리스크가 소버린 종족의 애뉴랙스 배터리를 먹어 치우러 오자, 드랙스는 괴물의 내부에서부터 공격을 가하기 위해 이 거대한 괴수의 입으로 뛰어든다.

야성의 상징

드랙스의 온몸에는 자신의 삶과 동족의 문화를 상징하는 주술적인 문신이 정성스럽게 새겨져 있다. 부족으로 받아들여지는 의식부터 큰 승리 등의 의미를 내재한 이 화려한 문신은 드랙스 자신이 누구인지 그리고 스스로의 기원은 어디인지 결코 잊을 수 없도록 각인시킨다.

드랙스의 자신감은 끝이 없다. 그는 로난과 일대일로 대적하기도 했고, 나중에는 우주 공간으로 직접 뛰쳐나가 심한 손상을 입은 밀라노에 질질 끌려다니면서 소버린 함선을 파괴하기도 했다.

치명적인 단검들을 단단하게 쥐고 있는 손

드랙스가 살아온 인생의 기록이자 적들에게 위압감을 선사하는 부족 전통의 문신

섬세한 영혼

드랙스는 무자비한 살인마라는 악명을 떨치기는 하지만, 그가 살아가는 동기는 굉장히 진실하며 명예롭다. 그는 자신의 가족과 친구들을 지키거나 복수하기 위해서라면 무엇이든 할 것이다. 드랙스는 자신의 동족들처럼 언어 사용이 고지식하고 비유에 익숙하지 않기 때문에, 생각과 느낌을 직설적으로 표현한다. 그는 맨티스의 순수한 성격을 보고 자신의 딸을 떠올리며 감정을 이입한다.

맨티스는 드랙스에게 접촉하여 그가 느끼는 비통한 슬픔에 공감한다.

편안하게 앉아있는 자세에서도 슬픔이 드러난다.

ROCKET 로켓

로켓은 키스톤 쿼드런트 성계의 행성인 하프월드 출신으로, 총을 애용하는 똑똑한 생물이다. 그는 원래 실험체 '89P13'라는 이름이 붙어있던 야생 동물이었으나, 유전학적 사이보그 실험을 통해 두뇌와 골격을 개조당한다. 이 실험을 통해 로켓은 자신의 이빨처럼 날카로운 지성과 말을 할 수 있는 능력, 강화된 근력, 민첩성, 신체 내구도 그리고 냉소적인 성격을 얻게 되었다. 그는 스스로의 장기를 살려서 절친한 친구인 그루트와 함께 범죄자의 길에 들어섰다. 하지만 두 용병 친구들은 가디언즈 오브 갤럭시를 도우면서 예상치 못한 영웅의 길을 걷게 된다.

금속도 물어뜯을 수 있는 이빨

4중 총열

이온 펄스 제압 모드로 설정되어있다.

현상금 사냥꾼

로켓과 그루트는 가디언즈 오브 갤럭시에 합류하기 전 현상금 사냥꾼으로 활동했다. 두 사람은 피터 퀼을 잡아서 라바저스의 간부인 욘두로부터 4만 유닛의 현상금을 타내려고 했다. 하지만 이 시도가 실패하면서 킬른 감옥에 갇히고 만다. 이곳에서 로켓은 13건의 절도, 7건의 용병 활동, 15건의 방화와 공공 장소에서의 음주라는 죄목으로 투옥된다. 하지만 가디언즈 오브 갤럭시와 함께 크리의 테러리스트인 로난 디 어큐저로부터 잔다르 행성을 구한 후, 로켓과 그루트를 비롯한 모든 가디언즈 오브 갤럭시의 전과는 전부 말소된다.

로켓은 지금까지 총 23번의 탈옥에 성공했고, 그중 한 번은 가디언즈 오브 갤럭시와 함께 우주 감옥 킬른을 탈옥한 것이다.

TRE-VA5 탈착식 열감지 조준경

완충 처리를 한 팔꿈치 받침대

내장형 RE-1FF 레이저/이온 이중 동력 전지

무기의 균형을 맞춰주는 무게추 겸 전방 가늠자

로켓의 레이저 포

전방 손잡이와 이온 펄스 보조 방아쇠

연장형 총구 보호 덮개

비행 포유류

사이보그 공학기술로 개조당한 로켓은 어떤 우주선이든 조종할 수 있으며, 강화된 반사신경 덕분에 가디언즈 오브 갤럭시의 우주선인 밀라노를 조종하는 솜씨가 피터 퀼보다도 뛰어나다. 물론 퀼은 절대로 인정하려 들지 않는다. 로켓은 발명과 공학 그리고 무기를 다루는 기술에 통달해있다. 높은 화력을 자랑하는 대포와 행성을 날려버릴 수 있는 규모의 폭발물부터 제트팩과 나노 용접 로봇까지, 로켓은 대부분의 장치를 만들어내거나 수리할 수 있다.

조이스틱으로 우주선을 조종하고 있는 로켓의 날렵한 손길

로켓은 자신이야말로 가디언즈 오브 갤럭시를 움직이는 전략가라고 생각하지만, 그의 계획은 언제나 제대로 실행되지 않는다. 로켓은 킬른 감옥에서의 탈옥 계획도 생각해냈고, 크리인 테러리스트 로난과 셀레스티얼 에고에 대한 공격 계획도 직접 짜냈다.

예리한 청각을 가진
민감한 귀

우주 정거장
쇼핑몰에서 훔친 옷

비밀리에 우주 벼룩
박멸 처리를 한 조끼

쓰러진
라바저스로부터
노획한 이온 권총
BA-17, 일명 '비키'

BN1 블래스터,
일명 '케이티'

다섯 개의 발가락에는
뭔가를 능숙하게 타고
올라갈 수 있는
발톱이 있다.

로켓은 가디언즈 오브 갤럭시에게 '에어로 릭스'라는 장비를 만들어준다. 에어로 릭스는 제트팩처럼 착용하고 날아다니면서 근접전에 용이한 장비다. 하지만 드랙스는 이 장비의 고정끈이 자신의 민감한 젖꼭지를 너무 아프게 자극한다면서 착용하기를 꺼린다.

가디언즈 오브 갤럭시의 불평꾼

로켓은 매우 예민한 성격을 가졌다. 그는 다른 팀원들이 자신을 깔본다는 생각이 들 때마다 쉽게 화를 낸다. 또한 사람들이 자신을 '설치류'나 '쥐새끼' 혹은 '쓰레기 팬더'라고 부르기라도 한다면 매우 분노해서 과민하게 반응하고, 심지어 깨물기까지 한다. 로켓은 자신이 겪었던 끔찍한 실험에 대해 씁쓸한 감정을 가지고 있어, 가끔씩 과거의 앙금이 되살아날 때도 있다.

로켓의 강화된 감각과 동물적 본능 그리고 전술적인 센스는 가디언즈 오브 갤럭시의 현상금을 타기 위해 기습해온 라바저스를 정교하고 다양한 함정들로 거의 전멸시키는 장면에서 잘 드러난다.

로켓과 욘두는 처음에는 정신이 하나도 없을 정도로 서로 짜증을 부리던 사이였으나, 에고를 물리치기 위해 어쩔 수 없이 협력하게 된 후 점점 존중하는 관계로 발전한다. 결국 로켓은 서로에게 공통점이 많다는 점을 인정했으며, 욘두가 퀼을 구하기 위해 스스로를 희생하자 크게 슬퍼한다.

DATA FILE

> 로켓이 빈정대듯이 인간의 표정을 따라 하는 윙크는 대부분 큰 역효과를 낳는다.

> 로켓의 우주선 조종 창에는 드레즈-라르(위성 2개), 할라(위성 2개) 그리고 테르마(위성 5개) 등과 같은 행성들에 대한 데이터가 떠있었다.

GROOT 그루트

그루트는 탈루니아 행성 출신의 의식과 자아를 가진 식물, 일명 플로라 콜로서스다. 그는 로켓의 절친한 친구로, 로켓의 두뇌와 그루트의 괴력을 합쳐서 함께 용병으로 동업한다. 두 사람은 무법자 피터 퀼을 잡아 현상금을 받으려다가 킬른 감옥에 갇히게 된다. 그리고 그곳에서 앞으로 가디언즈 오브 갤럭시가 될 동료들을 만나게 된다. 가디언즈 오브 갤럭시가 크리의 광신도 로난 디 어큐저를 저지하는 과정에서, 그루트는 새 친구들을 구하기 위해 스스로의 생명을 희생한다. 하지만 로켓 덕분에 재생된다.

그루트의 두 눈은 온몸에서 유일하게 나무가 아닌 것처럼 보이는 부분이다.

어깨와 가슴팍에서는 이끼가 자라난다.

그루트는 감옥에 익숙하다. 그는 3건의 중상해죄, 15건의 도주죄 그리고 3건의 용병 활동의 전과 기록이 있다. 그루트의 공범으로는 로켓과 티비어스 라크가 있다.

팔은 잘리더라도 다시 자라난다.

그루트는 식물 치고는 굉장히 폭력적으로 돌변한다. 그는 대부분 굉장히 예의바르고 차분한 성격을 보여주지만, 유사시에는 로켓과 함께 협력해 야만적인 파괴를 일삼는다.

"나는 그루트다"

로켓에 따르면 그루트가 활용할 수 있는 단어는 '나'와 '는'과 '그루트다'로 한정되어있으며, 그나마도 정확히 이 순서로밖에 말하지 못한다고 한다. 유일하게 보여준 예외로는 가디언즈 오브 갤럭시에게 애정을 담아 "우리는 그루트다"라고 말할 때뿐이다. 그루트는 음높이와 억양 그리고 몸짓으로 많은 정보를 전달한다. 로켓은 그루트의 말을 잘 알아듣고 필요한 경우 통역까지 해준다. 가디언즈 오브 갤럭시의 나머지 동료들도 천천히 그루트의 말을 알아듣게 된다.

가디언즈 오브 갤럭시에 합류하다

킬른의 간수들은 그루트에게 바지를 입히려고 했으나, 그루트는 그냥 찢어버린다. 그루트는 옷 입기를 싫어하거나, 아니면 사회적인 규범에 따르는 것을 싫어하는 것 같다. 이런 성격은 피터 퀼이 구성한 낙오자들의 모임에 매우 적합하다. 로켓이 탈옥을 하려면 서로 협력해야 한다고 설명하자 그루트는 기꺼이 도우려 한다. 하지만 다른 사람들이 미처 준비가 되기도 전에 로켓은 계획을 강제로 실행해버린다.

손을 빠르게 성장시켜서 공격할 수도 있다.

팔과 다리는 뒤얽힌 덩굴로 구성되어있다.

아기 그루트는 로켓 일행이 반란을 일으킨 라바저스에 의해 생포되었을 때 부당한 대우를 받는다. 라바저스는 그루트를 놀리고 술을 머리 위에 끼얹었지만, 가장 화가 나는 것은 자그마한 라바저스 마스코트의 옷을 강제로 입혀놓은 것이다. 다시 풀려난 그루트는 그동안 억눌려 있던 모든 좌절과 불만을 분노 어린 폭력으로 분출한다.

라바저스의 우두머리 욘두는 아기 그루트를 좋아한다. 그는 '나뭇가지'에게 자신들을 붙잡아둔 배신자들로부터 탈출하는 데 도움이 될 물건을 가져오라는 심부름을 보낸다. 하지만 어른 그루트도 명령을 제대로 따르는 데는 어려움을 겪기 때문에, 아기 그루트가 명령을 제대로 수행하기는 더욱 어렵다.

아기 그루트

로켓은 잔다르에서 죽은 그루트를 애도한다. 그는 그루트의 유해에서 나뭇가지 하나를 수습해 화분에 심었고, 여기에서 새로운 아기 그루트가 자라난다. 새로 태어난 그루트는 옛날 그루트와 같은 식물이 아니다. 옛 그루트의 지식이나 기억은 전혀 가지지 않은 복제인간에 더 가깝다. 아기 그루트는 음악과 춤을 즐긴다. 이 녀석은 활기가 넘쳐 잠시도 가만있지 못하고 성질도 고약하지만, 그래도 가디언즈 오브 갤럭시 모두의 사랑을 받는다.

나무 줄기에서는 향나무와 계피향이 난다.

폭발 카운트다운을 시작하는 스위치

아기 그루트는 '즉시 폭파' 버튼에 완전히 푹 빠지고 말았다.

손은 벌레를 잡거나 간식을 집는다.

가끔씩 자라나는 나뭇잎은 그루트가 먹어버린다.

에고를 파괴하다

아기 그루트는 자신의 가치를 간절하게 증명하고 싶어 했다. 로켓의 계획에 따라 악당 셀레스티얼 에고를 파괴할 폭탄을 운반할 수 있을 만큼 크기가 작은 멤버는 아기 그루트밖에 없었다. 그루트가 할 일은 간단했다. 로켓이 급조한 폭탄을 에고의 행성 내핵으로 가져간 다음, 왼쪽 스위치를 먼저 작동시키고, 그 옆의 스위치를 작동시키고, 그 옆의 버튼을 누르면 끝이었다. 그러면 그루트가 도망칠 시간을 딱 5분 벌 수 있었다. 로켓은 아기 그루트에게 맨 끝에 있는 버튼을 누르지 말라고 신신당부한다. 이걸 눌렀다간 폭탄이 즉시 폭발할 것이다!

애뉴랙스 배터리

급조한 폭탄

발은 웅덩이에서 수분을 흡수한다.

공범들

로켓이 그루트를 사랑한다는 점에는 의심의 여지가 없다. 하지만 다시 태어난 그루트에게는 절친한 친구가 아니라 부모의 입장으로 대한다. 로켓은 아기 그루트에게 귀중한 삶의 교훈을 알려주고 나쁜 말버릇을 교정해주기 위해 많은 시간을 들인다.

DATA FILE

> 아기 그루트는 모자를 쓴 사람의 머리에서 어디까지가 모자고 어디부터가 머리인지 구분하지 못하기 때문에 모자를 싫어한다.

> 아기 그루트는 동료 드랙스가 자신의 춤을 좋아하지 않는다는 걸 알지만, 도무지 흥을 주체할 수가 없다.

RONAN THE ACCUSER 로난 디 어큐저

학살을 서슴지 않고 자행하는 크리 군대의 우두머리 로난 디 어큐저는
조상 대대로 싸워온 잔다르인들에 대해 복수를 맹세했다. 그는 잔다르와
새롭게 맺은 평화 협정 따위는 무시하고, 매드 타이탄 타노스에게
모라그에 있다는 수수께끼의 오브를 가져다주는 대가로 잔다르를
파괴하는 데 도움을 받기로 거래한다. 하지만 오브를 찾은 로난은 그
속에 숨겨져 있던 인피니티 스톤의 위력을 깨닫고
타노스를 배신한 후 자신이 직접 잔다르를 공격한다.
그러나 로난은 승리를 쟁취하기 직전 가디언즈 오브
갤럭시에게 저지당하고 만다.

로난은 지워지지 않는 검은
염료를 민머리에 칠하고,
그 위에 집행자의 투구를 썼다.

응징의 망치머리

컨빅션 에너지 인풋
어댑터로, 나중에
인피니티 스톤과
융합된다.

로난은 독자적인 행동을 하기 전까지 크리 제국에서 가장
중요한 군사 지도자 중 한 명이었다. 그는 잔다르인들과
맺은 평화 협정 따위는 무시한 채 잔다르를
반드시 파괴하겠다고 맹세한다. 그 뒤
로난은 자신의 엑솔론 수도사들의
도움을 받아 크리 전쟁
의식을 치른다.

코스미 로드 망치

조상 대대로 물려받은 크리
전투용 갑옷으로, 착용하기도
불편하고 타르 냄새가 난다.

로난이 맨손으로 계속해서 인피니티 스톤을 쥐고
있었더라면 육체가 붕괴되고 말았을 것이다.
그 대신 로난은 방대한 코스믹 에너지를 품은
이 스톤을 자신의 코스미 로드 망치에 박아넣어,
잔다르 행성의 모든 생명체를 쓸어버릴 수 있는
힘을 얻었다.

DATA FILE

> 로난은 다크 애스터에 타고 있는
동안 셀레스티얼의 피로 가득 차 있는
구덩이 속에서 잠을 잔다.

> 로난은 로켓의 하드론 인포서에
가슴을 정통으로 맞게 된다. 하드론
인포서는 위성을 통째로 날려버릴
만한 위력을 가지고 있지만, 로난은
거의 부상조차 입지 않았다.

크리

로난은 푸른 피부를 가진 크리 종족과 의식을
가진 식물인 코타티 종족이 오랫동안 살아온
할라 행성 출신이다. 크리는 초인적인 근력과
엄청난 회복력을 가졌다. 이 종족은 치명적인
부상을 입고도 회복할 수 있으며, 수백 년
이상의 수명을 가졌다. 크리와 잔다르는 지난
1000년 동안 전쟁을 벌여왔으며, 로난이 속한
왕가의 선조들은 이 전쟁에서 전사했다. 로난은
죽어간 선조들의 복수뿐만 아니라, 지금껏
협력했던 조력자인 타노스의 영역마저 빼앗을
기회를 노리고 있다.

크리헤일륨 도금의
전쟁 앞치마

크리의 묵직한 전투화,
일명 '스컬-크러셔'

다크 애스터

다크 애스터는 로난이 보유한 크리의 전함이다. 이 강력한 전함은 만들어진 지 9509년은 되었으며, 폭은 5km에 달하고 양쪽 날개는 30개의 회전형 마디로 구성되어있다. 이 함선은 어떤 공격형 무기도 갖추지 않았지만, 대신 네크로크래프트를 최대 4,000척이나 수용할 수 있는 항공모함 역할을 한다.

잔다르의 방공망을 뒤덮은 크로크래프트의 함대

양쪽 날개의 마디는 독립적으로 회전할 수 있다.

코라스

로난이 가장 신뢰하는 수하는 바로 코라스다. 그는 크리의 실험적인 병기 프로그램에 자원하여 유전학적, 사이보그 공학적으로 강화된 신체를 가진 크리의 요원이다. 코라스는 초인적인 근력과 끈질긴 성격을 가졌으며, 타노스의 두 수양딸인 가모라, 네뷸라와 함께 훈련을 받으면서 두 사람과 똑같은 생체-기계 개조를 견뎌냈다. 코라스는 사카아르 병사들로 이루어진 부대를 지휘해 모라그 행성에서 오브를 찾아오라는 명령을 받지만 퀼보다 한 발 늦고 만다. 이후 코라스는 감히 타노스에게 거역하려는 자신의 주인에게 경고한다. 그는 다크 애스터에 침투한 가디언즈 오브 갤럭시를 막으려다 드랙스와 펼친 격전에서 패배하고 만다.

코라스 외에도 로난은 타노스의 두 딸인 네뷸라와 가모라를 자신의 수하로 두었다. 그러나 가모라는 오브를 혼자 빼돌리면서 로난을 배신한다. 네뷸라는 여전히 로난의 편에 남아있었지만, 그 이유는 자신이 그토록 증오하는 양아버지에게 반격을 가할 기회를 잡기 위해서다.

해처럼 생긴 투구의 얼굴 보호대를 제거해 입 부분을 출시킬 수도 있다.

분자 구조를 갈기갈기 찢어버리는 양자 에너지 탄이 발사된다.

수정체 동력 전지 부품

코라스의 N20-75 디스럽터 소총

크리의 체온에만 반응해서 해제되는 안전장치

사카아르인

쓰레기 행성 사카아르에는 다양한 종족들이 살고 있다. 이 인간형 곤충 종족, 일명 '사카아르인'은 자신들의 둥지를 헤집어놓는 사카아르 현지의 스크래퍼들에게 분개하여 행성을 떠나버렸다. 손가락이 4개 달린 병사 계급은 양성이 한몸이고, 여왕에 의해 유지되는 둥지에서 태어난다.

세포 내부의 끈적한 육질로부터 동력을 얻는 네크로블래스터 소총

크리에서 사카아르인 용병 부대를 고용하는 일은 흔하다. 사카아르인들에게 포식하고 알을 낳을 시체만 충분히 제공한다면 충성심을 쉽게 살 수 있기 때문이다. 사카아르인의 무기와 전투복은 생명공학적으로 만들어진 것이며, 특히 전투복의 경우에는 착용자의 외골격과 융합된다.

THE KYLN 킬른

킬른은 우주 외딴곳에 위치한 교도소로 철통 같은 경비를 자랑하며, 노바 제국의 군사 및 치안을 담당하는 노바 군단에 의해 운영되고 있다. 이 우주 감옥은 잔혹하고 부패하기로 악명이 높은 간수들이 관리하고 있으며, 은하계에서 가장 위험한 범죄자들을 수용하고 있다. 피터 퀼, 가모라, 로켓 그리고 그루트는 노바 제국의 수도인 잔다르에서 폭력과 난동을 부리다가 체포되어 이곳으로 이송된다.

우주 최악의 범죄자들과 함께 감금된 피터 퀼은 로켓과 그루트의 보호를 받게 된다. 두 사람은 여전히 퀼을 얌전히 욘두에게 넘겨 현상금을 받을 생각을 하고 있었다. 물론 킬른에서 탈옥한 후에 말이다.

죄수 수갑

가모라는 로난 디 어큐저의 동료로 활동하면서 킬른에 수감된 죄수들의 가족들도 여럿 살해했다. 그 이유로 죄수들이 적개심을 드러내는 표적이 되고 만다. 이들이 가모라를 막 죽이기 직전, 모두가 두려워하는 죄수인 드랙스가 나서서 가모라는 자신이 직접 죽여야 한다고 말한다.

탈옥하려는 죄수를 마비시켜버리는 에너지 수갑이다.

최고 수준의 경비

킬른은 은하계에서 가장 외진 곳에 있으며, 노바 군단이 궁극의 감옥으로 설계한 구조물이다. 최첨단기술로 건설된 이 교도소는 거의 도시 크기의 규모를 자랑하며, 중무장한 거친 성격의 간수들과 치명적인 드론들이 대기하고 있는 거대 요새나 다름없다. 그러나 크리의 군벌 우두머리인 로난 디 어큐저가 매우 귀중한 가치를 지닌 수수께끼의 오브를 찾아 킬른에 방문한 뒤에는 로난의 부하들이 킬른에 탑승했던 인원들을 모조리 몰살시키면서 말끔하게 '정화'해버렸다.

중앙 통신탑

행정 구역 및 병동

중앙 수용 구역

묵직하고 밀도가 높은 토대는 아래쪽으로 무게를 집중하는 추 역할을 한다.

전방 추진용 주 엔진

죄수들의 무기

킬른의 죄수들은 폭력적인 동료 죄수들이나 위협적인 간수들로부터 스스로를 지키기 위해 온갖 종류의 급조형 무기들을 만든다. 어떤 무기들은 탈출용 도구로도 활용할 수 있는 다용도 기능을 가졌다.

헝겊을 감아 만든 손잡이

쇠파이프를 갈아 만든 어설픈 칼날

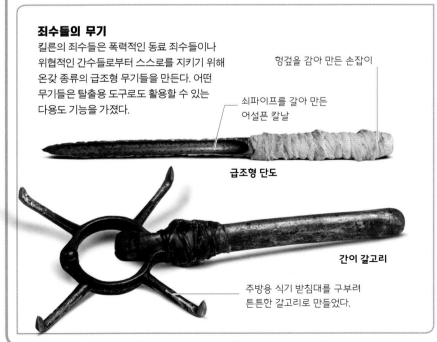
급조형 단도

간이 갈고리

주방용 식기 받침대를 구부려 튼튼한 갈고리로 만들었다.

킬른은 탈옥 시도에 대응하기 위해 고위력의 에너지 포로 무장한 병력들을 빠르게 소집할 수 있다. 이 무기는 서로 손발도 맞지 않으면서 발악하는 죄수들을 제압하기 위한 최후의 수단으로 사용된다.

DATA FILE

> 킬른 간수들은 신경계에 단단히 결속되어있는 보안 밴드를 착용한다. 이 장비는 감옥 내 모든 구역에 접근할 권한을 제공한다.

> 노웨어에서의 추격전에서 퀼은 채굴 우주선의 강력한 집게로 로난의 네크로크래프트의 지붕을 찢고 들어가 그 함선을 조종하면서 무기를 발사한다.

죄수의 의족

피터 퀼은 이 의족을
사느라 3만 유닛이나
지불했다.

유연한 로터형 무릎 관절

완충 작용을 해주는
유압 피스톤

킬른의 죄수들은
모두 노란색
죄수복을 입는다.

죄수복에 새겨진 무늬의
색은 절도부터 살인까지,
죄수가 저지른 범죄를
나타낸다.

탈옥

이미 22개의 감옥에서 탈옥해본 경험이 있는 로켓은
킬른에서도 탈옥하기 위한 치밀한 계획을 세운다. 이 계획에는
중앙 감시탑의 접근 권한을 제공하는 간수들의 보안용 손목
밴드와 죄수 한 명의 의족이 필요했다. 그리고 감옥에 비상
봉쇄하기 위해 쿼닉스 배터리도 빼내야 했다. 상황이
계획대로 흘러가지는 않았지만, 로켓과 오합지졸들은
어떻게든 탈출하여 어색한 팀을 구성하게 된다.

노웨어

노웨어는 고대 생물인 셀레스티얼의 잘린 머리 속에 건설된
광산 기지다. 이곳은 은하계 전역의 암시장에서 비싸게 팔리는
셀레스티얼의 희귀한 장기들을 채굴하기 위해 범죄자들이
모여드는 무법지대다. 또한 가모라에게 오브를 40억 유닛에
사겠다고 제안한 악명 높은 콜렉터 타넬리어 티반의 집이 있는
곳이기도 하다. 그는 이 귀중한 오브를 자신의 박물관에
진열해둘 작정이었다.

노웨어로 접근하고 있는
퀼의 함선 밀라노

이 우주선의 선체는
거의 파괴가
불가능하다.

노웨어에는 은하계에서 가장
다양한 식물과 동물 그리고
유물들이 있다.

로난은 드랙스의 도전 메시지를 받고 노웨어에
도착한다. 그는 드랙스를 간단하게 압도한 다음,
네뷸라의 도움을 받아 퀼로부터 오브를
회수한다.

지지부에는 집게와
작살을 포함한
다양한 도구들이
들어있다.

채굴 우주선

SOVEREIGN 소버린

소버린은 황금빛 피부와 엄청난 우월감을 가진 인간형 종족이다. 이들은
거만하고 오만하지만, 은하계의 많은 사람은 소버린을 멍청이라고 생각한다.
소버린과의 거래는 매우 위험할 수 있다. 소버린은 쉽게 자존심에 상처를 입고,
괜히 성질을 건드렸다간 빠르고 험악한 징벌을 당하기가 십상이다. 소버린은
타인의 눈에 나약하게 비춰지는 것을 두려워하기 때문에, 이웃들에게 자신들이
무능하다는 소문이 퍼지기 전에 그 증거를 인멸해버린다. 소버린을 이끄는
자는 대사제 아이샤로, 그녀는 가디언즈 오브 갤럭시와 소버린 측 양쪽이 모두
깊이 후회하게 될 거래를 성사시킨 당사자다.

소버린의 고향 행성(좌표: M49
5IOL339P21+H9LNI31)은
기적적인 공학기술로 일구어낸
행성과 위성들의 복합체다.
그 구성은 예술과 과학의 조화라
할 수 있으며, 행성계 전체를
하나의 덩어리로 뭉쳐놓았다.

왕좌에 붙어있는
왕관은 권위가 체제에
귀속되어있다는 것을
상징한다.

선천적으로 타고난
황금빛 피부

아빌리스크는 소버린의 애뉴랙스
배터리를 먹고살며 차원 이동을
하는 괴수다. 가디언즈 오브
갤럭시는 이 질긴 피부를 가진
괴물을 처치해달라는 의뢰를
받는다. 하지만 아빌리스크의
근육덩어리 촉수와 쩍 벌어진 아귀
같은 입 그리고 간간히 발사해대는
양자 덩어리 때문에 놈을 처치하는
일은 정말 엄청나게 힘든 임무였다.

소버린을 대표하는
목소리를
보호한다는
상징적인 장신구

복잡한 장식이
되어있는 드레스 상의

아이샤

아름다움과 오만함을 한몸에 갖춘 아이샤는 소버린의 대사제다. 그녀는
명목상으로 소버린의 최고 통치자지만 소버린을 통치하는 의회와 공적으로
협력해야 한다. 신장이 2m에 달하는 아이샤는 가디언즈 오브 갤럭시는 물론,
자신의 소버린 수행원들도 모두 내려다볼 수 있는 위치에 서있다. 그녀도 다른
소버린들과 마찬가지로 자만심이 강하고 이기적이기 때문에, 가디언즈 오브
갤럭시가 애뉴랙스 배터리를 훔칠 것이라는 걱정조차 하지 않았다.
따라서 이 절도 행각이 발각되자, 아이샤는 수치스러운 꼴을 당했다는
생각에 더욱 큰 분노를 느끼게 된다.

손에는 아무 방해도
없이 명령을 내릴 수
있도록 어떤 장식구도
하지 않았다.

아빌리스크를 처치한 후 로켓은
애뉴랙스 배터리를 슬쩍
훔치기로 마음먹는다. 이 절도
행각은 아무도 예상치 못했던
연속적인 사건을 불러오게 된다.
또한 로켓은 소버린을 깔보는
태도를 보이는 바람에 그들은
지치지도 않고 우주 끝까지
가디언즈 오브 갤럭시를 쫓는다.

소버린 함대

소버린 함대는 수천 대의 옴니크래프트 함선으로 구성되어있다. 이 함선은 무인 드론이기 때문에 목표물과 얼마나 가까워지든 조종사는 아무 거리낌 없이 함선을 조종할 수 있다. 옴니크래프트는 조종사가 좀 더 재미있는 활동에 열중할 수 있도록 자동조종 모드로 운용할 수도 있다. 조종사가 자신의 목숨을 걸 필요는 없지만, 소버린은 다른 행성과 이기지도 못할 전투를 벌이는 일은 되도록 피하려 한다.

아이샤의 옴니크래프트 전투기

조종사 투영 화면

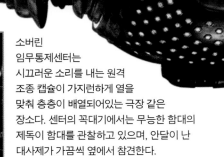

소버린은 자신들이 목숨을 걸고 직접 전장에 나가 자신의 손을 더럽힌다는 생각은 꿈에도 해보지 못했다. 조종사들은 소버린 임무통제센터에 설치된 비행 시뮬레이터를 사용해 옴니크래프트를 원격 조종한다.

안정 날개와 추진력장

소버린 임무통제센터는 시끄러운 소리를 내는 원격 조종 캡슐이 가지런히 열을 맞춰 층층이 배열되어있는 극장 같은 장소다. 센터의 꼭대기에서는 무능한 함대의 제독이 함대를 관찰하고 있으며, 안달이 난 대사제가 가끔씩 옆에서 참견한다.

레이저 포

카메라, 스캐너 그리고 데이터 중계기

성숙도를 나타내는 불빛 신호

DATA FILE

> 아이샤는 수발을 드는 4명의 시녀를 두고 있다.

> 아이샤가 다른 행성으로 여행할 때면 그녀의 수행원들이 아이샤가 발 딛는 곳마다 블루 카펫을 깔아 그녀의 발에 더러운 외계의 흙이 묻는 것을 방지한다.

캡슐은 태아의 성장, 성숙, 출산 그리고 변태를 모두 담당한다.

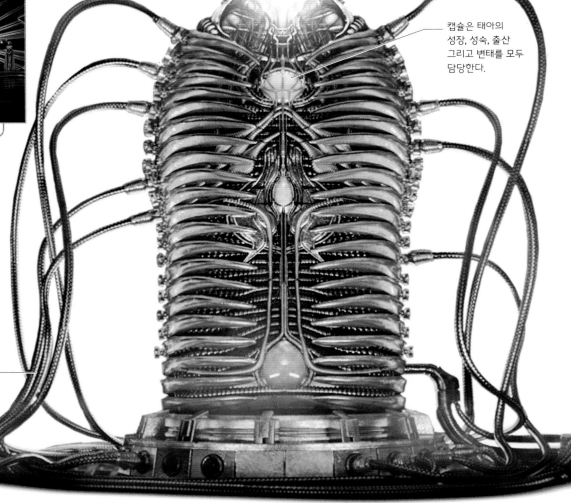

아담의 배양 캡슐

소버린인은 모두 배양 캡슐에서 인공적으로 태어난다. 그 자손들은 소버린 공동체에 의해 '완벽하게(어쨌든 소버린의 기준에 따르면)' 유전공학적으로 개조된 다음, 육체와 정신 역시 완벽한 형태로 설계된다. 그중에서도 아담은 아이샤가 만들어낸 궁극의 피조물로, 소버린 진화 역사의 다음 단계다. 그의 사명은 가디언즈 오브 갤럭시를 파멸시키는 것이다.

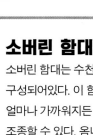

영양 공급 관

EGO 에고

에고는 신에 필적하는 능력과 엄청나게 오만한 성격을 가진 존재인 셀레스티얼이다. 그는 원래 형체가 없이 자아로만 존재하고 있었지만 스스로를 지키기 위해 자신의 의식 주위에 행성을 창조해낸 다음, 다른 생명체들을 찾기 위해 우주 곳곳으로 분신들을 보냈다. 하지만 자신 이외의 모든 생명체는 실망스러울 정도로 짧은 수명을 가졌다는 사실만을 알게 된 에고는 결국 자신의 존재 의의를 찾아낸다. 바로 현재의 우주를 파괴하고 무한히 확장된 자신으로만 이루어진 새로운 우주를 만들어내는 것이다. 하지만 이런 '확장' 계획을 실현하려면 또 다른 셀레스티얼의 능력이 필요했기에, 오래 전에 잃어버렸던 아들인 피터 퀼을 찾아다니고 있다.

에고는 메레디스 퀼을 만나기 위해 지구에 3번이나 가서 자신의 사랑하는 '들꽃'과 시간을 보낸다. 하지만 시간이 흐르면서 에고는 자신이 그녀에게 품은 사랑으로 인해 확장 계획에 차질이 생기고 있다는 것을 깨닫는다. 그는 내키지는 않았지만 메레디스에게 뇌종양을 심어 그녀를 죽음에 이르게 한다.

퀼의 아버지

에고는 확장을 준비하면서 무수한 행성에 자신의 파편을 심어둔다. 또한 자신의 능력을 물려받은 후손이 태어나길 기대하면서 행성 주민들과의 사이에서 자식을 낳았지만 그 시도는 지금껏 성공하지 못했다. 지구에 온 에고는 메레디스 퀼을 만나 사랑에 빠지고, 그녀와의 사이에서 아들인 피터 퀼을 낳는다. 수십 년이 지난 후 에고는 지구 출신의 남성이 인피니티 스톤을 맨손으로 쥐고도 죽지 않았다는 소문을 듣고, 자신의 확장에 힘을 실어줄 진정한 후계자를 찾았음을 깨닫는다.

베르허트 행성에서 에고가 보여준 상냥한 성격과 정감 어린 농담은 퀼의 의심을 누그러뜨리기에 충분했다. 에고는 퀼과 가모라 그리고 드랙스에게 다 함께 자신의 행성으로 가서 퀼이 물려받은 아주 특별한 능력에 대해 알아보자고 제안한다.

DATA FILE

> 에고의 인간형 분신은 소화계와 통증 수용체를 비롯해 인간의 특성 대부분을 지니고 있지만, 우주의 환경에 노출되더라도 끄떡없다. 하지만 이 나약한 분신은 정기적으로 에고의 행성에 들러서 생명력을 보충받아야 한다.

> 에고의 행성에 존재하는 에너지는 그의 아들 퀼도 이용할 수 있으며, 이 별의 내부에서 빛이 빛나고 있는 한 퀼도 불멸의 존재가 된다.

귀족적이고 영웅 같은 분위기를 풍기는 예복과 망토 고정 고리

신뢰를 얻기 위해 짓는 현명한 표정

화려하게 장식된 손목 보호대는 에고의 위풍당당한 모습을 더욱 배가한다.

최고급 품질의 무릎 높이 부츠는 에고가 공들여 만들어낸 분신을 완성시킨다.

에고의 행성은 그의 취향과 허영을 확고히 드러내 보이는 증거물이다. 태양빛이 내려쬐는 아래에 아름다운 외계 식물들과 다양한 색깔로 반짝이는 조약돌이 깔려있는 가운데, 보석으로 장식된 건물들이 자리 잡고 있다. 하지만 이 행성에는 어두운 비밀도 숨어있다.

퀼이 총을 난사하자 에고의 실체가 드러난다.

행성과 연결되어있는 한 인간의 육신은 다시 만들어낼 수 있다.

에고를 구성하고 있는 모든 원자는 '빛'과 연결되어있다.

에고의 행성 지표 아래에는 그의 다른 자식들이 남긴 해골이 쌓여있다. 에고는 자신의 확장에 필요한 셀레스티얼의 능력을 갖지 못한 아이들을 모조리 죽였다.

의복도 나머지 육신과 함께 남아있다.

셀레스티얼의 능력

에고는 아스가르드인이나 다크 엘프보다도 더욱 고대부터 존재했던 우주적 존재인 셀레스티얼이다. 이 전능한 종족은 우주의 많은 이로부터 존경을 받았지만, 인피니티 스톤의 무자비한 남용으로 공포의 대상이 되었다. 에고는 자신의 의지로 물질과 에너지를 조종하고, 생물과 무생물을 만들어낼 수 있는 셀레스티얼의 능력을 타고났다. 가장 순수한 형태를 취했을 때의 에고는 실로 초현실적이고 영원한 존재지만, 우주 너머로 여행하기 위해서는 물질적 분신을 만들어내야 한다.

퀼은 에고의 진정한 계획과 자신의 어머니에게 저지른 만행을 알고 그에게 총을 난사한다. 분노한 에고는 자신의 아들을 에너지 가시로 꿰어 셀레스티얼의 능력을 흡수하려 한다. 만약 퀼이 자신의 계획에 동조한다면, 에고가 확장 계획을 실현하는 데 필요한 에너지를 제공하는 생체 배터리 신세가 될 것이다.

리빙 플래닛

에고의 행성은 현재 알려진 우주의 변방에 위치하며, 그 크기는 지구의 달보다 크지 않다. 에고는 스스로의 의식을 자각한 이후 물질을 조종하는 법을 익혀 자신의 정수인 '빛'을 보호하기 위한 행성을 만들어낸다. 에고는 자신의 행성에 있는 모든 존재를 조작할 수 있으며, 심지어 행성 표면에 자신의 거대한 얼굴을 드러내 스스로의 감정을 표현할 수도 있다.

행성의 깊숙한 내핵에는 에고의 정신을 행성의 모든 곳과 연결하는 방대한 신경계가 존재한다. 에고는 이 신경계를 이용해 자신의 행성을 날려버리려는 가디언즈 오브 갤럭시를 함정에 빠뜨린다.

MANTIS 맨티스

맨티스는 고아 애벌레였던 시절, 미지의 행성에서 셀레스티얼 에고에 의해
발견되어 그의 행성에서 성장한다. 그녀는 타인의 감정을 함께 느끼거나 조종할
수 있는 강력한 감정이입 능력을 가졌다. 맨티스는 에고의 확장 계획에 대해
알고도 스스로의 능력을 고분고분하게 사용하여 자신의 주인을 돕는다.
가디언즈 오브 갤럭시와 만난 맨티스는 이 사회 부적응자 집단과 빠르게
우정을 쌓게 되고, 에고가 자신의 무시무시한 실체를 드러내자 가디언즈 오브
갤럭시를 도와 그를 무찌른다.

에고의 행성에서 홀로 자란
맨티스는 자신의 고향에 대해서도
잘 모르고, 기본적인 사회성조차
결여되어있다. 그녀는 남들과
어울리기 위해 타인의 감정 표현을
어설프게 따라 한다.

맨티스가 감정이입
능력을 사용하면
더듬이가 빛난다.

꽃잎을 닮은
디자인으로 속살을
드러내는 가죽 팔토시

맨티스는 자신이 기억하는 한 언제나
에고와 함께였다. 그녀는 에고가 '자식들'을
찾는 여정을 도왔지만, 결국 셀레스티얼의
능력을 갖지 못한 아이들이 맞게 된 끔찍한
최후에 대해 알게 되고 만다. 하지만 달리
갈 곳도 없었기 때문에 맨티스는 계속해서
에고를 섬길 수밖에 없었다. 가디언즈 오브
갤럭시와 만날 때까지는 말이다.

초록색과 검은색이 배합된
복장은 맨티스, 즉 '사마귀'
라는 지구 곤충을 닮았다.

진정한 감정

강력한 정신감응 능력자인 맨티스는
상대에게 손을 대는 것만으로 타인의
감정을 느끼고 조종할 수 있다. 이
능력은 에고가 진정한 셀레스티얼
후계자를 찾아 전 우주를 헤매는
동안 푹 잠들 수 있게 해주었다. 또한
맨티스는 가디언즈 오브 갤럭시가
자신의 사악한 주인에 맞서 싸우는 것을
도우면서, 자신의 정신과 육체가 매우
강인한 회복력을 가졌다는 사실도
보여주었다.

날개 같은
코트의
아랫깃

홀로 외롭게 자란 맨티스는
살아있는 감정에 노출되는
경험을 해본 적이 없었다.
가디언즈 오브 갤럭시의 일원인
드랙스가 자신의 감정을
느껴보라고 그녀에게 말하자,
맨티스는 퀼이 쩔쩔매는 모습을
보고 드랙스가 느끼는 순수한
즐거움에 압도되고 만다.

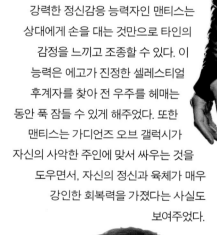

감정 조작

맨티스는 에고와 우주 전체를 집어삼키겠다는 그의
계획 외에는 아는 게 거의 없는 순수한 영혼으로,
가디언즈 오브 갤럭시에게 큰 호기심을 갖게 된다.
그녀는 자신의 능력을 퀼에게 사용하여 (퀼은 매우
불편해했지만) 그가 가모라에게 낭만적인 감정을 품고
있다는 사실을 알아낸다. 또한 자신이 감정을 조종할
수도 있다는 사실을 설명해준다.

주름이 잡힌
레깅스

퀼이 가모라에게 품고
있는 사랑을 느끼고 기쁜
표정을 짓고 있다.

맨티스는 퀼에게 손을
대는 것만으로 그의 감정을
그대로 읽을 수 있다.

골이 진 디자인의
발목 부츠

에고에게 맨티스는 그저 애완동물에 지나지 않는다. 그녀는 에고의 여정에서 중요한 위치를 차지하고 있음에도 불구하고, 에고는 가디언즈 오브 갤럭시에게 자신의 이야기를 들려줄 때 그녀의 존재감을 거의 인식하지 못했다. 맨티스는 에고의 행성에서 유일하게 살아남은 존재로서 자신의 주인이 얼마나 변덕스럽고 위험한 존재인지 알고 있다. 또한 에고가 자신을 '유용한 벌레' 정도로 여긴다는 사실을 받아들이고 있다.

에고의 행성을
나타낸 가상 3D 모형

생각으로
종하는 전시용
입체 모형

에고의 행성 모형

맨티스는 가디언즈 오브 갤럭시와 시간을 보내면서 희귀하고 모순되며 강력한 감정, 즉 사랑에 대해 알게 된다. 그녀는 드랙스가 자신의 딸을 떠올리며 느끼는 깊은 슬픔을 공유하면서, 드랙스와 나머지 가디언즈 오브 갤럭시를 염려하게 된다.

DATA FILE

> 맨티스는 너무도 오랫동안 에고에 대한 공포에 짓눌려 살아왔다. 마침내 에고로부터 자유로워진 후 욘두의 라바저스식 장례식을 보면서 생애 처음으로 '경이롭다'는 감정을 느끼게 된다.

> 맨티스의 육체는 매우 강인한 회복력을 가지고 있다. 그녀는 우주선에서 떨어져 나온 커다란 파편을 머리에 정통으로 맞고도 정신만 잃었을 뿐, 다른 부상은 입지 않았다.

가디언즈 오브 갤럭시의 새로운 일원

맨티스는 에고가 행성을 총동원해서 가디언즈 오브 갤럭시를 공격했을 때, 자신의 새 친구들을 도와 에고에게 맞서 싸우는 큰 용기를 보여주었다. 그녀는 드랙스의 응원을 받으며 자신의 능력을 최대한 끌어올려 분노한 셀레스티얼을 재운다. 그리고 가디언즈 오브 갤럭시가 계획을 실행할 수 있는 시간을 벌어준다.

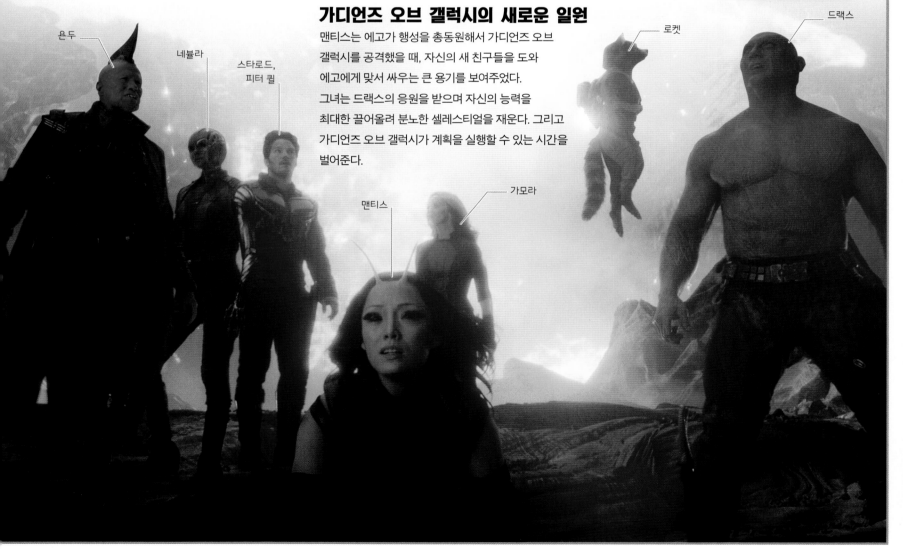

욘두

네뷸라

스타로드,
피터 퀼

로켓

드랙스

맨티스

가모라

Index 찾아보기

* 해당 항목의 주요 내용은
굵은 글자의 페이지에 있습니다.

가슴에 새겨진 별 모양

방검 및 방탄 기능이 잇는 카본 폴리머 재질

애국심을 고취시키는 적색, 백색, 청색의 배색

캡틴 아메리카의 상완에 전투복을 고정하는 가죽끈

제2차 세계대전 당시 캡틴 아메리카의 전투복

ACKNOWLEDGEMENTS 감사의 말

DK는 마블 스튜디오스의 케빈 파이기, 루이스 데스포지토, 빅토리아 알론소, 스티븐 브루사드, 에릭 캐럴, 크레이그 카일, 제레미 레첨, 네이트 무어, 조나단 슈워츠, 트린 트란, 브래드 윈더바움, 브라이언 채펙, 메리 리바노스, 조이 네이글하웃, 케빈 라이트, 미셸 맘플레시르, 리치 팔머, 미치 벨, 데이비드 그랜트, 데이브 부쇼어, 새라 비어스, 윌 코로나 필그림, 코리나 비스탄, 애리얼 곤살레스, 아담 데이비스, 엘리나 카메두스트, 카메론 램지, 카일 퀴글리, 미셸 블러드, 재클린 라이언, 데이비드 갈루치, 라이언 포터, 에리카 덴튼, 제프 윌리스, 랜디 맥고언, 브라이언 파커, 퍼시벌 라누자, 빈스 가르시아, 맷 델머노스키, 알렉스 샤프, 짐 벨라스코, 그리고 앤드류 스타빈 등의 여러분과

마블의 닉 프래토, 케이틀린 오코넬, 그리고 제프 영퀴스트 등의 여러분, 그리고 디즈니의 첼리 앨론, 엘레나 코헨, 스테파니 에버렛, 커트 하트맨, 그리고 줄리아 바르가스 등의 여러분께 감사의 말씀을 드리고 싶습니다. 또한 검수 및 찾아보기 작업을 해주신 바네사 버드와 편집상에 도움을 주신 나탈리 에드워즈 등의 여러분께도 감사의 말씀을 드리고 싶습니다.

PICTURE CREDITS
Page 10 (middle left): Flagg, James Montgomery, Artist. I want you for U.S. Army: nearest recruiting station / James Montgomery Flagg. United States, ca. 1917. Photograph. Retrieved from the Library of Congress, https://www.loc.gov/item/96507165/. (Accessed January 10, 2018.)

AVAILABLE NOW ON VARIOUS FORMATS INCLUDING DIGITAL WHERE APPLICABLE FOR THE FOLLOWING FILMS:
Iron Man, The Incredible Hulk, Iron Man 2, Thor, Captain America: The First Avenger, Marvel's The Avengers, Iron Man 3, Thor: The Dark World, Captain America: The Winter Soldier, Guardians of the Galaxy, Avengers: Age of Ultron, Ant-Man, Captain America: Civil War, Doctor Strange, Guardians of the Galaxy Vol. 2, Thor: Ragnarok, Black Panther, Marvel Studios' Avengers: Infinity War, Ant-Man And The Wasp
© 2018 MARVEL

DK | Penguin Random House

마블 스튜디오 10주년 비주얼 딕셔너리

1판 2쇄 발행 2019년 8월 30일
저자 아담 브레이
번역 김민성
감수 김종윤(김닛코), 최선미(레거시)
펴낸이 하진석
펴낸곳 ART NOUVEAU
주소 서울시 마포구 독막로3길 51
전화 02-518-3919
팩스 0505-318-3919
이메일 book@charmdol.com

ISBN 979-11-87824-40-4 03680

© 2018 MARVEL

Original Title: Marvel Visual Dictionary Page design copyright © 2018 Dorling Kindersley Limited
Copyright © 2018 MARVEL

A Penguin Random House Company
Printed in China
This Korean edition is published by arrangement with Disney Korea and Dorling Kindersley Limited. All rights reserved. No part of this book may be reproduced in any form without written permission from the publisher.

이 책의 한국어판 저작권은 Disney Korea와 Dorling Kindersley Limited의 정식 계약에 의해 사용, 제작되고 있습니다. 저작권법에 의하여 한국 내에서 보호를 받는 저작물이므로 무단 전재와 무단 복제를 금합니다.

A WORLD OF IDEAS:
SEE ALL THERE IS TO KNOW

www.dk.com